ABHANDLUNGEN ZUR MITTELSTANDSFORSCHUNG

HERAUSGEGEBEN VOM INSTITUT FÜR MITTELSTANDSFORSCHUNG

ABHANDLUNGEN ZUR MITTELSTANDSFORSCHUNG

HERAUSGEGEBEN VOM INSTITUT FÜR MITTELSTANDSFORSCHUNG

Nr. 9

Probleme der Kreditfinanzierung bei Klein- und Mittelbetrieben

In die Schriftenreihe aufgenommen von Professor Dr. Günter Schmölders
Direktor der Finanzwirtschaftlichen Abteilung
des Instituts für Mittelstandsforschung, Köln

Probleme der Kreditfinanzierung bei Klein- und Mittelbetrieben

SPRINGER FACHMEDIEN WIESBADEN GMBH
1964

ISBN 978-3-663-12812-0 ISBN 978-3-663-14334-5 (eBook)
DOI 10.1007/978-3-663-14334-5

Die Schriftenreihe enthält außer eigenen Veröffentlichungen des Instituts auch namentlich gezeichnete Abhandlungen, die als wissenschaftliche Arbeiten inhaltlich von ihren Verfassern vertreten werden

Ursprünglich erschienen bei Westdeutscher Verlag, Köln und Opladen 1964
Softcover reprint of the hardcover 1st edition 1964

VORWORT

Die vorliegende Arbeit, die die Untersuchungen der Finanzwirtschaftlichen Abteilung des Instituts für Mittelstandsforschung auf dem Gebiet der Kreditfinanzierung fortsetzt (vgl. Schmölders, G., Kreditprobleme der Klein- und Mittelbetriebe in den Vereinigten Staaten, Köln 1959), gibt eine erste systematische Gesamtdarstellung der mit dem sogenannten Mittelstandskredit zusammenhängenden Fragen in der Bundesrepublik Deutschland unter besonderer Berücksichtigung der öffentlichen Maßnahmen zur Beeinflussung der Kreditsituation von Klein- und Mittelbetrieben.

Die Ausstattung kleiner und mittlerer Unternehmen mit vorwiegend langfristigem Fremdkapital bildet seit Jahrzehnten ein aktuelles Thema der Mittelstandspolitik. Da der Kreditmarkt hier nicht voll funktionsfähig ist, sieht sich die öffentliche Hand zu Ausgleichsmaßnahmen veranlaßt, die allerdings keineswegs nur das Ziel einer Marktregulierung verfolgen, sondern auch gesellschafts- und staatspolitisch orientiert sind. Die wirtschaftspolitischen Maßnahmen der öffentlichen Hand in Form von Kapitalanlagevorschriften, steuerlichen Bestimmungen, Bürgschaften, Krediten und Zinszuschüssen bieten das Beispiel einer kumulativen Staatsintervention.

Seit dem Ende des letzten Krieges hat sich beim »Mittelstandskredit« allerdings insofern eine Wandlung vollzogen, als an die Stelle des quantitativen Problems der Kredite das Konditionenproblem getreten ist; Zinsen und vor allem Sicherheiten bilden weithin die Angelpunkte jedes Kreditvertrages. Fehlende Kreditwilligkeit, vor allem in kleinen Unternehmen, aber auch gewisse Mängel in ihrer betrieblichen und rechtlichen Organisation einerseits und eine an dem Gesichtspunkt der Mündelsicherheit ausgerichtete Kreditvergabe seitens der Banken andererseits verknüpfen sich infolgedessen zu einem gordischen Knoten; die zu beobachtenden Unterschiede in den Kreditkosten sind einmal Ausdruck einer echten Kostendegression zugunsten des Großkredits, zum anderen Ausdruck der wirtschaftlichen Machtstellung der Großunternehmen gegenüber den Banken.

Nur eine wohlabgewogene Koordinierung aller öffentlichen Hilfen kann in Verbindung mit einer Reform der Kapitalanlagevorschriften, ständiger weiterer Verbesserung der Unternehmerqualifikationen in »mittelständischen« Betrieben und größerer Bereitschaft der Banken zur langfristigen Investitionsfinanzierung zu einer befriedigenden Lösung der Kreditprobleme beitragen.

Durchgeführt wurde die Untersuchung von dem Assistenten der Finanzwirtschaftlichen Abteilung des Instituts für Mittelstandsforschung Herrn Dipl.-Kfm. Reinhard Bloemker unter Mitarbeit von Herrn Dipl.-Kfm. Franz Willems.

G. Schmölders

INHALT

EINLEITUNG

1. Die Kreditfinanzierung als einzelwirtschaftliche Aufgabe

Die Ausstattung einer Unternehmung mit Kapital zur Lösung des ihrer Aufgabe entsprechenden Wirtschaftsprozesses hat sich an drei Erfordernissen auszurichten:

a) „Die Bereitstellung des für die Durchführung des Unternehmenszweckes oder speziellen Betriebsvorhabens erforderlichen Kapitals,
b) die Abstimmung des bereitgestellten bzw. bereitzustellenden Kapitals nach Art und Höhe auf die zu finanzierenden Vorhaben,
c) die Maßnahmen zur Aufrechterhaltung des finanziellen Gleichgewichtes[1]."

Zu der quantitativen und zeitlichen Bestimmung des finanzwirtschaftlichen Optimums einer Unternehmung treten andere qualitative Teilaspekte. Der Mittelbedarf ist kostenminimal zu decken unter Berücksichtigung eines Sicherheitsbedürfnisses bei der Unternehmung[2] und dem Kapitalgeber und unter Wahrung einer Elastizität, die den Schwankungen im Mittelbedarf gerecht wird[3].

Die finanziellen Unternehmensaufgaben besitzen ausschließlich einzelwirtschaftlichen Charakter, wenngleich sie gesamtwirtschaftliche Auswirkungen aufweisen[4]. Das Mengen-, Zeit- und Kostenproblem jeglicher Finanzierung bleibt auch dann einzelwirtschaftlich, wenn es in privaten und öffentlichen Haushalten gelöst werden muß. Ob es dagegen auch immer als eine spezifisch unternehmungswirtschaftliche Aufgabe anzusehen ist, bleibt ausschließlich eine Frage der Wirtschaftsordnung. In einer tendenziell liberal orientierten Wirtschaftordnung muß zu der einzelwirtschaftlichen Gebundenheit des Stromes der Einnahmen und der Ausgaben die unabhängige einzelwirtschaftliche Entscheidung über diese Finanzierung als unbedingtes Merkmal hinzukommen. Geht diese interne Entscheidungsgewalt an öffentliche Zentralstellen über, verliert die Finanzierung ihren unternehmungswirtschaftlichen Charakter. Die gesamtwirtschaftlichen Daten sind so zu setzen, daß der Unternehmer frei darüber entscheiden kann, wann und wie er finanzieren will und welche Wirtschaftsgüter seinem Unternehmen zugeführt werden sollen.

Vor diesem Hintergrund ist die Kreditfinanzierung zu sehen, d. h. auch über sie muß immer einzelwirtschaftlich entschieden werden, unabhängig von der Ausgestaltung der Finanzierung und der Länge der Kreditfristen. Die Anpassung der Kreditfinanzierungsformen an die unterschiedlichen betrieblichen Kreditwünsche

[1] *Gutenberg, E.:* Einführung in die Betriebswirtschaftslehre, Wiesbaden 1958, S. 97
[2] Die Unternehmenssicherheit erfordert auch Liquiditätsreserven
[3] *Wysocki, K. v.:* Das Postulat der Finanzkongruenz als Spielregel, Stuttgart 1962, S. 4 f.
[4] Vgl. hierzu *Grochla, E.:* Finanzierung, Handwörterbuch der Sozialwissenschaften 1961, 3. Bd., S. 605

stellt eine hohe Unternehmeraufgabe dar, die in Klein- und Mittelbetrieben genauso gut wie in Großbetrieben bewältigt werden muß.

2. Der Klein- und Mittelbetrieb

Die Bereitstellung ausreichenden Kredites zu tragbaren Zinsen für diese Unternehmenseinheiten ist seit langer Zeit ein Sorgenkind der Wirtschaftspolitik.

Zu der Frage der Zinsen gesellt sich der ganze Komplex der Kreditkonditionen, der von den Kreditnebenkosten und dem Auszahlungskurs über die Laufzeit bis zur Besicherung reicht und kurzum alle Bedingungen umfaßt, unter denen ein Kreditinstitut bereit ist, ein Darlehn einzuräumen und seine Dienstleistungen zur Verfügung zu stellen.

Welche Unternehmen sind nun mit den Klein- und Mittelbetrieben gemeint? Diese Frage, die hier nur unter kreditwirtschaftlichem Aspekt zu sehen ist, wird meist dahingehend beantwortet, daß alle die Unternehmen zum Bereich der Klein- und Mittelbetriebe zu zählen sind, die keinen Zugang zur Börse haben, die also nicht emissionsfähig sind.

„Ungefähr 99,9% der gewerblichen Betriebe haben keinen Zugang zur Börse[5]."

Diese Tatsache würde nun bedeuten, daß die Wirtschaft fast ausschließlich aus Klein- und Mittelbetrieben besteht und daß somit auch beinahe die gesamte Wirtschaft Kreditsorgen hat. Wenngleich die erste Schlußfolgerung berechtigt ist, so dagegen nicht die zweite.

Schwierigkeiten bei dem Abschluß von Kreditgeschäften treten nur auf, wenn das Kapitalangebot zu gering ist – diese Marktsituation ist in der Bundesrepublik weitgehend überwunden – oder wenn das Kapitalangebot mit den verknüpften Nebenleistungen für bestimmte Wirtschaftsbereiche zu teuer ist oder die persönliche Kreditwürdigkeit und sachliche Kreditfähigkeit nicht den institutionellen Erfordernissen entspricht. In diesen Fällen ist die mangelnde Emissionsfähigkeit keine Ursache für Kreditprobleme. Sie wird nur dann zur Ursache, wenn der Fremdkapitalbedarf eine Höhe erreicht, die üblicherweise nur über die Börse finanziert wird, das Unternehmen aber sonst allen Bonitätsansprüchen genügt. Liegt der Fremdkapitalbedarf unter börsengängigen Größen, so kann man die mangelnde Emissionsfähigkeit nicht als Ursache, sondern lediglich als Merkmal bezeichnen.

Man muß also zwischen der fehlenden Emissionsfähigkeit als Merkmal und als Ursache unterscheiden. Der Merkmalsbereich ist bedeutend weiter gespannt als der Ursachenbereich. Saldiert man diese beiden Bereiche und läßt man die oben genannten anderen Ursachen zu der Restgröße hinzutreten, gewinnt die Kreditbereitstellung ihre mittelschichtenspezifische Problematik.

[5] *Rittershausen, H.:* Strukturwandlungen im Bankwesen, Schriften des Vereins f. Socialpolitik, N. F., Bd. 26, Berlin 1962, S. 550

Die Intensität dieser Ursachen bestimmt darüber, ob es sich erstens um einen a priori kreditunwürdigen und -unfähigen Unternehmer handelt, oder ob zweitens für eine Kreditgewährung nur partielle Voraussetzungen fehlen, die durch geeignete Maßnahmen kurzfristig oder langfristig erfüllt werden können. Zum dritten wird es auch im Merkmalsbereich immer Unternehmer geben, die gute und sehr gute Kreditnehmer sind.

Die Einteilung in diese drei Gruppen zeigt lediglich eine Tatsache auf, die in Diskussionen über Kreditprobleme der Klein- und Mittelbetriebe häufig in Vergessenheit gerät: Es gibt immer Unternehmer, die aus persönlichen und sachlichen Gründen bei einer Kreditvergabe ausscheiden, wie andererseits solche, bei denen keinerlei Bedenken bestehen. Zwischen diesen liegt der große Bereich der „Halbkreditnehmer", der das eigentliche Gebiet des sogenannten Mittelstandskredits bildet.

Der Begriff der Klein- und Mittelbetriebe wurde hier unter dem weiteren Begriff der Mittelschichten gesehen[6]; dieser beginnt den ideologieträchtigen und soziologisch veralteten Begriff des Mittelstandes in Wissenschaft und Praxis abzulösen. Die Subsumierung der Klein- und Mittelbetriebe unter den Begriff der Mittelschichten ist jedoch aus kreditwirtschaftlicher Sicht nur mit Einschränkung möglich.

Der Begriff „Mittelschichten" impliziert eine Abgrenzung gegen größere und kleinere Einheiten. Die qualitative und quantitative Grenze nach oben bildet die Emissionsfähigkeit. Damit fallen noch Unternehmen in den Mittelschichtenbereich, die bereits großbetrieblich strukturiert sind. Eine quantitative Grenze nach unten existiert dagegen nicht. Die genannten Probleme bei der Kreditgewährung reichen ja bis in kleinste Unternehmenseinheiten hinunter. Auch der Einmannbetrieb muß unter Umständen nur wegen mangelnder dinglicher Sicherheit auf einen Kredit verzichten. Die selbständigen Mittelschichten sind also kreditwirtschaftlich nach unten offen und finden nur bei der Kreditunwürdigkeit ihre Grenze, d. h. nicht bei einem quantitativen, sondern bei einem qualitativen Kriterium, das sich wiederum nicht auf kleine Unternehmenseinheiten beschränkt.

[6] Hierzu zählt auch die große Zahl der unselbständigen Mittelschichten

Schematisch läßt sich der Kreis der interessierenden Unternehmen folgendermaßen abgrenzen:

Merkmalsbereich *A*
(Mangelnde Emissionsfähigkeit)

Ursachenbereich *B*
(Mangelnde Emissionsfähigkeit als einzige Ursache für die gescheiterte Kreditfinanzierung)

A — B = C

C = Eingeschränkter Merkmalsbereich:
Bereich der

C 1 kreditunwürdigen Unternehmen (größenunabhängig)

C 2 „halb"-kreditwürdigen Unternehmen

- *C 2 a* großbetrieblich strukturiert
- *C 2 b* Klein- und Mittelbetriebe

C 3 kreditwürdigen Unternehmen (größenunabhängig)

Es versteht sich, daß die Grenzen zwischen diesen Bereichen flüssig sind und Unternehmen im Laufe ihrer wirtschaftlichen Entwicklung von einem in den anderen Bereich überwechseln können, wodurch also auch die Proportionen der Bereiche nicht von entwicklungsgarantierter Konstanz sind.

Während die Ursachen des Kreditbedarfs, sein Umfang und seine privatwirtschaftliche Deckung, allgemeiner Natur sind, betreffen dagegen gerade die öffentlichen und teilöffentlichen Hilfen bei der Kreditfinanzierung die „halb"-kreditwürdigen Klein- und Mittelbetriebe.

A. DIE KREDITNACHFRAGE

I. Die Notwendigkeit verstärkter Investitionsanstrengungen

Die finanziellen Mittel werden üblicherweise für drei Kategorien der Investition, nämlich Erweiterungs-, Rationalisierungs- und Ersatzinvestitionen verwandt. Diese Termini umfassen aber nicht ganz eindeutig sich unterscheidende Sachverhalte.

„Eine Investition, die der Kapazitätserweiterung gilt, bringt in der Regel auch einen Rationalisierungseffekt mit sich, weil die neu installierten Produktionseinrichtungen vom neuesten Stand der Technik profitieren und oft auf lange Sicht die Stückkosten verringern. Auf der anderen Seite bewirken ausgesprochene Rationalisierungsinvestitionen, die in erster Linie eine Senkung des Kostenaufwandes bezwecken, vielfach auch Kapazitätserweiterungen. Ebenso erschöpft sich eine Ersatzinvestition nicht darin, einen gleichwertigen Anlagegegenstand an die Stelle eines voll abgeschriebenen alten Vermögenswertes zu setzen, sondern der ‚Ersatz' ist meist leistungsfähiger und erbringt oft einen höheren Ausstoß bei geringeren Kosten, erweitert also die Kapazität und rationalisiert zugleich die Produktion.

Vollends scheinen sich die Begriffe zu verwirren, wenn man berücksichtigt, daß sowohl ‚Erweiterungs'- als auch ‚Rationalisierungs'-Investitionen vielfach im Grunde gleichzeitig ‚Ersatz'-Investitionen sind. Das trifft unstreitig zu, sooft technisch noch leistungsfähige Anlagen zum alten Eisen geworfen und die neuen Ausrüstungsgegenstände zu einem besonders großen Teil mit Hilfe von Abschreibungserlösen bezahlt werden[7]." Anerkennt man jedoch die Sichtbarmachung der Hauptmotive der Investition, so sind die unterschiedlichen Begriffe durchaus zu rechtfertigen, ja sie lassen sich sogar noch um einen vierten erweitern: die Anpassungsinvestition. Diese soll „durch rechtzeitige Umstellung auf einen neuen Geschäftszweig investiertes Kapital vor unproduktiver Verzehrung bewahren und neue geschäftliche Perspektiven für schlecht florierende Unternehmen oder Unternehmensteile eröffnen[8]." Die Ursachen für einen wachsenden Kapitalbedarf der selbständigen gewerblichen Mittelschichten sind also mannigfach.

Zunächst ist die Grundtendenz der *Erweiterungsinvestition* herauszustellen: der Zug zum größeren Unternehmen. Dieser vollzieht sich allerdings differenziert zwischen mehr oder weniger expandierenden Wirtschaftszweigen. In Industrie, Handwerk, Handel und im Dienstleistungsgewerbe verschieben sich aber im Durchschnitt die Betriebsgrößen nach oben.

[7] *Cassier, C.:* Anpassungsinvestitionen und ihre Finanzierung, Blätter für Genossenschaftswesen, 1960, S. 405

[8] Ebenda, S. 406

Die durchschnittlich je Handwerksbetrieb Beschäftigten haben von 2,8 im Jahre 1926 auf 5,4 im Jahre 1961 zugenommen. Ein Bedienungsgeschäft erforderte 1923/24 20—40 qm, heute bereits 80 qm und ein Selbstbedienungsgeschäft 100—350 qm[9].

In der Industrie stand einer Zunahme der Betriebszahl von September 1952 bis September 1957 von 0,4% ein Beschäftigtenzuwachs von 28,9% gegenüber[10]. Die Gesamttendenz kommt auch in der Arbeitsstättenzählung des Statistischen Bundesamtes zum Stichtag 6. Juni 1961 zum Ausdruck. Seit der letzten Erhebung im Jahre 1950 hat sich die Zahl der Arbeitsstätten um 9,6%, die Zahl der Beschäftigten dagegen um 43,1% erhöht[11].

Trotz der mit einer Verwendung der Beschäftigtenzahl als Größenmerkmal verbundenen Unzulänglichkeiten[12] ist ersichtlich, daß mehr Arbeitskräfte eine den Kapitalbedarf steigernde Kapazitätserweiterung nach sich ziehen, oder umgekehrt, daß Kapazitätserweiterungen gerade bei den Erzeugern von Investitionsgütern vielfach nicht ohne Einstellung weiterer Arbeitskräfte verwirklicht werden. Allein der Maschinenbau und die Elektrotechnik konnten 1961/62 54 000 zusätzliche Arbeitskräfte auf sich ziehen, während die gesamte übrige Industrie der Bundesrepublik nur einen Zugang von gut 1000 (!) Beschäftigten zu verzeichnen hatte[13]. Wenn man noch vor wenigen Jahren in der eisenverarbeitenden Industrie bei einem mittleren Kapitalaufwand mit etwa 15 000 DM je Beschäftigten rechnen konnte, so ist dieser neuerdings auf 20 000 DM bis 25 000 DM gestiegen. In Spitzenbetrieben beispielsweise hat er bereits 40 000 DM erreicht. Einen so hohen Kapitalbedarf kannte man früher nur in der Grundstoffindustrie, die inzwischen bei Neuanlagen über 100 000 DM je Beschäftigten aufwenden muß[14]. Selbst im Leitungs- und Verwaltungswesen macht sich eine immer stärker werdende Kapitalintensität bemerkbar. So errechnete E. Gangler[15] einen mittleren Kapitalbedarf von 11 530 DM für folgende Arbeitsplätze: Abteilungsleiter, Sachbearbeiter, Buchhalter, technischer Zeichner, Reisender, Sekretärin, Stenotypistin, Fernschreiberin, Telefonistin, Pförtner, Poststelle, Registratur und Lochkartenabteilung. So entwickelte sich die steigende Kapitalintensität zu einem immer bedeutenderen Wettbewerbsfaktor.

[9] *Nieschlag, R.:* Ausbau des industriellen Vertriebswesens u. Entwicklung des Handels in: Betriebsökonomik, Festschrift für R. Seyffert, Köln 1958, S. 109 f.

[10] *Adenauer, P.:* Mittelständische Investitionsfinanzierung in der Sozialen Marktwirtschaft, Münster 1961, S. 135

[11] DIE WELT, v. 10. 3. 1963, S. 9

[12] Vgl. hierzu *Nellesen, W. u. Nold, K.:* Unterlagen der deutschen amtlichen Statistik für eine quantitative Abgrenzung der Mittelschichten, Abhandlungen zur Mittelstandsforschung Nr. 7, Köln—Opladen 1963, S. 4

[13] Industrie-Kreditbank, Geschäftsbericht 1961/62, S. 18

[14] Industrie-Kreditbank, Geschäftsbericht 1960/61, S. 19/20

[15] *Gangler, E.:* Kapitalbedarf und Vermögensausstattung betrieblicher Arbeitsplätze, Teil A: Arbeitsplätze in Leitung und Verwaltung, München 1958

Eine unmittelbare Ausweitung des Umlaufvermögens erhöht ebenfalls den Kapitalbedarf. Für große Bereiche der gewerblichen Wirtschaft korrelieren die Erweiterungsinvestitionen mit den Ersatzinvestitionen des kriegsbedingten Nachhol- und Erneuerungsbedarfs, dessen Dringlichkeit inzwischen nachgelassen haben dürfte. Die schwer kriegsbeschädigten Betriebe dagegen hatten eine „erhebliche Mehrbelastung im Vergleich zu ungeschädigten oder wenig geschädigten Betrieben. Trümmerbeseitigung, Wiederaufbau der Gebäude, Beschaffung von Maschinen, Inventar und Vorräten bewirkten eine beträchtliche finanzielle Anspannung, verstärkt durch den Einnahmeausfall während der Zeit des Stilliegens und in sehr vielen Fällen durch Abgaben zum Lastenausgleich infolge der Schadensberechnung nach den steuerlichen Einheitswerten[16]".

Der Altersaufbau des Brutto-Anlagevermögens der westdeutschen Industrie am 1. 1. 1957 macht jedoch deutlich, daß die von den Kriegszerstörungen verschont gebliebenen Anlagen zu einer Anlagenüberalterung geführt haben, besonders bei den industriellen Kleinbetrieben, die dringend auf Modernisierungsinvestitionen warten.

Tabelle 1

Der Altersaufbau des Brutto-Anlagevermögens der westdeutschen Industrie (am 1. 1. 1957)

(Alle Altersklassen = 100%)

Altersklassen (Jahre)			
Bergbau, Grundstoff- und Produktionsgüterindustrie		Nahrungs- und Genußmittelindustrie	
0– 5	41	0– 5	33
5–10	15	5–10	24
10–15	15	10–15	9
über 15	29	über 15	34
Investitionsgüterindustrie		Industrielle Kleinbetriebe	
0– 5	43	0– 5	22
5–10	18	5–10	15
10–15	13	10–15	9
über 15	26	über 15	54
Verbrauchsgüterindustrie		Industrie insgesamt[1]	
0– 5	33	0– 5	39
5–10	22	5–10	18
10–15	7	10–15	13
über 15	38	über 15	30

Quelle: Deutsches Institut für Wirtschaftsforschung (Institut für Konjunkturforschung), Sonderheft N. F., Nr. 42, Reihe A: Forschung; Krengel, R.: Anlagevermögen, Produktion und Beschäftigung der Industrie im Gebiet der Bundesrepublik v. 1924–1956, S. 53, ohne Energieversorgungsbetriebe und Bauindustrie.

[1] *Lohmann, M.:* Der industrielle Mittelbetrieb unter dem Einfluß der gegenwärtigen wirtschaftlichen Strukturwandlungen, in: Recht und Staat, Heft 257/258, Tübingen 1962, S. 19

[16] Volkswirtschaftliche Berichte der Lastenausgleichsbank, H. 3, Kapital- und Kreditprobleme der kriegssachgeschädigten mittelständischen gewerblichen Wirtschaft Ende 1954 und Kreditbedarf 1956, S. 28

Als weiteres Symptom des stark einseitigen Nachhol- und Erneuerungsbedarfs wird von der Industriekreditbank die Tatsache herausgestellt, daß nach Feststellungen der Bank die Investitionsquote der Betriebe mit bis zu 50 Beschäftigten im allgemeinen nur die Hälfte der Investitionsquote der Betriebe mit über 1000 Beschäftigten betragen hat[17].

Neben diesen Faktoren gewinnen Rationalisierungsinvestitionen an Bedeutung, wenn bei stagnierenden Erlösen sich Gewinnschrumpfungen nur dadurch aufhalten lassen, daß „cost-push-factors" ersetzt werden. Als „cost-push-factor" steht heute der Faktor Arbeit eindeutig im Vordergrund. „Somit sind die Unternehmen – ohne daß zunächst der technische Fortschritt in die Betrachtung einbezogen wird – gezwungen, arbeitsparende Investitionen vorzunehmen, um so zu einer Umstrukturierung innerhalb der Kosten, also zu einem Sinken der Arbeits- und zu einem Anstieg der Kapitalkosten (Zinsen und Abschreibungen) und dadurch insgesamt zu einer Kostensenkung zu kommen[18]." Dieser Substitutionsvorgang ist durch die Entwicklung geeigneter Maschinen und Verfahren keineswegs auf Großbetriebe beschränkt.

Nicht allein in konjunkturellen Aufschwungsphasen, auch in sogenannten Rezessionen – tiefgreifende Depressionen sind hoffentlich nicht mehr zu erwarten[19] – ist eine Umstrukturierung innerhalb der Kosten notwendig, denn auf Grund institutioneller Starrheit der Löhne ist ein Absinken des Lohnniveaus nicht anzunehmen, sondern eher eine Freisetzung von Arbeitskräften bei stabilen Löhnen. „Eine Änderung der Minimalkostenkombination im Hinblick auf eine Resubstitution von Kapital durch Arbeitskräfte darf somit nicht erwartet werden. Vielmehr muß ein Unternehmer sogar während einer Rezession mit partiellem Steigen der Arbeitskosten rechnen und deshalb auch in dieser Konjunkturphase darauf bedacht sein, kostensenkende Investitionen vorzunehmen[20]."

Der in dieser Situation sinkende Kapitalzins erleichtert die notwendige Aufnahme langfristiger Kredite. „Sind die Banken nicht bereit, die im Konjunkturrückgang allein noch vorhandene langfristige Kreditnachfrage zu befriedigen, dann setzt im Zusammenhang mit der Rückzahlung kurzfristiger Gelder, über die nicht erneut disponiert wird, ein Selbstdeflationsprozeß ein, der den Konjunkturrückgang verstärkt[21]."

Das typische Investitionsmotiv der Anpassungsinvestitionen ist die Umstellung des Produktionsprogrammes, die durch Bedarfswandel, Substitutskonkurrenz und

[17] Monatsblätter für freiheitliche Wirtschaftspolitik, November 1958, S. 693

[18] *Hagenmüller, K. F.:* Der langfristige Kredit für den gewerblichen Klein- und Mittelbetrieb. Kurzveröffentlichungen des Instituts für Handwerkswirtschaft Nr. 23, München 1962, S. 13

[19] Vgl. *Haberler, G.:* Gibt es noch einen Konjunkturzyklus?, in: Konflikte der Wirtschaftspolitik. Beilage zu „DER VOLKSWIRT", Nr. 51/52, 1960, S. 69

[20] *Hagenmüller, K. F.:* a. a. O., S. 14

[21] *Ehrlicher, W.:* Zur Kreditpolitik der Genossenschaften und Zentralkassen, Blätter für Genossenschaftswesen 1960, S. 302

auch Importe aus Niedrig-Preis-Ländern ausgelöst werden kann. Wenn sich der Unternehmer also einem Verkaufsprogramm zuwendet, das eine vergleichsweise größere Kapitalrendite zu erzielen verspricht, entsteht für ihn das Problem der Transformation des bereits investierten Kapitals in eine dem neuen Geschäftszweck angepaßte Form.

„Es hat deshalb seinen guten Sinn, wenn gerade die kapitalintensivsten Betriebe dem Prozeß der Marktwandlungen seine Überraschungsmomente durch systematische Entwicklungsarbeiten, durch ‚Produktdifferenzierung' und Werbung zu nehmen versuchen. Durch bewußte Verschärfung der Substitutionskonkurrenz, d. h. indem sie ihre Wettbewerber zu Anpassungsinvestitionen zwingen, schützen die dazu befähigten Unternehmen sich selbst vor schwer lösbaren Kapitaltransformationsproblemen. Monopolistische Innovationsgewinne, die jede Neuentwicklung abwirft, solange sie keine erfolgreichen Nachahmer findet, ermöglichen es wieder und wieder, die erforderlichen Investitionen weithin mit eigenen Mitteln zu finanzieren. Bei der großen Mehrzahl kleiner und mittlerer Unternehmen liegen die Dinge ganz anders. Obwohl auch sie inzwischen eine beträchtliche Kapitalintensität aufzuweisen haben, sind sie meist nicht die Schrittmacher, sondern oft nur Mitläufer im wirtschaftlichen Entwicklungsprozeß[22]."

Der internationale Wettbewerb zwingt allerdings auch zunehmend Großunternehmen zu kapitalverlustreichen Anpassungsinvestitionen. Neben den zu errichtenden neuen Anlagen muß auch ein nicht amortisierter Rest der alten Anlagen finanziert werden. Wenn also die wirtschaftliche Veralterung die ohnehin schon rasche technische Veralterung überholt, müssen die Unternehmungen das Abschreibungstempo beschleunigen. Dies Verhalten läßt sich während der letzten 30 Jahre beobachten. Nach den amtlichen Bilanzstatistiken betrugen die Anlageabschreibungen bei den Aktiengesellschaften der verarbeitenden Industrie in den Jahren

1927	11%
1936/37	17%
1950	18%
1957	20%

der jeweils abschreibungsfähigen[23] Sachanlagen[24].

Während die Notwendigkeit zu verstärkten Investitionsanstrengungen für die gesamte Wirtschaft besteht, wirft die Frage der Finanzierung bei kleinen und mittleren Unternehmen besondere Probleme auf. Versagt die Eigenfinanzierung (Selbstfinanzierung oder von außen zugeführte Erhöhung des Beteiligungskapitals), so besteht ein ursprüngliches betriebliches Kreditbedürfnis.

[22] *Cassier, C.:* a. a. O., S. 407 f.

[23] Einfacher Durchschnitt der Sachanlagen am Anfang und – vermehrt nur die Jahresabschreibungen selbst – am Ende des jeweiligen Bilanzjahres

[24] *Cassier, C.:* a. a. O., S. 408

II. Eigenfinanzierung und Fremdfinanzierung

Bevor speziell die langfristige Fremdfinanzierung behandelt wird, kann nicht darauf verzichtet werden, die Möglichkeiten der Klein- und Mittelbetriebe zu erörtern, ihre Eigenkapitalbasis zu erweitern.

Wegen fehlender Emissionsfähigkeit beschränkt sich die *Eigenkapitalaufnahme* auf den unorganisierten Kapitalmarkt der privaten Beteiligungen. Dem stehen aber zwei Hindernisse entgegen. Der Aufnahme eines neuen Gesellschafters wird nur ungern zugestimmt, da sie Verfügungsbefugnis und Entschlußfreiheit einschränkt. Ferner haben die beiden Weltkriege und die sich daran anschließenden Währungsschnitte weitgehend die Vermögen derjenigen Personenkreise vernichtet, die als Geldgeber für die gewerblichen Mittelschichten geeignet waren. Dieser Ausfall konnte durch die von in der Nachkriegszeit neu entstandenen Finanzierungsbüros und Finanzmaklern vermittelten Teilhaberkapitalien nicht ausgeglichen werden. Zudem ist inzwischen ein grundlegender Wandel in den Spargewohnheiten eingetreten. Die möglicherweise zur Beteiligungsfinanzierung bereiten Personenkreise wollen ihre Gelder nicht mehr langfristig zur Verfügung stellen, es sei denn, daß es sich um außergewöhnlich rentable Investitionen handelt. Die Eigenkapitalbeschaffung dadurch, daß die Inhaber bzw. Gesellschafter aus ihrem Privatvermögen ihre Kapitalanteile erhöhen, ist nur selten möglich, da die bei Nichtkapitalgesellschaften übliche enge Verbindung zwischen Unternehmens- und Privatsphäre den Bestand oder das Entstehen von Privatvermögen kaum möglich macht.

Während die Beteiligungsfinanzierung also auf Sonderfälle beschränkt bleibt, steht und fällt die Eigenkapitalaufstockung mit der *Selbstfinanzierung*, d. h. mit der Finanzierung aus Gewinnen. Die Höhe der Selbstfinanzierung hängt von der Fähigkeit und Willigkeit des Unternehmers zur Kapitalaufbringung ab. Liegt der Gewinn über den Entnahmen zur Bestreitung des eigenen Lebensunterhaltes und desjenigen seiner Familienangehörigen, ist der Unternehmer fähig, Selbstfinanzierung zu betreiben.

Als Maßstab für den Willen zur Selbstfinanzierung kann man die Höhe der Privatentnahmen ansehen, wenn man außergewöhnliche Anlässe wie Tod, Krankheit u. a., die eine besondere Höhe erklären, berücksichtigt. Der Selbstfinanzierung durch geringen Entlohnungsanspruch, bescheidene Lebensführung und selbstlose Mitarbeit von Familienangehörigen sind natürlich Grenzen gesetzt, die nicht zuletzt auch psychisch verankert sind, da angesichts des expansiven Lebensstandards und der Konsumfreudigkeit weiter Bevölkerungsschichten Selbstbescheidung, biedere Sparsamkeit und Pfennigsfuchserei zugunsten des Betriebes unbeliebt geworden sind und im Verein mit der ohnehin hohen Steuerlast eher Unlust, Verdrossenheit und die Neigung fördern, den Betrieb lieber zu liquidieren und einem leichteren Broterwerb nachzugehen, als einen unterdurchschnittlichen Lebensstandard um einer relativen Selbständigkeit willen in Kauf zu nehmen.

Untersuchungen der Finanzwirtschaftlichen Abteilung des Instituts für Mittelstandsforschung über das Landeskreditprogramm 1962 von Nordrhein-Westfalen zeigen, daß die Gewinnsituation in vielen Kleinbetrieben erschreckend ist. Der Gewinn deckt oft nicht einmal einen betriebswirtschaftlichen kalkulatorischen Unternehmerlohn. Diese Situation führt entweder zu einem Lebensstandard, der unter dem eines industriellen Facharbeiters liegt, oder zu einem ständigen Substanzverzehr. Andererseits beweist die Untersuchung die auch von Vertretern der gewerblichen Mittelschichten nicht geleugnete Tatsache, daß man häufig über seine Verhältnisse lebt. In diesem Fall besteht eine Reserve für die Selbstfinanzierung, die zu mobilisieren allerdings nicht einfach sein dürfte.

Kostendruck und Erlösstagnation bei sich verschärfendem Wettbewerb hat die gesamtwirtschaftliche Selbstfinanzierungsquote in den letzten Jahren ständig sinken lassen. Diese Tatsache wird einerseits als normale Begleiterscheinung einer sich verlangsamenden konjunkturellen Entwicklung, aber andererseits als Anzeichen eines Konjunkturrückschlags gewertet. Ohne in diese Diskussion eintreten zu wollen, bleibt für den Klein- und Mittelbetrieb das Primat der Selbstfinanzierung unangetastet, da sie für ihn den fast ausschließlichen Weg der Eigenkapitalerweiterung bildet. Angesichts der rückläufigen Selbstfinanzierung kommt den im Steuerrecht liegenden Wettbewerbsverzerrungen gesteigerte Bedeutung zu. Grundsätzlich bedeutet bei einem Personenunternehmen jede betriebliche oder persönliche Steuer eine Beschneidung des Selbstfinanzierungsvolumens, die sich um so verhängnisvoller auswirken muß, wenn die relative Steuerbelastung mit wachsender Unternehmensgröße abnimmt.

Da bei den Klein- und Mittelbetrieben die maschinelle Ausrüstung noch nicht groß ist oder überhaupt erst mit ihr begonnen wird, gehen ihnen einmal durch das mangelnde Abschreibungsvolumen der Kapitalfreisetzungs- und Kapazitätserweiterungseffekt und zum anderen die unverzinslichen Steuerstundungen verloren.

Kauft z. B. ein Unternehmen eine Geschäftseinrichtung für 20 000 DM mit einer betrieblichen Nutzungsdauer von zehn Jahren, so fließen bei linearer Abschreibung und kostendeckendem Erlös jedes Jahr 2000 DM in das Unternehmen zurück, wenn man vereinfachend nur Kassenumsätze annimmt. Jedes Jahr gehen also 2000 DM Abschreibungsbeträge ein, die sich bis zum Ablauf der Nutzungsdauer wieder auf 20 000 DM kumuliert haben. Im Durchschnitt waren also während der zehn Jahre 10 000 DM in liquiden Mitteln vorhanden und 10 000 DM in der Geschäftseinrichtung gebunden. Der durchschnittlich gebundene Kapitalbetrag beträgt also nur die Hälfte des ursprünglichen Kapitalbedarfs. Diesen Vorgang kann sich der Unternehmer derart zunutze machen, daß 50% des Investitionsbetrages für das abnutzbare Anlagevermögen aus eigenen Mitteln und die restlichen 50% aus Fremdkapital aufgebracht wird. Dieses wird dann aus den anfallenden Abschreibungserlösen getilgt. Andererseits kann der Unternehmer die Abschreibungserlöse sofort reinvestieren und unter Beachtung der unterschiedlichen Ersatzinvestitionstermine seine Kapazität erweitern[25].

[25] Vgl. *Ruchti, H.:* Die Abschreibung, Stuttgart 1953

Für die Bildung von *„funktionellem Eigenkapital“* in Form von Pensionsrückstellungen fehlen bei Klein- und Mittelbetrieben weitgehend die Voraussetzungen. Rückstellungen zum Zwecke der Pensionsgewährung an Arbeitnehmer erfordern eine bestimmte Mindestbetriebsgröße. Bei nur wenigen Pensionszusagen wäre das Risiko des Eintritts eines Versorgungsfalles zu groß und nicht berechenbar, der kompensatorische Effekt zwischen Zu- und Abgängen zu gering. Es könnte also nicht mit der völligen Freisetzung eines Teils der Pensionsrückstellungen gerechnet werden, die dem Unternehmen dauernd zur Verfügung stehen würden.

„Nicht nur das Risiko vorzeitiger Invalidität (usw.) ist bei einzelnen oder wenigen Pensionszusagen besonders groß und vor allem vollkommen unberechenbar, sondern auch die ‚ewige‘ Existenz großer Kapitalgesellschaften kann bei (kleinen) Unternehmungen, insbesondere Einzelfirmen und Personengesellschaften, nicht mit gleicher Wahrscheinlichkeit unterstellt werden. Namentlich der Einzelunternehmer weiß kaum, ob er nicht vielleicht eines Tages selbst arbeitsunfähig wird und nach der Liquidierung seines Unternehmens etwaige Pensionsverpflichtungen aus seinem Privatvermögen abdecken müßte.

Ein verantwortungsbewußter Unternehmer müßte deshalb diese Verpflichtungen bei einer Versicherungsgesellschaft in Deckung geben. Damit würden der Unternehmung jedoch über den Umfang der Steuerersparnis hinaus liquide Mittel entzogen, so daß die Pensionszusagen bei ihr — im Gegensatz zur Großunternehmung — nicht nur keine Verbesserung, sondern sogar eine Verschlechterung der Selbstfinanzierung bewirken[26].“

Die fehlenden innerbetrieblichen Kapitalbildungsmöglichkeiten sollen nun durch steuerbegünstigte Kapitalsammlungen bei Dritten ersetzt werden. Die steuerlichen Sparförderungsmaßnahmen dienen zunächst nicht der Eigenkapitalbildung, sondern sollen vornehmlich das Angebot auf dem Kapitalmarkt anregen, d. h. der Unternehmer nimmt als Fremdkapital herein, was er als Sparbetrag zur Bank getragen hat. Da er aber ein wachsendes Guthaben erwirbt, das er nach Ablauf einer Sperrfrist von fünf Jahren zur Umfinanzierung verwenden kann, stellt dieser Weg keinen Nachteil für ihn dar.

Anders verhält es sich mit seinen steuerbegünstigten Beiträgen im Rahmen der Sonderausgaben. Hier fließen Gelder in Kapitalsammelbecken (Versicherungen) zusammen, die er als Fremdkapital wiederzusehen kaum Hoffnung haben kann[27]. Vielmehr versorgt sich hier die öffentliche Hand und die Großindustrie mit billigem Fremdkapital.

Wenn also die Beteiligungsfinanzierung und die Selbstfinanzierung den Investitionsbedarf leider nicht decken können, bleibt zu untersuchen, wie die Situation auf den Kreditmärkten ist.

[26] *Pohmer, D.:* Beeinflussung der Konzentration durch Steuerrecht und Finanzpolitik, Die Konzentration in der Wirtschaft, Schriften des Vereins für Socialpolitik, N. F., Bd. 20/II, S. 1071 f.

[27] Wegen der Besonderheiten des Schuldscheindarlehens s. S. 150 f.

„Dem Ersatz der Selbstfinanzierung durch Fremdfinanzierung sind jedoch Grenzen gezogen, insbesondere bei den nicht emissionsfähigen Betrieben. Beide Finanzierungsarten sind zu einem erheblichen Grade voneinander abhängig. Eine erhöhte Fremdfinanzierung durch Aufnahme langfristiger Kredite setzt stets ein angemessenes Eigenkapital voraus, das bei den personenbezogenen Unternehmensformen regelmäßig nur aus Gewinnen gebildet werden kann. Der schwindende Anteil der Selbstfinanzierung läßt sich also nicht in vollem Umfange durch verstärkte Kreditgewährung ausgleichen[28]."

III. Kreditwilligkeit und Kreditbereitschaft

Die Wirtschaftswissenschaft geht in der Theorie vereinfachend davon aus[29], daß eine Investition abhängig ist von dem Zinssatz für einen aufzunehmenden Kredit und der Grenzleistungsfähigkeit des Kapitals, d. h. des Zinssatzes, mit dem die erwarteten Erlöse diskontiert gleich den Anschaffungskosten sind. Bei gegebener Grenzleistungsfähigkeit des Kapitals ist dann die Investition eine Funktion des Zinssatzes.

Die Bedeutung des Zinses für eine Kreditaufnahme ist bei Praktikern umstritten. Während die einen der Zinshöhe keine wesentlichen Impulse auf die Investitionsfähigkeit zuschreiben, machen die anderen zu hohe Zinsen für eine Zurückhaltung bei der Kreditaufnahme verantwortlich. Ohne auf die Bedeutung des Kreditzinssatzes an dieser Stelle näher einzugehen, soll nur auf den Charakter des Zinssatzes als wahrnehmungsbedingtes Schwellenphänomen hingewiesen werden. Diese Schwelle, die vor den ökonomischen Überlegungen und bei allen Unternehmen im Bereich ihres ökonomischen Horizontes nicht gleich hoch liegt, muß überschritten werden, bevor Zinsüberlegungen verhaltenswirksam werden. Der Zins ist keine Bestimmungsgröße der Kreditwilligkeit. Unter Kreditwilligkeit ist die positive Einstellung zur Kreditaufnahme zu verstehen, unabhängig von einer gegenwärtigen oder zukünftigen Kreditaufnahme und auch unabhängig von den Konditionen eines Kredites, d. h. der Wille schlechthin, sich zu verschulden. Hierbei handelt es sich um eine höchst differenzierte Frage der Mentalität.

Empirische Untersuchungen haben ergeben, daß die Vertrautheit mit Buchgeld und der Umgang mit Schecks und Überweisungen, vom Wechsel ganz zu schweigen, je nach dem Lebensalter, der beruflichen und sozialen Umwelt, der Schulbildung und vielen anderen Vorbedingungen sehr unterschiedlich ist und daß der Einfluß dieser Gruppennormen auf die finanziellen Entscheidungen der Wirtschaftssubjekte zu berücksichtigen ist[30].

[28] Industriekreditbank AG., Geschäftsbericht 1961/62, S. 22

[29] Vgl. hierzu *Sauermann, H.:* Einführung in die Volkswirtschaftslehre I., Die Wirtschaftswissenschaften, Wiesbaden 1960, S. 189 f.

[30] *Schmölders, G.:* Geldpolitik, Tübingen 1962, S. 92

Wie überall im sozialen Leben, so ist auch im Umgang mit dem Kredit und in den Finanzgewohnheiten ein hohes Maß an Beharrungsvermögen zu beobachten. Nun ist mit Sicherheit anzunehmen, daß sich traditionsgebundene Vorstellungen über bestimmte Formen des Geldes und das Schuldenmachen vorwiegend bei ausgesprochenen Kleinunternehmen finden. Die Betriebswirtschaftliche Abteilung des Instituts für Mittelstandsforschung befragte 249 mittelständische Unternehmer nach ihrer Einstellung zu den Kapitalversorgungsmöglichkeiten[31]. Die Frage lautete: Halten Sie die gegebenen Kapitalversorgungsmöglichkeiten für ihre Unternehmung für ausreichend?

Das Befragungsergebnis zeigt, daß nicht alle Unternehmer über den Umfang ihres Kapitalbedarfs richtig informiert sind. Sie täuschen sich einen ausreichenden Kapitaldeckungsgrad vor. Es ist anzunehmen, daß ein Teil der positiven Antworten zu der obigen Frage mentalitätsbedingt ist. „Die Befrager hatten nicht selten den Eindruck, daß der befragte mittelständische Unternehmer lieber die Kapitaldecke zu kurz hält und sich behilft, als sich in irgendein Abhängigkeitsverhältnis zu einem Lieferanten oder zu einer Bank zu begeben. Außerdem wurde von vielen das ‚Schuldenmachen' offensichtlich als unehrenhaft empfunden[32]." Diesen Fall der ausgesprochenen Kreditunwilligkeit auf seine Einflußgrößen zu untersuchen, muß einer Spezialanalyse vorbehalten bleiben, die auch eine quantitative Erfassung dieser Kreditunwilligen versuchen müßte, um ihre wirtschaftspolitische Relevanz erkennen zu lassen.

Bedenkt man jedoch, daß kreditäre Finanzierungen in der Regel nur bei einem kleinen Geschäftsumfang zu entbehren sind, so kann der Bereich der Kreditunwilligen nicht erheblich sein.

Es muß aber doch zu denken geben, wenn Untersuchungen jüngst die erstaunliche Tatsache zutage gefördert haben, daß mindestens 25% der Haushalte von Gewerbetreibenden nicht einmal ein Girokonto bei einem Kreditinstitut unterhält[33].

Wenn die anstehende Frage einer Kreditaufnahme nicht bereits an der Schwelle der mentalitätsorientierten Kreditunwilligkeit gescheitert ist, so treten dann ökonomische Faktoren in den Vordergrund. Für die ökonomische Kreditbereitschaft gewinnt der Zins wieder ausschlaggebende Bedeutung, jedoch nicht isoliert, sondern nur in Verbindung mit den Erlöserwartungen der Unternehmer. Kreditwilligkeit und das betriebliche Kreditfinanzierungsbedürfnis ergeben die Kreditbereitschaft. Hier ist der Zins in der Lage, anspornend oder bremsend zu wirken und eine latente Kreditbereitschaft in eine offene zu verwandeln. Diese Aufgabe fällt dem Zins bei allen öffentlichen Kreditprogrammen zugunsten bestimmter Wirtschaftsbereiche zu, sei es in Form von direkten Zinszuschüssen oder verbilligten Krediten.

[31] Die Konkurrenzsituation mittelständischer Unternehmungen, Abhandlungen zur Mittelstandsforschung, Bd. 3, Köln–Opladen 1962, S. 272 f.

[32] Die Konkurrenzsituation mittelständischer Unternehmungen, a. a. O., S. 276

[33] Deutscher Sparkassen- und Giroverband, Jahresbericht 1960, S. 28

Die Kreditwilligkeit ist eine abhängige Variable der Mentalität, die Kreditbereitschaft ist eine abhängige Variable ökonomischer Daten. Die Anpassung an die Notwendigkeit verstärkter Investitionsanstrengungen ist nur über die Kreditbereitschaft möglich; sie trägt die Kreditnachfrage und die Verschiedenheit der Kreditwünsche.

IV. Die Verlagerung des Kreditbedarfs

Nachdem die Notwendigkeit größerer Investitionsanstrengungen festgestellt ist und die grundsätzliche Bereitschaft zur Kreditaufnahme nicht geleugnet werden kann, sind die Kreditwünsche näher zu beleuchten. Ihre Analyse ist erste Voraussetzung für alle Kreditmaßnahmen zugunsten „halb"-kreditwürdiger Klein- und Mittelbetriebe. Nun sind aber die betrieblichen Kreditbedürfnisse so verschieden wie die Klein- und Mittelbetriebe selbst. Für eine Differenzierung der Kreditwünsche erscheint zunächst weder die Form der Sicherung noch die Fristigkeit geeignet zu sein, sondern der Kreditwunsch ist getragen von einer ganz bestimmten Vorstellung über die Verwendung des Kredites, die nicht selten „eherne" Finanzierungsregeln in den Hintergrund treten läßt. Das Kriterium des Verwendungszweckes soll als Unterscheidungsmerkmal dienen und zu einer ersten Trennung in „Betriebsmittelkredite" und „Anlagekredite" führen.

Der Betriebsmittelkredit dient der Finanzierung der laufenden Betriebsausgaben in der Zeitspanne zwischen Ausgabenentstehung und Rechnungseingang und ist seiner Natur nach kurz- oder mittelfristig.

Der Anlagekredit dient dagegen der Erstausstattung neugegründeter Firmen oder der Erweiterung, Rationalisierung und Anpassung bereits bestehender Firmen mit Anlagevermögen.

Ein besonderer Kreditbedarf entsteht oft beim Eigentumswechsel oder beim Tod des Eigentümers, der in der Regel auch der eigentliche Leiter der Firma ist. Abgesehen davon, daß dem Unternehmen auch die unternehmerische Fähigkeit und das „geistige Kapital" verlorengeht, das sich in dem bisherigen Eigentümer verkörperte, bedeutet der Übergang in die Hand eines Erben für das Unternehmen meist auch insofern eine schwere finanzielle Belastung, als die Verpflichtung zur Zahlung der Erbschaftssteuer eintritt im Gegensatz zu den als juristische Personen konstruierten Großunternehmen. Für die Personenunternehmungen bedeutet der Eigentumswechsel dagegen oft eine so schwere Belastung, daß die Erben an einer Weiterführung des Unternehmens gar nicht mehr interessiert sind und die Unternehmen z. B. einem Konzern zum Kauf anbieten. Hier mit Besitzwechselkrediten einzuspringen, erfordert eine der wettbewerbsschädlichen Unternehmenskonzentration entgegenwirkende Wirtschaftspolitik. Dies könnte der Fiskus selbst übernehmen, indem er in eine langfristige Tilgung der Erbschaftssteuer einwilligt. Zur Zeit kann die Steuer unter der Voraussetzung des § 217 Abgabenordnung – Vorliegen einer erheblichen Härte und Nichtgefährdung des Steueranspruches – gestundet werden. Auf die Gefahr hoher Erbschaftssteuersätze soll hier nur hingewiesen werden.

Die unterschiedliche Dringlichkeit der Kreditwünsche wird nun bestimmt von der Notwendigkeit der zu finanzierenden Investitionen. Die über die Ausrüstungsinvestitionen zu erfolgende Umstrukturierung innerhalb der Kosten verlangt eine Änderung in der Finanzierung des betrieblichen Leistungsprozesses. Infolge der mangelnden Teilbarkeit der Anlagegüter stehen sich hohe Ausgaben im Anschaffungszeitpunkt und die sich über lange Jahre hinziehende, aus Abschreibungsbeträgen bestehende Einnahmereihe gegenüber. Um das finanzielle Gleichgewicht der Unternehmung zu wahren, müssen Kapitalbindungsfristen und Kapitalüberlassungsfristen übereinstimmen, d. h. ein sich langfristig liquidierendes Anlagegut muß auch mit langfristigem Kapital finanziert sein. Der Übergang zu maschinellen Fertigungsverfahren oder ihre größere Anwendung macht also auch eine Umstrukturierung in der Finanzierung notwendig.

Der Bedarf an langfristig zur Verfügung stehendem Kapital steigt also einmal aus dem oben erwähnten Grunde und zum anderen aus einer in der Vergangenheit liegenden und auch heute noch praktizierten Finanzierungssünde. Aus Mangel an langfristigem Kapital wurden Betriebsmittelkredite langfristig festgelegt. Bei Fristablauf wurden sie entweder umfinanziert, von der Bank prolongiert oder sie froren allmählich ein. Der Umfang der eingefrorenen Mittelstandskredite wurde im Sparkassensektor zum 30. 6. 1958 mit 2,5% der kurzfristigen Debitoren angegeben[34].

Tabelle 2

Eingefrorene Mittelstandskredite der Sparkassen am 30. 6. 1958

Kreditnehmer	Stück	Mill. DM	Durchschnittsbetrag eines Kredits DM	in % der kurzfristigen Debitoren Stück	Mill. DM
Handwerk	3 363	20,2	6 000,—	2,4	3,0
Gewerbe	1 275	9,4	7 410,—	2,5	2,8
Industrie	654	16,8	25 720,—	1,9	2,5
Großhandel	306	5,2	17 080,—	1,7	1,7
Einzelhandel	1 893	12,1	6 390,—	2,0	2,1
Fremdenverkehr	221	2,5	11 340,—	2,0	3,0
insgesamt	7 712	66,3	8 590,—	2,2	2,5

Von der Sparkassenseite wird die Auffassung vertreten, daß die eingefrorenen Debitoren bei den Sparkassen so gut wie keine Rolle spielen und daß sie im gegebenen Falle in der Regel durch Gewährung sparkasseneigener Tilgungsdarlehen konsolidiert werden können. Bei einem Anteil von 2,5% könne man durchaus noch von einem gesunden Debitorenbestand sprechen[35]. Nach den Ermittlungen des

[34] Deutscher Sparkassen- und Giroverband e. V., Jahresbericht 1958, S. 39
[35] Ebenda, a. a. O., S. 40

Rheinischen Sparkassen- und Giroverbandes bei den ihm angeschlossenen Sparkassen liegt der gegenwärtige Anteil der festgefrorenen Kredite am gesamten kurzfristigen Kreditgeschäft nur geringfügig über dem für 1958[36]. Sieht man auch die Sparkassen als repräsentativ für die Kreditfinanzierung der Klein- und Mittelbetriebe an, so ist dennoch eine Aussage über das absolute Ausmaß der eingefrorenen Kredite schwerlich zu machen. Zweifellos würde aber hier eine Konsolidierung der Verbesserung der Liquidität und der Finanzierung des Umlaufvermögens dienen.

[36] Handelsblatt v. 22. 1. 1963, „Liquiditätsminderung im Mittelstand“

B. DAS KREDITANGEBOT

I. Der kurzfristige Kredit

Die Beschaffung von kurzfristigem Fremdkapital soll nicht so eingehend behandelt werden, da sie im gegenwärtigen Zeitpunkt mit relativ geringeren Schwierigkeiten verbunden ist, und auch die Banken im kurzfristigen Kreditgeschäft immer noch ihr Haupttätigkeitsgebiet sehen und auch weiterhin sehen werden. Zwei Fragenkreise aber, die allerdings nur entgegengesetzte Betrachtungen derselben Sache sind, sollen hier behandelt werden: einmal der Lieferantenkredit und zum anderen das Factoring, d. h. der Ankauf von Lieferantenforderungen (Außenständen).

1. Der Lieferantenkredit

„Beim Lieferantenkredit handelt es sich in der Regel um die Gewährung von Zahlungszielen zwischen verschiedenen Wirtschaftsstufen: z. B. Fabrikant an Handel oder Vorlieferant an Fabrikant, Großhandel an Einzelhandel; in der Konsumsphäre spielt auch die Kreditierung an den Letztverbraucher eine Rolle, doch haben sich hierfür besondere Formen des Kundenkredites herausgebildet[37].“ War der Lieferantenkredit ursprünglich eine Maßnahme der Verkaufsförderung, so ist er auch immer wieder unfreiwillig gegeben worden, wenn die Abnehmer die Zahlungsziele überschritten. Die Zahlungsbedingungen differieren zwischen den Branchen beachtlich[38]. Sie alle versuchen aber, durch die Einräumung eines Skontos einen kalkulatorisch sehr fühlbaren Reiz auf eine Nichtausnutzung der Ziele auszuüben. Beispielsweise entsprechen 3% Skonto bei sofortiger Zahlung statt nach 30 Tagen einem Jahreszins von 36%. Dieses Entgelt des Abnehmers für die Inanspruchnahme des Lieferantenkredites reicht bei einer rechnerischen Verzinsung auf ein Jahr von 7% in der Schrottwirtschaft bis zu 80% bei Krafträderherstellern[39]. Bei diesen hohen Preisen für den Lieferantenkredit wird nun immer wieder die Forderung erhoben, den Lieferantenkredit durch einen kurzfristigen Bankkredit abzulösen, da die Kosten des Kontokorrentkredits bedeutend niedriger seien und zugleich die Ausnutzung des Skontos gelänge. Betrachtet man eine derartige einzelwirtschaftliche Umfinanzierung in ihrem gesamtwirtschaftlichen Zusammenhang, so lassen sich zwei Modellfälle konstruieren[40].

[37] *Thiess, E.:* Kurz- und mittelfristige Finanzierung, Wiesbaden 1958, S. 56 f.
[38] Vgl. hierzu *Hahn, O.:* Der Skonto in der Wirtschaftspraxis, Frankfurt 1962, S. 24 f.
[39] *Hahn, O.:* a. a. O., S. 25 f.
[40] *Günther, H.:* Der langfristige bankmäßige Investitionskredit, Zeitschrift für das gesamte Kreditwesen 1963, S. 224

MODELL I

(Gleichmäßige Verschuldung der Unternehmen, dargestellt an den Teilbilanzen von A, B und C)

A

Forderung an Kunden C von 1 Mill.	Verpfl. gegen Lieferanten B von 1 Mill.

B

Forderung an Kunden A von 1 Mill.	Verpfl. gegen Lieferanten C von 1 Mill.

C

Forderung an Kunden B von 1 Mill.	Verpfl. gegen Lieferanten A von 1 Mill.

Bei diesem Stand könnte sich folgendes ereignen:

1. Die Bank gibt 1 Mill. Kredit an A.
2. A zahlt mit diesem Kredit 1 Mill. an B.
3. B benutzt das von A erhaltene Geld zur Zahlung von 1 Mill. an C.
4. C verfährt entsprechend und zahlt 1 Mill. an A.
5. A zahlt mit diesem Geld seinen Bankkredit zurück.

Dieses Schema läuft modellmäßig in gleicher Weise ab, wie lang und wie verästelt auch die Kette der Schuldbeziehungen ist, die verschiedenen Lieferantenkredite werden gegenseitig aufgerechnet.

MODELL II

(Ungleichmäßige Verschuldung der Unternehmen, dargestellt an den Teilbilanzen von A, B, C und D)

A
(überdurchschnittliche Liquidität)

Kasse 1 Mill.	Verpfl. gegen B 1 Mill.

B

Forderung an A 1 Mill.	Verpfl. gegen C 1 Mill.

C
(unterdurchschnittliche Liquidität)

Forderung an B 1 Mill.	Bankkredit 1 Mill.

D

0	0

Bei diesem Stand könnte sich folgendes ereignen:

1. A zahlt aus eigenen Mitteln 1 Mill. an B.
2. B benutzt dieses Geld zur Zahlung von 1 Mill. an C.
3. C zahlt seinen Bankkredit von 1 Mill. zurück.

„Auch hier erfolgt also im Nichtbankenbereich eine gegenseitige Aufrechnung der Lieferantenkredite. Die Modelle haben somit zu dem paradox erscheinenden, unter den vorliegenden Voraussetzungen aber theoretisch einwandfreien Ergebnis geführt, daß es bei gesamtwirtschaftlicher Betrachtung zur weitgehenden Ablösung der Lieferantenkredite entweder nur eines im Vergleich zum sonstigen Kreditbedarf sehr geringen Kreditbetrages oder überhaupt keines zusätzlichen Kredits bedarf[41]." Ferner wird durch diesen Vorgang deutlich, daß der Unternehmer zwar in den Genuß des Skontos kommt, daß diesem Vorteil aber eine entsprechende Belastung durch den Skonto gegenübersteht, der dem eigenen Kunden zu gewähren ist. In der gezeichneten statischen Modellbetrachtung verliert der Skonto seine Bedeutung als verkaufsförderndes Instrument, so daß auch kein Zinsgewinn mehr durch die Differenz von Habenskonto und Sollskonto entstehen würde.

Zwei Faktoren zerstören jedoch den Modellablauf in der Wirklichkeit: erstens die zeitliche Verzögerung zwischen den notwendigen zahllosen Zahlungsvorgängen und zweitens das heterogene Unternehmerverhalten, das nicht gleichmäßig zu einem Abbau der Lieferantenverpflichtungen führt, sondern aus mannigfachen Gründen am Lieferantenkredit festhält. Denn dieser bietet trotz seiner hohen Zinsen gegenüber dem Bankkredit eine Reihe von Vorteilen:

„1. Der Lieferantenkredit wird gewissermaßen als Nebenleistung des Warenverkaufs gewährt...", während der Bankkredit zunächst eine Beantragung voraussetzt. Dieser Nachteil wird aber nur für denjenigen augenscheinlich, der – aus welchen Gründen auch immer – bislang noch ohne Bankkredit ausgekommen ist oder auskommen mußte.

2. Die Sicherheiten, die der Lieferant verlangt, bestehen höchstens in der verkauften Ware, die nur unter Eigentumsvorbehalt geliefert wird – diese Sicherheit fällt jedoch ... automatisch an. Demgegenüber wird von Banken regelmäßig die Beibringung zusätzlicher Sicherheiten in Gestalt von Hypotheken oder Bürgschaften verlangt; außerdem muß sich der Kreditnehmer einer besonderen Kreditwürdigkeitsprüfung unterziehen, die eine Offenlegung seiner Geschäftsverhältnisse verlangt.

3. Eine Bank wird regelmäßig fordern, daß ihr Schuldner auch seine Umsätze bei ihr ‚macht', damit sie die Möglichkeit hat, Einblick in seine Finanzgebarung zu nehmen. Nur Großfirmen können es sich leisten, bei mehreren Banken Kredite in Anspruch zu nehmen. Auf der anderen Seite kann sich ein Unternehmen bei relativ vielen Lieferanten verschulden.

4. Dies wirkt sich auch sehr positiv aus hinsichtlich der ‚Kreditkontingente'. Kein Lieferant wird ohne weiteres Stundungen in beliebiger Höhe vornehmen, sondern die Grenze von der Größe und Bonität des Abnehmers abhängig machen. Es steht aber jeder Unternehmung frei, mit mehreren Lieferanten eines bestimmten Artikels in ständiger Geschäftsverbindung zu stehen[42]."

[41] *Günther, H.:* a. a. O.
[42] *Hahn,* O.*:* a. a. O., S. 60 f.

Zu einem vollen Ausschöpfen dieser Vorteile kommt es aber nur dann, wenn durch die Inanspruchnahme des Lieferantenkredites der Bankkredit für die Lagerfinanzierung und darüber hinaus auch für Absatzfinanzierung ausgeschlossen werden kann.

Der Lieferantenkredit, der hier also den Bankkredit ersetzt, wird aber aus Sicherheitsgründen die Umschlagszeit der auf Kredit gekauften Ware nicht übersteigen (Stundungskredit). Werden aber die Kredite, was häufig geschieht, darüber hinaus verlängert (Lieferantendarlehn), dann tritt für den Lieferanten eine bedeutsame Erhöhung des Kreditrisikos ein, das zu tragen er nur dann willens ist, wenn auch in der Zukunft sein überwiegendes Interesse am Warengeschäft besteht, unter Umständen derart, daß er durch eine großzügige Kreditgewährung den Abnehmer in seine Abhängigkeit bringt (z. B. Brauereien, Mineralölgesellschaften).

Eine im Jahre 1934 durchgeführte Untersuchung[43] über den Umfang der Verschuldung an Lieferanten kommt zu dem Ergebnis, daß die kleinsten Unternehmen verhältnismäßig am meisten Lieferantenkredit in Anspruch nehmen und diese Verschuldung mit steigender Umsatzgröße abnimmt. Bei einem Vergleich der Lieferantenverschuldung und der Gemeindegröße zeigt sich auch bei wachsender Gemeindegröße (Bevölkerungszahl) eine sinkende Verschuldung. Nun ist diese Untersuchung fast 30 Jahre alt, aber ihre Aussagen sind auch heute noch nicht ganz veraltet.

Gewiß haben die großen Kreditinstitutsgruppen, die Großbanken, Sparkassen und Kreditgenossenschaften auf ihrem Weg zum Kunden ihr Filialnetz auch auf ländliche Gebiete ausgedehnt, um dann dort nicht selten auf eine traditionelle Scheu von institutsgebundenen Kreditbeziehungen zu stoßen. Daß die kleinsten Unternehmen verhältnismäßig am meisten Lieferantenkredit in Anspruch nehmen, ist eine Folge der bereits erwähnten Tatsache, daß es bei diesen Unternehmen nicht selten an der Kreditwilligkeit mangelt, die bei einem Bankkredit aktives Handeln verlangt. Den Lieferantenkredit erhält man eben als mehr oder weniger merkliche Nebenleistung. Dieser Umstand dürfte auch die Tatsache erklären, daß – obwohl es im Interesse der Lieferanten liegt – der Lieferantenkredit nur ungern in einen Wechselkredit umgewandelt wird. „Hierbei ist viefach ein altes Vorurteil wirksam. Wie früher die Meinung in Mittelstandskreisen verbreitet war, wer mit Kredit arbeite, dessen Existenz sei gefährdet, genauso wird heute noch das Akzeptieren von Wechseln als nicht einwandfrei angesehen. ‚Der arbeitet mit Wechseln!‘ heißt oftmals soviel, daß das Unternehmen in höchstem Grade gefährdet und daß die Geschäftsführung keine ganz saubere sei[44].“ Voraussetzung für eine Wechselfinanzierung ist eine genaue Kenntnis des finanziellen Betriebsrhythmus in seinen Einnahmen- und Ausgabenströmen, dessen Unkenntnis ebenfalls viel zur Wechselscheu kleiner Unternehmer beiträgt.

[43] *Kruse, A.:* Lieferantenkredit und gewerblicher Mittelstand, Zeitschrift für handelswissenschaftliche Forschung 1938, S. 537 f.

[44] Ebenda, S. 533

Der Lieferantenkredit als Gewährung von Zahlungszielen zwischen verschiedenen Wirtschaftsstufen spiegelt sich besonders anschaulich in der Kreditfunktion des Großhandels[45] wider, die eine seiner wesentlichen Aufgaben ist, die allerdings in den einzelnen Branchen unterschiedliches Gewicht hat. Daß der Großhandel insgesamt in recht beachtlichem Maße Lieferantenkredite gewährt, ist aus der nächsten Tabelle zu ersehen, die die Zahlen für 1957 (in Klammern) und 1959 ausweist.

Tabelle 3

Zahlungsweise der Abnehmer des Binnengroßhandels im Jahre 1959 und 1957 (in Klammern)

Gruppe	Nach Angaben der befragten Großhandelsbetriebe zahlten von je 100 Abnehmern			
	sofort	bis 30 Tage	30 bis 60 Tage	über 60 Tage
		aus Handwerk		
Binnengroßhandel insgesamt	(3) 2	(31) 35	(27) 29	(39) 34
Konsumgütergroßhandel	(3) 3	(58) 74	(20) 10	(19) 13
Rohstoff- und Produktionsverbindungshandel	(2) 2	(3) 11	(34) 40	(60) 47
		aus Einzelhandel		
Binnengroßhandel insgesamt	(14) 17	(26) 35	(39) 34	(21) 14
Konsumgütergroßhandel	(23) 30	(33) 44	(27) 17	(17) 9
Rohstoff- und Produktionsverbindungshandel	(5) 9	(19) 30	(52) 44	(24) 17
		aus Industrie		
Binnengroßhandel insgesamt	(17) 26	(46) 37	(32) 34	(5) 3
Konsumgütergroßhandel	(19) 43	(47) 19	(32) 36	(2) 2
Rohstoff- und Produktionsverbindungshandel	(15) 16	(45) 48	(32) 33	(8) 3

Quelle: Sondererhebung des Ifo-Instituts für Wirtschaftsforschung

Die längsten Zahlungsziele nimmt im Gesamtdurchschnitt das Handwerk in Anspruch, gefolgt vom Einzelhandel. Am ausgeprägtesten ist die Kreditgewährung des Großhandels in bauabhängigen Produktionsgüterbranchen sowie in den Konsumgüterzweigen Elektro- und Rundfunkartikel, Eisen- und Metallwaren sowie Schuhe. Innerhalb der einzelnen Branchen erfüllen die Großhandelsbetriebe die Kreditfunktion in unterschiedlichem Maße. Das ist einmal darauf zurückzuführen, daß jeder Großhandelsbetrieb einen anderen Abnehmerkreis hat und der Kreditbedarf der Abnehmer unterschiedlich ist, zum anderen ist die Fähigkeit zur

[45] Das Folgende aus *Batzer, E.:* Der Großhandel in der westdeutschen Wirtschaft, Berlin–München 1962, S. 20 f. und dem Ergänzungsbericht zu der Schrift von Batzer im Eigenverlag des Ifo-Instituts, München 1963, S. 4 f.

Kreditgewährung bei den einzelnen Großhandelsfirmen unterschiedlich, weil die Ausstattung mit Eigenkapital sehr verschieden ist.

Bei einem Vergleich der Jahre 1957 und 1959 scheint die Kreditfunktion des einzelwirtschaftlichen Großhandels etwas an Bedeutung zu verlieren. Zwar waren auch im Jahre 1959 erhebliche Mittel in Außenständen gebunden, doch hat sich seit 1957 der Anteil der Abnehmer, die Zahlungsziele von 30 und mehr Tagen in Anspruch nehmen, nicht unbeträchtlich verkleinert. So beglichen 1957 noch zwei Drittel der Handwerkskunden und 60 v. H. der Einzelhandelsabnehmer ihre Rechnungen erst nach 30 Tagen, während 1959 die entsprechenden Anteilsätze bereits auf gut 60 v. H. bzw. knapp 50 v. H. zurückgegangen waren.

Von einer Verkürzung der Lieferantenkreditinanspruchnahme berichtet auch die Mittelrheinische Kreditbank in Mainz, daß nämlich die Durchschnittslaufzeit der im Factoring-Geschäft angekauften Forderungen sich im Jahre 1962 erneut von 50 auf 44 Tage vermindert hat[46].

Am ausgeprägtesten ist die Kreditgewährung nach wie vor in den Großhandelszweigen, die die bauausführende Wirtschaft und hier besonders das Handwerk beliefern. Von den Handwerkskunden des Rohstoff- und Produktionsverbindungshandels überschritt 1959 fast die Hälfte das 60-Tage-Zahlungsziel. Zwei Jahre zuvor waren es allerdings noch 60 v. H. der Abnehmer gewesen. Es zeigt sich also, daß auch in einem Bereich, in dem die Kreditleistungen des Großhandels in besonderem Maße in Anspruch genommen werden, die Kreditfunktion des Großhandels eine gewisse Einschränkung erfahren hat.

Die tendenziell abnehmende Bedeutung der großhändlerischen Kreditfunktion hat verschiedene Ursachen. Den Abnehmern des Großhandels wird stärker bewußt, daß der Lieferantenkredit ein recht teurer Kredit ist; sie meiden ihn daher mehr als bisher. Zudem sind die Großhandelsabnehmer inzwischen besser mit Eigenkapital ausgestattet und auf den Lieferantenkredit nicht mehr so stark wie vor wenigen Jahren angewiesen. Die Bankwirtschaft baut ihr Filialnetz zunehmend aus und dringt stärker in bisher kreditmäßig unterversorgte Gebiete (Landgemeinden) vor. Dadurch wird den mittelständischen Gewerbetreibenden die eingewurzelte Bank- und Kreditscheu etwas genommen, wenngleich die eingehenden Kreditwürdigkeitsprüfungen noch vielfach als unangenehm empfunden werden. Die zunehmende Eigenkapitalbildung bei den Großhandelsabnehmern erhöht die Chancen einer Kreditierung seitens einer Bank bzw. Sparkasse nicht unerheblich.

Die Beschränkung der großhändlerischen Kreditfunktion steht aber auch in engem Zusammenhang mit der Modernisierung und Rationalisierung des großhändlerischen Vertriebswesens. So haben die freiwilligen Ketten die Barzahlung zu einem Grundprinzip ihrer Geschäftspolitik gemacht. Auch die Kunden des Cash-und-Carry-Großhandels müssen ihre Rechnungen bar bezahlen.

Trotz dieser positiven Anzeichen wird der Lieferantenkredit nie ganz durch andere Finanzierungsformen ersetzt werden. Unerwarteter Geldmangel läßt sich

[46] Mittelrheinische Kreditbank, Mainz, Geschäftbericht 1962, S. 9

einfach durch Liegenlassen der Rechnungen schnell beheben, und ein Telefongespräch mit dem Lieferanten führt zu einer rascheren Entscheidung als mit einem bürokratischen Kreditinstitut.

2. Das Factoring[47]

Aus der genannten Untersuchung über die Lieferantenschulden sei hier ein weiteres Ergebnis angeführt, um den ökonomischen Zusammenhang zwischen Lieferantenkredit und Factoring zu offenbaren: „Dort, wo die Außenstände beträchtlich sind, sind auch die Lieferantenschulden am höchsten[48].“ Verkauft der Unternehmer nun seine Forderungen, kann er mit den Geldern ganz oder teilweise seine Lieferantenschulden abdecken und kann wieder frei disponieren. Das Factoring wäre also der „Stein der Weisen“ im Rahmen der kurzfristigen Finanzierung. Ob dieser in den USA entwickelte und in Deutschland bisher nur von der Mittelrheinischen Kreditbank in Mainz betriebene Zweig des Kreditgewerbes auch für die mittelständische Wirtschaft geeignet und von wirklicher Bedeutung ist, muß dagegen erst noch untersucht werden. Zu diesem Zweck ist es notwendig, das Factoring-Verfahren, so wie es die Mittelrheinische Kreditbank handhabt, kurz zu beschreiben: Im Rahmen eines mit der Bank abzuschließenden Factoring-Vertrages sendet der Unternehmer alle Rechnungen und Versandpapiere auf seine Abnehmer in der Bundesrepublik Deutschland an die Bank ein. Diese vergütet ihm unverzüglich auf einem laufenden Konto 80% des Gegenwertes, 20% werden auf einem Sperrkonto für eventuelle Mängelrügen, Preisnachlässe, Aufrechnungen und dergleichen gutgebracht. Die Bank bestätigt dem Unternehmer gleichzeitig den Ankauf der Forderung durch ein Journal, auf dem die einzelnen Angaben zu jeder Rechnung wie Kunden-Nr., Rechnungs-Nr., Rechnungsdatum, Zahlungsziel und Rechnungsbetrag erscheinen. Da die Abtretung der Forderung in offener Form erfolgt, stellt die Bank dem Unternehmer ihren Stempel oder Aufklebzettel zur Verfügung, aus deren Text hervorgeht, daß der Rechnungsbetrag durch Factoring an die Bank abgetreten ist und ausschließlich an diese gezahlt werden muß. Alle Zahlungen, die der Abnehmer zum Ausgleich der Rechnungen leistet, werden dem Unternehmer unter Angabe der Kunden-Nr., Rechnungs-Nr., Zahlungsdatum, Rechnungsbetrag, eventuell Skontiabzüge usw. angezeigt.

In regelmäßigen Abständen erstellt die Bank Kontoauszüge über den Stand der einzelnen Kundenkonten des Unternehmens, so daß dieser jederzeit die Übersicht über die seinen Abnehmern gewährten Kredite und Zahlungsziele behält. Darüber hinaus enthält dieser Kontoauszug noch Angaben über den akkumulierten Umsatz, den jeder einzelne Kunde mit dem Unternehmer in dem

[47] Einen allgemeinen Überblick über das Factoring und seine Anwendung in den USA vermittelt *Knopik, Gisbert*, Factoring. Frankfurt 1960

[48] *Kruse, A.:* a. a. O., S. 539

laufenden Rechnungsjahr getätigt hat, sowie eine Anzeige eines Kreditlimits, das die Bank auf Grund der ihr vorliegenden Auskünfte für vertretbar hält. Ferner erstellt sie in regelmäßigen Abständen Mahnungen für diejenigen Abnehmer des Unternehmens, bei denen sie überfällige Rechnungen feststellt.

Diese dienstleistungsintensive Form moderner Absatzfinanzierung umfaßt also dreierlei:

1. Sofortige Verfügung über den Rechnungsgegenwert, also hohe Liquidität, die die Lieferantenskonti auszunutzen erlaubt und die kurzfristige Bankschuld entbehrlich macht.
2. Die Verlagerung der Kreditwürdigkeitsprüfung vom Unternehmer auf den Abnehmer (bedeutsam bei fehlenden Sicherheiten).
3. Übertragung der gesamten Debitorenbuchhaltung auf den Factor.

Der Anwendungsbereich für Factoring-Finanzierungen ist allerdings nicht unbegrenzt. So kommen alle Geschäfte mit Konsumenten nicht in Betracht – hierfür bieten die Teilzahlungsbanken ihre Dienste an –, sondern nur Geschäfte mit vorgelagerten Stufen. Alle Bereiche, bei denen sich sehr kurze Zahlungsziele oder Barzahlungen eingebürgert haben, scheiden naturgemäß auch aus. Und jene Betriebe, mit deren Solidität es nicht zum besten bestellt ist, dürfen ihre „Rettung" kaum in den Factoring-Finanzierungen sehen[49].

„Ein offenkundiges Handicap ist es für das Factoring, daß im deutschen Geschäftsverkehr nicht selten mit sogenannten ‚verlängerten Eigentumsvorbehalten' und Abtretungsverboten gearbeitet wird. Bei diesen verlängerten Eigentumsvorbehalten ist der Verkäufer der Ware verpflichtet, die Forderung, die er gegenüber dem Käufer erworben hat, sicherheitshalber an seinen Vorlieferanten in Höhe des an diesen geschuldeten Betrages abzutreten. Hat der Verkäufer nun gleichzeitig einen Factoring-Vertrag abgeschlossen, so zediert er dieselbe Forderung praktisch ein zweites Mal. Von beiden Zessionen kommt aber nur die zum Zuge, die zeitlich gesehen die erste war. Da die Factoring-Gesellschaft mit Globalzessionen arbeitet, bei der sich der Kunde zur Abtretung aller laufenden und zukünftigen Forderungen verpflichten muß, wäre das in aller Regel die Zession der Bank. Der Vorlieferant würde dagegen seiner Sicherheit verlustig gehen. Zwar hat der Bundesgerichtshof in einem andersgelagerten Fall entschieden, daß derartige Globalzessionen sittenwidrig sein können (Urteil vom 30. April 1959; vgl. NJW 1959, Seite 1533). Diese Entscheidung sollte jedoch auf das Factoring keine Anwendung finden können, da das Factoring, rein wirtschaftlich gesehen, den betreuten Firmen ja gerade ermöglichen soll, ihre Vorlieferanten prompt zu bezahlen, um so unter anderem auch in den Genuß von Lieferanten-Skonti zu kommen. Wenn man bedenkt, daß der Factor die Möglichkeit hat, seine Kunden zu veranlassen, die gebotenen Skontierungsmöglichkeiten auszunutzen, dann

[49] *Bergmann, H.:* Factoring – das ‚wechsellose Wechselgeschäft', Der Volkswirt 1963, S. 16

dürfte dem Sicherungsbedürfnis der Lieferanten ausreichend Rechnung getragen sein.

Ebenfalls können im Einverständnis der Beteiligten hemmende Abtretungsverbote, die namentlich von Käufern mit starker Marktstellung in zunehmendem Maße in die allgemeinen Geschäftsbedingungen aufgenommen werden, beseitigt werden. Manchmal wird die Abtretung freilich auch nur von einer Einverständniserklärung abhängig gemacht. Die Gründe für derartige Abtretungsverbote sind, daß sich die Firmen einerseits vor zusätzlicher Verwaltungsarbeit, zum anderen aber vor der Gefahr der Doppelzahlung schützen wollen. Diese Klippe kann jedoch leicht umsegelt werden, da die Mittelrheinische Kreditbank in diesem Fall bereit ist anzuerkennen, daß eine Zahlung des Käufers an den Verkäufer auch nach der Forderungsabtretung an die Bank ihr gegenüber mit befreiender Wirkung erfolgt, der Warenabnehmer also in ungünstig gelagerten Fällen keinesfalls doppelt bezahlen muß[50]."

Der verlängerte Eigentumsvorbehalt ist typisch für die Großhandelslieferungen, so daß zunächst auch hier noch ein großer Bereich, wenn auch nicht der gesamte Großhandel, ausscheidet. Aber wohl nur zunächst, denn bei sofortigen Rechnungsregulierungen würde auf diese Sicherungen verzichtet werden können. Factoringgeeignet sind also die Industrieunternehmen, grundsätzlich auch der Großhandel und das produzierende Handwerk, soweit es nicht den Konsumenten direkt beliefert, was aber mit zunehmender Unternehmensgröße (hier gemessen am Umsatz) an Gewicht verlieren dürfte.

Wenn das Factoring also ein Instrument der Umsatzfinanzierung ist, so fragt sich, von welcher Umsatzhöhe an das Factoring interessant wird, und zwar sowohl für den Unternehmer als auch für die Bank. Während in den Vereinigten Staaten als Untergrenze ein Jahresumsatz von 500 000 Dollar angesehen wird, zieht die Mittelrheinische Kreditbank die Grenze bei 1 Million DM. Sieht man diese Grenze zunächst mal als gegeben an, so verliert das Factoring doch etwas von seiner primären Faszination, denn in Industrie, produzierendem Handwerk und Großhandel haben bei 624 459 Unternehmern nur 55 830 einen Jahresumsatz von mehr als 1 Million DM, das entspricht einem Anteil von 8,9%. Darin sind eingeschlossen auch die Großunternehmen, die die Factoring-Finanzierung überhaupt nicht benötigen (diese werden prozentual aber keine Bedeutung haben), und ferner die Unternehmen des produzierenden Handwerks, die den Konsumenten direkt beliefern. Berücksichtigt man für diese letzte Gruppe einen Abschlag von 20%, so erhält man einen etwas geringeren Anteil von 8,7%[51]. Daß das Factoring z. Z. nur eine kleine Unternehmerschicht ausnutzen kann, ist zuletzt auch nicht eine Folge des steigenden Interesses am Factoring. So berichtet die Mittelrheinische Kreditbank, daß es ihr in 1962 zeitweise aus technischen Gründen nicht möglich war, allen Wünschen nach der Aufnahme einer Geschäfts-

[50] Ebenda

[51] Die Ziffern wurden errechnet aus der Umsatzsteuerstatistik 1960, Statistisches Bundesamt, Wiesbaden 1962

verbindung zu entsprechen[52]. Die hohe Umsatzgrenze erfüllt insofern eine durchaus marktgerechte Funktion.

Das Factoring hat in Deutschland bisher nur einen sehr kleinen Markt, denn neben der Unternehmerscheu vor der offenen Zession haben auch die Großbanken sich noch nicht zu einer solchen Tätigkeit entschließen können. „Es wird aus ihren Kreisen darauf aufmerksam gemacht, daß hierfür in Deutschland das Auskunftswesen, das eine notwendige Voraussetzung für die Durchführung eines Factoring-Geschäftes bildet, noch nicht genügend entwickelt ist. Hieraus könnte man den Schluß ziehen, die deutschen Auskunfteien seien erhöhten Anforderungen nicht gewachsen. Das ist aber keineswegs der Fall; ausschlaggebend ist die mangelnde Publizitätsbereitschaft der deutschen Unternehmer, was sowohl für Kapitalgesellschaften als auch — und hier noch in verstärktem Maße — auf die Personalgesellschaften zutrifft. Zum anderen ist für die Durchführung des Factoring-Geschäftes eine gute Organisation, die von Fachkräften geleitet wird, erforderlich. Das hierfür notwendige Personal ist auch bei den Großbanken Mangelware geworden[53]."

In Zukunft werden aber diese und auch andere Banken nicht umhinkommen, sich dem Factoring-Geschäft zuzuwenden. Sein Markt wird sich erweitern und in dem dann einsetzenden Wettbewerb um den Kunden wird sicherlich die Umsatzgrenze absinken und sich möglicherweise bei 500 000 DM einspielen. Damit gewinnt das Factoring für eine bedeutend breitere Schicht mittlerer Unternehmer an Bedeutung. In Industrie, produzierendem Handwerk und Großhandel haben 96 693 Unternehmer einen Jahresumsatz von mehr als 500 000 DM, das entspricht einem Anteil von 15,5%. Berücksichtigt man die darin enthaltenen nicht factoringfähigen Handwerker von hier 25%[54], so erhält man einen Anteil von immerhin noch 14,8%.

Das Factoring-Angebot der Banken wird allerdings nur zunehmen, wenn bei den Unternehmen sich das Factoring positiv in der Erfolgsrechnung niederschlägt und sie so zu weiterer Nachfrage veranlaßt. Die Kosten für die Factoring-Finanzierung setzen sich aus den Zinsen und der Factoringgebühr zusammen. Die Zinsen entsprechen der normalen Kontokorrentverzinsung und werden berechnet für die Zeit zwischen dem Zeitpunkt des Forderungsankaufs und dem Fälligkeitstag der zedierten Forderung. Die Factoringgebühr, die zwischen 0,4% und 3% des Rechnungsbetrages schwankt, ist das Ergebnis intensiver Verhandlungen, bei denen es um folgende Probleme geht: „Wichtig ist zunächst einmal die Art der verkauften Waren, denn es ist dem Factor nicht gleichgültig, ob es sich um Rohstoffe, Waren, die noch keinen Markt haben, oder Saisonartikel usw. handelt. Von Bedeutung ist auch die Höhe des Umsatzes, der jährlich über den Factor abgewickelt werden soll, denn für ihn sind die Unkosten, die durch einen kleinen

[52] Mittelrheinische Kreditbank, Mainz, Geschäftsbericht 1962, S. 8

[53] Industriekurier v. 9. 8. 1960

[54] Der Anteil der Nur-Konsumhandwerker wird als mit zunehmender Umsatzgröße fallend angenommen

Klienten entstehen, relativ gesehen größer als bei einem großen Unternehmen. Darüber hinaus findet die durchschnittliche Forderungshöhe Beachtung, weil viele kleine Beträge erheblich mehr Arbeit verursachen als eine große Forderung. Berücksichtigt wird auch das durchschnittliche Umsatzvolumen je Warenabnehmer; denn je weniger Kunden ein Klient hat, desto niedriger ist die arbeitsmäßige Belastung des Factors. Bei der Bemessung der Factoring-Kommission achtet der Factor auch auf die Art der Kundschaft seines Klienten, denn es ist ein Unterschied, ob an Fabrikanten, Großhändler, Verteilerorganisationen, Warenhäuser, Kettenläden oder Kleinhändler geliefert wird. Von größter Wichtigkeit ist auch die Bonität der Kunden. Die Zahlungswilligkeit und -fähigkeit kann von Abnehmer zu Abnehmer verschieden sein oder, was wesentlich ernster zu beurteilen ist, das Verkaufsvolumen des Klienten kann sich auf einige wenige, jedoch riskante Forderungen konzentrieren. Nicht zu übersehen sind die eingeräumten Zahlungsziele; denn je länger das Kreditziel ist, desto größer ist das Risiko des Factors und desto geringer auch sein Kapitalumschlag. Schließlich und letztlich hängt die Gebühr von den erbetenen Sonderleistungen des Factors ab, zum Beispiel Übernahme der Fakturierungsaufgaben[55]." Großer Umsatz, gute Bonität der Kunden, kurze Kreditziele und große Einzelforderungen bei leicht verwertbaren Waren bewirken also eine niedrige Gebühr. Eine Zuordnung dieser Faktoren allein zu großen Umsätzen wäre nichts als eine sehr unwahrscheinliche Hypothese; es ist vielmehr anzunehmen, daß auch Unternehmen, die an der unteren factoringfähigen Umsatzgrenze liegen, durchaus in den Genuß einer niedrigen Gebühr kommen können, während hohe Umsätze bei mangelhaften anderen Faktoren die Gebühr anheben.

Diesem Aufwandcharakter des Factoring steht sein Ertragscharakter gegenüber in Form von Kosteneinsparungen bei der innerbetrieblichen Organisation und beim Ausnutzen der Lieferantenskonti. Gerade die Übernahme von Dienstleistungen übt eine starke akquisitorische Wirkung auf die interessierten Unternehmen aus, und die Mittelrheinische Kreditbank berichtet dazu, daß immer häufiger seitens ihrer Kundschaft eine Verbindung in erster Linie wegen des gebotenen Service und weniger wegen der Finanzierungsmöglichkeiten angestrebt wird[56]. Gerade für sich in der Expansion befindende mittlere Unternehmungen, deren Organisation zumeist hinter der Umsatzentwicklung nachhinkt, bietet das Factoring die Möglichkeit, zeitraubende Verwaltungsarbeiten aus dem Unternehmen zu verlagern.

Aus wirtschaftsordnungspolitischer Sicht verhilft das Factoring über seine liquiditätssteigernde Wirkung den Unternehmern zu freieren Entscheidungspositionen und bremst so die vertikale Konzentration. Wenngleich das Factoring nie der gesamten Wirtschaft dienen wird, so kann es doch Unternehmen mittlerer Größenordnung in Zukunft sicher von Nutzen sein.

[55] *Knopik, G.:* a. a. O., S. 95 f.
[56] Mittelrheinische Kreditbank, a. a. O., S. 9

II. Der langfristige Kredit

1. Der langfristige Kredit im deutschen Banksystem

Die Entwicklung des langfristigen Kreditgeschäfts im deutschen Banksystem läßt sich aus einer Untersuchung der Deutschen Bundesbank[57] für die Dekade von 1950 bis 1960 erkennen.

Zu Beginn des Untersuchungszeitraums standen die Bankbilanzen noch unmittelbar unter den Auswirkungen der Währungsreform — hingewiesen sei nur auf die Position „Ausgleichsforderungen" und die Refinanzierung und die sonstige kurzfristige Geldaufnahme betreffenden Positionen — sowie im Zeichen der unkonsolidierten Finanzierungsverhältnisse (Fehlen eines leistungsfähigen Kapitalmarktes, Vorherrschen kurzfristiger Finanzierungsformen); im weiteren Verlauf der Periode kann aus den Bankbilanzen eine fortschreitende Normalisierung der Lage auf den finanziellen Märkten und damit auch eine Normalisierung der bankgeschäftlichen Tätigkeit abgelesen werden. So ist der Anteil der kurzfristigen[58] Kredite am Geschäftsvolumen[59] von 40% Ende 1950 auf 19,6% Ende 1960, also auf weniger als die Hälfte seines Anfangsstandes zurückgegangen. In den letzten zwei Jahren hat er sich allerdings kaum mehr verändert. Der Anteil der mittel- und langfristigen Kredite hat sich demgegenüber nahezu verdoppelt — von 24,8% Ende 1950 auf 47,8% Ende 1960. Berücksichtigt man noch die formal kurzfristigen aber durch Prolongationszusage und Einfrieren materiell langfristigen Kredite, so ist die Steigerung noch etwas höher. Diese Tendenz setzt sich auch eindeutig 1961 fort[60]. Der Anteil der Institutsgruppen am Kreditgeschäft während des genannten Untersuchungszeitraumes ergibt folgendes Bild[61].

Die *Kreditbanken* (Großbanken, Staats-, Regional- und Lokalbanken, Privatbankiers, Spezial-, Haus- und Branchenbanken) konnten im Laufe des Untersuchungszeitraumes ihre dominierende Rolle im kurzfristigen Geschäft behaupten. Obwohl der Anteil der kurzfristigen Kredite an ihrem eigenen Geschäftsvolumen um nahezu ein Drittel — von 62,1% auf 43,1% — zurückging, erhöhte sich der Anteil der Kreditbanken am Gesamtvolumen der von allen Banken gewährten Kurzkredite kontinuierlich von 56,6% auf 58,2%. Damit ent-

[57] Die Stellungen der einzelnen Institutsgruppen im deutschen Banksystem, in: Monatsberichte der Deutschen Bundesbank, März 1961, S. 28 f.

[58] Kurzfristige Kredite: bis weniger als sechs Monate, mittelfristige Kredite: sechs Monate bis weniger als vier Jahre, langfristige Kredite: vier Jahre und mehr. Der Gliederung der Kredite liegt die mit dem Kunden vereinbarte Laufzeit, nicht die Restlaufzeit am Ausweisstichtag zugrunde.

[59] Das Geschäftsvolumen enthält die Positionen „Bilanzsumme", „Den Kreditnehmern abgerechnete eigene Ziehungen im Umlauf", „Indossamentsverbindlichkeiten aus weitergegebenen Wechseln", „Aus dem Wechselbestand vor Verfall zum Einzug versandte Wechsel".

[60] Vgl. Deutsche Bundesbank, Geschäftsbericht 1961, S. 25

[61] Vgl. die folgende Tabelle 4, S. 32

fielen Ende 1960 beinahe drei Fünftel des Volumens der kurzfristigen Kredite aller Banken auf die Gruppe der Kreditbanken. Die Großbanken konnten dabei in allen Jahren stets einen leicht um 30%, die Privatbankiers einen um rund 7% schwankenden Anteil auf sich vereinigen, während sich der Anteil der Staats-, Regional- und Lokalbanken von 16,4% auf 20,1% erhöhte.

Im Vergleich zum kurzfristigen Geschäft stand das langfristige Geschäft der Kreditbanken stark im Hintergrund: Zwar stieg der Anteil der mittel- und langfristigen Kredite am eigenen Geschäftsvolumen der Kreditbanken von 6,1% Ende 1950 um über das Doppelte auf 20,3% Ende 1960, doch blieb der Zuwachs dieser Geschäftssparte wesentlich hinter demjenigen des Sparkassensektors zurück. Der Anteil der Kreditbanken an den von allen Kreditinstituten gewährten mittel- und langfristigen Krediten erhöhte sich daher in der Dekade von 1950 bis 1960 nicht, sondern bewegte sich unter geringfügigen Schwankungen um durchschnittlich 11%. Von den Untergruppen steuerten die Staats-, Regional- und Lokalbanken den größten Teil bei: Ihr Anteil am Volumen der mittel- und langfristigen Kredite aller Banken stellte sich in der Periode von 1950 bis 1960 auf durchschnittlich 6,2%; er stieg von 5% Ende 1950 auf 6,9% Ende 1960.

Anders als bei den Kreditbanken ist der Anteil der Institute des *Sparkassenbereichs* (Girozentralen und Sparkassen) am Volumen der kurzfristigen Kredite aller Banken im Untersuchungszeitraum zurückgegangen, und zwar von 23,7% Ende 1950 auf 18% Ende 1960. Das war ausschließlich auf die Entwicklung bei den Girozentralen zurückzuführen, deren kurzfristige Kredite Ende 1960 nur noch 5% derjenigen aller Banken ausmachten gegen 10,3% Ende 1950, während sich die der Sparkassen unter geringeren Schwankungen um einen mittleren Stand von 13,3% bewegten. Noch deutlicher tritt die Gewichtsverlagerung vom kurzfristigen Kreditgeschäft auf andere Geschäftssparten zutage, wenn man die Kurzkredite zum eigenen Geschäftsvolumen des Sparkassensektors in Beziehung setzt: Ihr Anteil sank nämlich von 30,8% Ende 1950 auf 9,8% Ende 1960 und damit auf weniger als ein Drittel seines Standes von Ende 1950.

Im langfristigen Geschäft hat der Sparkassenbereich die höchste anteilsmäßige Steigerung erzielt, obwohl sein Anteil an den Spareinlagen rückläufig war. Kräftig gewachsen ist in der Zeit von 1950 bis 1960 der Anteil des Sparkassensektors am Volumen der mittel- und langfristigen Kredite, nämlich von 32% auf 38,6%. Bei nahezu unveränderten Anteilen der Girozentralen (rund 15%) lag dies fast ausschließlich an der Expansion bei den Sparkassen.

Auch bei den Instituten des *Genossenschaftsbereichs* (Zentralkassen, Kreditgenossenschaften, gewerbliche Zentralkassen, gewerbliche Kreditgenossenschaften, ländliche Zentralkassen, ländliche Kreditgenossenschaften) hat sich in der Berichtsperiode eine Verlagerung vom kurzfristigen auf das langfristige Geschäft vollzogen, doch war der Anteil der Kurzkredite am eigenen Geschäftsvolumen dieses Sektors auch 1960 mit 31,8% (1950 48,6%) noch beträchtlich höher als bei den Instituten des Sparkassensektors, wenn auch nicht entfernt so hoch wie bei den Kreditbanken. Die Institute des Genossenschaftsbereichs haben unter den hier untersuchten Bankengruppen die größte Steigerung des Anteils an der Summe aller kurzfristigen Kredite erzielt; er stieg von 15,1% Ende 1950 auf 17,5% Ende 1960, wobei sich diese Geschäftssparte immer stärker von den Zentralkassen auf die Kreditgenossenschaften verlagert hat.

Der Anteil des Genossenschaftssektors am mittel- und langfristigen Kreditgeschäft sowie an den Wertpapieren und Konsortialbeteiligungen im Bestand aller Banken ist in der Berichtsperiode ebenfalls gewachsen, und zwar von 4,8% auf 6% bzw. von 4,3% auf 7,2%. Der Anteil dieser beiden Geschäftssparten am eigenen Geschäftsvolumen des Genossenschaftsbereiches war jedoch mit 31,8% auch noch Ende 1960 weit geringer als der entsprechende Anteil bei dem Sparkassensektor (61,3%) und nur wenig höher als der der Kreditbanken (29,6%). Von dem Gesamtbestand der beiden Geschäftssparten beim Genossenschaftsbereich entfielen Ende 1960 auf die Kreditgenossenschaften rund zwei Drittel.

Die *Hypothekenbanken und öffentlich-rechtlichen Grundkreditanstalten* nehmen unter den hier untersuchten Gruppen insofern eine Sonderstellung ein, als sie sich fast ausschließlich im langfristigen Geschäft betätigen und sich die hierfür erforderlichen Mittel durch die Ausgabe von Pfandbriefen und Kommunalobligationen sowie durch die Aufnahme längerfristiger Darlehen vorwiegend im Rahmen zentraler öffentlicher Kreditoperationen beschaffen. Das Geschäft dieser Gruppe kann also nur mit dem der Institute des Sparkassenbereichs, mit denen sie in Wettbewerb stehen, verglichen werden.

Das kurzfristige Kreditgeschäft der Hypothekenbanken und öffentlich-rechtlichen Grundkreditanstalten im Untersuchungszeitraum war naturgemäß minimal. Ihr Anteil am eigenen Geschäftsvolumen sank von 0,5% Ende 1950 auf 0,2% Ende 1960.

Demgegenüber entfielen Ende 1960 vom eigenen Geschäftsvolumen dieser Gruppe allein 85,8% auf die mittel- und langfristigen Kredite gegen 71,7% Ende 1950. Ihr Anteil an sämtlichen von den Kreditinstituten gewährten mittel- und langfristigen Krediten, der Ende 1950 bereits 17% betragen hatte, stieg bis Ende 1958 auf 23,3%, ging dann aber leicht – auf 22,9% Ende 1960 – zurück. Zusammen mit dem Sparkassensektor (Anteil Ende 1960: 38,6%) entfielen also am Schluß der Berichtsperiode mehr als drei Fünftel aller mittel- und langfristigen Kredite auf diese beiden Gruppen. Die Expansion des inländischen Kreditvolumens (einschließlich der Bestände an inländischen Wertpapieren, deren Emittenten Nichtbanken sind), die 1961 fast eine Höhe von 22,75 Milliarden DM erreichte (1960: 17,25 Milliarden DM, 1959: 17,50 Milliarden DM[62]) und die signifikanten Wandlungen in der Struktur der Ausleihungen sind das finanzielle Spielgelbild des Wachstumsprozesses, den die westdeutsche Wirtschaft seit der Währungsreform erlebt hat.

Wie hat sich nun im Rahmen dieser allgemeinen Ausdehnung das Kreditgeschäft, speziell das langfristige Kreditgeschäft mit den Klein- und Mittelbetrieben

[62] Deutsche Bundesbank, Geschäftsbericht 1961, S. 25

Tabelle 4

Position	alle Banken[1]	Kreditbanken: Insgesamt	Kreditbanken: Großbanken[8]	Kreditbanken: Staats-, Regional- u. Lokalbanken	Kreditbanken: Privatbankiers[8]	Kreditbanken: Spezial-, Haus- u. Branchebanken	Sparkassenbereich: Insgesamt[2]	Sparkassenbereich: Girozentralen[2]	Sparkassenbereich: Sparkassen	Genossenschaftsbereich: Insgesamt[3]	Genossenschaftsbereich: Zentralkassen[3]	Genossenschaftsbereich: Kreditgenossenschaft[4]	Hypothekenbanken, Öffentl.-rechtl. Grundkreditanstalten
I. Einzelne Bilanzpositionen der Bankengruppen in % ihres Geschäftsvolumens Ende 1950 und 1960													
1. Schatzwechsel und unverzinsliche Schatzanweisungen	1,3– 2,5	0,3– 2,7	0,1–...	0,7– 1,7	0,1–...	0,0– 0,2	0,8– 3,3	1,2– 8,9	0,7– 0,2	0,0– 0,4	0,1– 1,3	0,0– 0,0	0,6– 0,0
2. Kurzfristige Kredite[5]	40,0–19,6	62,1–43,1	64,4–...	55,5–36,3	71,7–...	55,0–42,1	30,8– 9,8	38,2– 7,6	26,7–11,1	48,6–31,8	70,6–25,4	39,3–34,2	0,5– 0,2
3. Mittel- und langfristige Kredite[6]	24,8–47,8	6,1–20,3	3,5–...	10,6–30,1	4,2–...	12,8–21,6	25,7–51,4	33,7–55,5	21,4–49,0	9,5–26,6	9,5–32,0	9,5–24,6	71,7–85,8
4. Wertpapiere und Konsortialbeteiligungen[7]	1,3– 7,8	1,0– 9,3	0,5–...	1,4– 7,5	1,9–...	1,0– 4,4	1,3– 9,9	1,5– 8,2	1,3–10,9	0,4– 5,2	0,5– 7,6	0,4– 4,3	0,3– 2,7
II. Anteil der Bankengruppen an der Summe einzelner Bilanzpositionen aller Banken in % Ende 1950 und 1960													
1. Kurzfristige Kredite	100	56,6–58,2	30,7–...	16,4–20,1	8,1–...	1,4– 1,9	23,7–18,0	10,3– 5,0	13,4–13,0	15,1–17,5	6,5– 3,8	8,6–13,7	0,1– 0,1
2. Mittel- und langfristige Kredite	100	9,0–11,3	2,7–...	5,0– 6,9	0,8–...	0,5– 0,4	32,0–38,6	14,7–15,0	17,3–23,6	4,8– 6,0	1,4– 2,0	3,4– 4,0	17,0–22,9
3. Wertpapiere und Konsortialbeteiligungen	100	24,7–31,7	7,7–...	12,5–10,5	6,4–...	0,8– 0,5	31,3–45,7	11,9–13,6	19,4–32,1	4,3– 7,2	1,5– 2,9	2,8– 4,3	1,5– 4,4
4. Schatzwechsel und unverzinsliche Schatzanweisungen	100	7,9–27,9	1,7–...	6,0– 7,4	0,2–...	0,0– 0,1	19,5–47,4	9,5–45,9	10,0– 1,5	0,6– 1,6	0,2– 1,5	0,4– 0,1	2,5– 0,1

[1] Sämtliche zur Bankstatistik berichtenden Institute zuzüglich nicht berichtspflichtiger ländlicher Kreditgenossenschaften. – [2] Einschl. Deutsche Girozentrale – Deutsche Kommunalbank –, Berlin/Düsseldorf. – [3] Einschl. Deutsche Genossenschaftskasse, Frankfurt (Main). – [4] Bei den ländlichen Kreditgenossenschaften umfassen die Zahlen das Geschäft aller Spar- und Darlehnskassen, während in den bankstatistischen Erhebungen der Deutschen Bundesbank gegenwärtig nur rund 1500 Institute erfaßt sind. Die Zahlen für alle ländlichen Kreditgenossenschaften wurden bis Ende 1958 den Jahresberichten des Deutschen Raiffeisenverbandes e. V. Bonn entnommen; für die Jahre 1959 und 1960 wurden sie geschätzt. – [5] Akzeptkredite, Kontokorrent- u. sonstige Kredite sowie Wechseldiskontkredite (ohne Schatzwechsel). – [6] Einschl. durchlaufende Kredite. – [7] Einschl. Kassenobligationen. – [8] Da in der vorliegenden Untersuchung nur die Kreditinstitute im Bundesgebiet und in Berlin (West) erfaßt sind (also nicht die im Saarland domizilierenden Institute) können für Ende 1960 auf Grund des § 18 Satz 4 BBKG, der die Publikationen von Einzelangaben untersagt, für die Großbanken und Privatbankiers keine Zahlen angegeben werden.

Quelle: Die Stellungen der einzelnen Institutsgruppen im deutschen Banksystem a. a. O., S. 37 f.

entwickelt? Bevor diese Frage innerhalb einzelner Institutsgruppen behandelt wird, sei eine Äußerung der Industriekreditbank vorangestellt, die sehr deutlich auf das anstehende Problem hinweist. „Im Durchschnitt der Jahre 1952 bis 1957 wuchsen die langfristigen Verbindlichkeiten bei den Aktiengesellschaften um 27,8%, bei den mittleren Firmen im Tätigkeitsbereich der Bank trotz der von unserem Institut geleisteten Kredithilfe aber nur um 14,7%. Bedenkt man, daß heute gegenüber früher ein größerer Teil der Unternehmensfinanzen auf Fremdkapital beruht, so läßt der Unterschied im Zugang von langfristigen Fremdmitteln eine gewisse Verschlechterung der Wachstumschancen der mittelständischen Betriebe erkennen. Nach den Ermittlungen des Ifo-Instituts für Wirtschaftsforschung haben z. B. die in der Rechtsform der Aktiengesellschaft betriebenen Eisen-, Stahl- und Tempergießereien in den vier Jahren von 1955 bis 1958 zusammen 7140 DM je Beschäftigten im Anlagevermögen investiert, die – vorwiegend kleinen und mittleren – Betriebe mit anderer Rechtsform dagegen nur 4600 DM. Für die Kautschuk- und Asbestindustrie lauten die Vergleichszahlen 6250 DM und 4820 DM, für die Elektroindustrie 5250 DM und 3680 DM, für die Texilindustrie 5380 DM und 4470 DM. Ein ähnlicher Unterschied der Investitionsintensität, der nicht allein mit dem stärkeren Kapitalbedarf der größeren Betriebe erklärt werden kann, ist auch in anderen Branchen zu beobachten[63]."

a) Die Kreditbanken

Wie der Anteil dieser Institutsgruppen am sogenannten Mittelstandskredit nicht genau feststellbar ist, so bestehen überhaupt hinsichtlich deren langfristiger Kreditgeschäfte keine einheitlichen Auffassungen[64]. Die eine Seite, man möchte sie die konservative nennen, bezeichnet die Gewährung langfristiger Kredite als den privaten Kreditbanken wesensfremd, weil sie mit der Struktur ihres Passivgeschäftes nicht vereinbar sei. Die Übernahme der Anlagenfinanzierung sei nicht wünschenswert, dagegen die Öffnung des Kapitalmarktes im weitesten Sinne für den Kunden. Wird hierdurch aber nicht eine nur programmatische Einschränkung des Kundenkreises vorgenommen, die der Wirklichkeit nicht entspricht? „Von rund 2300 Aktiengesellschaften im Bundesgebiet wurden Ende 1960 nur die Aktien von rund 650 Gesellschaften, die allerdings über die Hälfte des gesamten Aktiennennkapitals repräsentierten, an den Börsen gehandelt. Nur für einen sehr kleinen Teil der Ende 1960 vorhandenen rund 35 400 Gesellschaften mit beschränkter Haftung besteht die Möglichkeit, Obligationen über die Börse zu begeben. Auch der Kreis der Aktiengesellschaften, die anleihefähig sind, ist begrenzt. Am Schuldscheinmarkt sind die Chancen der mittleren Unternehmen zwar gün-

[63] Industriekreditbank, Geschäftsbericht 1959/60, S. 22 f.

[64] Siehe hierzu die drei Aufsätze von *Hagenmüller, K. F.*, in der Zeitschrift für das gesamte Kreditwesen 1962: Der Trend zum langfristigen Kredit, S. 75 f.; Langfristiger Bankkredit und Liquiditätsrichtsatz, S. 341 f. und: Langfristiger Bankkredit und Liquiditätsrichtsatz II, S. 397 f.

stiger, doch werden Schuldscheindarlehen vorzugsweise an Gesellschaften gegeben, die auch emissionsfähig sind. Selbst wenn man berücksichtigt, daß es sich bei den emissionsfähigen Unternehmen um Großbetriebe handelt, stellt es sich als eine zwar gängige, aber doch sehr einseitige Betrachtungsweise heraus, die Unternehmungen auf den Aktien-, Renten- und Schuldscheinmarkt zur Deckung ihres langfristigen Kapitalbedarfs, insbesondere des Kreditbedarfs, zu verweisen[65]." Dagegen müßte gerade der bei weitem größere Kundenkreis von Klein- und Mittelunternehmen noch besser mit langfristigem Kredit bedient werden.

„Der Mangel an Investitions- bzw. Konsolidierungsmitteln dürfte (dabei) nicht von allen Mittel- und Kleinunternehmen gleichmäßig empfunden werden (als Kunden der privaten Kreditbanken, d. Verf.). Der Schwerpunkt liegt zweifellos bei Firmen, die in ihrer Größe über den Rahmen der typischen Kundschaft von Volksbanken und Sparkassen hinauswachsen, auf der anderen Seite aber auf dem Wertpapiermarkt noch keinen Fuß fassen können. Der Mangel liegt nicht in der Bonität dieser Unternehmen und auch nicht in der absoluten Verfügbarkeit langfristiger Mittel, sondern in der institutionellen Kreditangebotsstruktur[66]."

Wenn die privaten Kreditbanken auch nur sehr zögernd die in reichlichem Maße vorhandenen langfristigen Mittel auch langfristig ausleihen, so kommen sie damit doch langsam den Vertretern der anderen Meinung entgegen, nämlich, daß grundsätzliche Bedenken gegen eine Intensivierung der langfristigen Kreditvergabe von seiten der privaten Kreditbanken nicht bestehen, und daß die neugefaßten Richtsätze der Deutschen Bundesbank als Rahmenbedingungen eine stärkere Ausweitung der langfristigen Kredite erlauben[67]. Der Wettbewerb besonders der Großfilialbanken mit Sparkassen und Kreditgenossenschaften wird in Zukunft die privaten Banken weiter aus ihrer Reserve locken.

Bei dem inzwischen recht ausgedehnten Filialnetz der Großbanken ist aber noch nicht mit Sicherheit zu sagen, wo die Hauptaufgabe der Filialen liegt, im Aktiv- oder im Passivgeschäft. Das traditionelle Geschäft der Großbanken, ihre Kapitalbeteiligungen und personellen Verbindungen, legen die Vermutung nahe, daß die Filialen in erster Linie Saugarme für Spargelder breitester Bevölkerungskreise sind. Diese Kapitalien dienen dann der Finanzierung von Großunternehmen. Dies wäre volkswirtschaftlich zweifellos völlig legitim, nähme den Filialbanken aber ihr mit dem Aufbau der Filialnetze mühsam gewonnenes mittelstandspolitisches Renommee.

Dies trifft nicht auf die kleinen und mittleren privaten Banken zu, die sich aus dem Konzentrationsprozeß im Bankgewerbe gerettet haben. Aber auch sie müssen in ihrer Kreditpolitik zu längeren Fristen übergehen, da sie vielfach keine

[65] *Hagenmüller, K. F.:* Längerfristiger Bankkredit und Liquiditätsrichtsatz, Zeitschrift für das gesamte Kreditwesen, 1962, S. 345

[66] Mitteilungen des Bundesverbandes der Deutschen Industrie, Nr. 12/1961, S. 2

[67] *Hagenmüller, K. F.:* Der Trend zum langfristigen Kredit, Zeitschrift für das gesamte Kreditwesen, 1962, S. 79

emissionsfähige Großkundschaft haben. Allerdings dürfte ihre Finanzkraft nicht ausreichen, das längerfristige Kreditgeschäft zu forcieren.

Die folgenden „stolzen" Zahlen des Bundesverbandes des privaten Bankgewerbes zum „Mittelstandskredit" weisen wohl auf den Strukturwandel im Kreditnehmerkreis hin, sagen aber leider weder etwas über den absoluten Umfang noch über die Fristen aus. Bei den Großfilialbanken entfallen „von der Gesamtzahl der gewährten Kredite

etwa 80% auf Kredite bis zu 20 000 DM, reichlich 85% auf Kredite bis zu 50 000 DM und etwa 90% auf Kredite bis zu 100 000 DM.

Hierbei ist die Zahl der gewährten Kredite gleich der Zahl der Kreditnehmer, d. h. es werden nicht mehrere Kredite an einen Kreditnehmer gesondert gezählt. Außerdem bleibt die sehr umfangreiche Gewährung von Kleinkrediten und Anschaffungsdarlehen unberücksichtigt, obwohl ein Teil der Anschaffungsdarlehen, die bis zur Höhe von 6000 DM mit einer Laufzeit bis zu drei Jahren gegeben werden, sicherlich in den Rahmen der Kreditversorgung des Mittelstandes hineingehört[68]."

Insgesamt wird die Wettbewerbsposition der kleinen und mittleren Unternehmen gegenüber den Banken durch zwei Momente gestärkt:

„a) die Notwendigkeit der Risikostreuung bei der Kreditgewährung, und zwar sowohl über verschiedene Kreditgrößen (und damit meist auch Unternehmensgrößen) wie über verschiedene Branchen hin.

b) Das Bestreben mehr regional orientierter Institute, möglichst alle Kreditgeschäfte mit der örtlichen Wirtschaft gleich welcher Größe zu pflegen, insbesondere die Stammkundschaft zu halten. Da auf örtlich begrenzten Kreditmärkten der Wettbewerb anderer Investitionskreditinstitute wie der Sparkassen und Volksbanken stärker in Erscheinung tritt, wird auch hierdurch die Nachfrageposition mittelständischer Unternehmen verstärkt[69]."

Eine allgemeine Bedeutung für die Finanzierung kleiner und mittlerer Unternehmen besitzen dagegen nicht die Spezial-, Haus- und Branchenbanken. Sie sind entweder konzerneigen, konzentrieren ihr Geschäft auf bestimmte Wirtschaftszweige oder beschränken ihre Tätigkeit auf ein Spezialgebiet (Wertpapierverkehr, Vermögensverwaltung, Finanzierung, Auslandsbeziehungen u. a. m.).

b) Girozentralen und Sparkassen

Auf Grund seiner überragenden Bedeutung im Spargeschäft verfügt der Sparkassensektor über die größten Refinanzierungsmöglichkeiten für mittel- und langfristige Ausleihungen. Von dem Kreditgeschäft der *Girozentralen* interessieren hier vor allem die Kredite an die Nichtbankenkundschaft[70].

[68] Nach einer Auskunft des Bundesverbandes des privaten Bankgewerbes an den Verf.

[69] *Adenauer, P.:* Mittelständische Investitionsfinanzierung in der Sozialen Marktwirtschaft, Münster (Westf) 1961, S. 79 f.

[70] Deutscher Sparkassen- und Giroverband, Jahresbericht 1961, S. 75

Tabelle 5

Kredite und Darlehn an Nichtbankenkundschaft Ende 1961

Verwendungszweck bzw. Kreditnehmer	kurzfristig	mittelfristig	langfristig	insgesamt
	in %			
1. Wohnungsbau	3,4	6,7	36,6	30,9
2. Industrie, Gewerbe, Handwerk	52,1	53,5	23,2	28,6
3. Land- und Forstwirtschaft	0,6	1,0	9,3	7,8
4. Handel	34,3	4,2	1,4	5,3
5. Fremdenverkehr	0,1	0,2	0,4	0,3
6. Verkehrsunternehmen und Nachrichtenwesen	1,8	7,8	4,1	4,0
7. Straßen, Straßenbrücken, Häfen, Wasserstraßen	0,6	6,7	2,3	2,4
8. Sonstige öffentliche Kreditnehmer (Städte, Kreise, Universitäten)	1,4	10,0	20,4	17,6
9. Sonstige private Kreditnehmer	5,4	9,8	2,2	3,0
10. Kredite an Nichtbankenkundschaft	100,0	100,0	100,0	100,0
Insgesamt in 1000 DM	2 472,2	1 381,6	17 624,1	21 477,9

Inwieweit Klein- und Mittelbetriebe an den langfristigen Ausleihungen beteiligt waren, ist nicht eindeutig ersichtlich, doch ist ein ins Gewicht fallender Anteil anzunehmen. Nicht selten wird es sich um Großkredite gehandelt haben.

Die kurz- und mittelfristigen Kredite haben eine nach wie vor geringe Bedeutung. Im kurzfristigen Kreditgeschäft liegt das Schwergewicht auf den Ausleihungen an Industrie, Gewerbe und Handwerk. Ein Teil dieser Kredite wurde gemeinsam mit den Sparkassen an mittelständische Unternehmen herausgegeben. Bemerkenswert ist im langfristigen Geschäft die Konkurrenz zwischen Wohnungsbau und öffentlichen Kreditnehmern einerseits und den gewerblichen Kreditnehmern andererseits, eine Entwicklung, die sich bei den Sparkassenkrediten wiederfindet, die aber vielleicht bei einem Nachlassen im Wohnungsbau zugunsten des gewerblichen Sektors tendieren könnte. Ihre Bedeutung als Anlagefinanziers unterstreichen die Girozentralen, wenn sie feststellen, „daß die Mehrzahl der Institute das Privatkreditgeschäft ohnehin nur als Ergänzungsgeschäft betrachten[71]“. Während die Girozentralen ihre langfristigen Ausleihungen in der Regel über die Ausgabe von Pfandbriefen, Kommunalobligationen und langfristig aufgenommenen Geldern finanzieren – Ende 1961 entsprach das Volumen der langfristigen Ausleihungen (16,18 Milliarden DM) fast genau der Gesamtrefinanzierung auf der Grundlage von eigenen Schuldverschreibungen im Umlauf und von aufgenommenen langfristigen Darlehen (16,32 Milliarden DM) –, ist es für den Auf-

[71] Deutscher Sparkassen- und Giroverband, Jahresbericht 1956, S. 55

gabenkreis der *Sparkasse* kennzeichnend, daß das Spargeschäft und das kurzfristige Einlagengeschäft nebeneinander betrieben werden.

Aus den beiden Gruppen der Einlagengeschäfte ergeben sich Folgerungen für das Aktivgeschäft: Die Spareinlagen werden unter Berücksichtigung der Liquiditätserfordernisse grundsätzlich lang- oder mittelfristig angelegt, die sonstigen Einlagen mit keiner längeren Kündigungsfrist als sie hereingenommen sind. Die Mittel der Sparkassen dürfen im Realkredit, im Personalkredit, im Kommunalkredit sowie in Wertpapieren, bei Geldinstituten und in Grundstücken angelegt werden. Die Ausleihungen sollen vorzugsweise an den Mittelstand, die wirtschaftlich schwächeren Bevölkerungskreise und für den sozialen Wohnungsbau, und zwar grundsätzlich im Bezirk des Gewährverbandes, erfolgen.

Während der Anteil der Spareinlagen am Geschäftsvolumen des deutschen Banksystems von 1950 bis 1960 von 11,1% auf über das Doppelte, nämlich auf 23,3% stieg, sank der Anteil des Sparkassenbereiches am Spareinlagenvolumen in der gleichen Zeit von 63,3% auf 60,2% und stabilisierte sich auf diesem zweifellos noch sehr hohen Niveau[72]. Obwohl also die anderen Kreditinstitute kräftig in das Spargeschäft eingebrochen sind, konnten die Sparkassen auch im Jahre 1961 einen absoluten Zuwachs von 4,80 Milliarden DM verzeichnen (1960: 5,21 Milliarden DM, 1959: 5,08 Milliarden DM) und damit zum 31. Dezember 1961 einen Stand der von ihnen verwalteten Spareinlagen von 38,52 Milliarden DM erreichen[73], der sich bis zum 31. Juni 1962 noch auf 41,39 Milliarden DM erhöhte.

Wie sind nun bei der beträchtlichen Erweiterung der verfügbaren Mittel die Sparkassen ihrer spezifischen Funktion als Kreditinstitute des Mittelstandes gerecht geworden? Eine Gesamtübersicht erlauben die folgenden Zahlen, die den jeweiligen Stand der ausgezahlten Kredite nach Abzug der Rückflüsse festhalten[74]:

Die Zusammenrechnung der mittelfristigen Ausleihungen (6 Monate bis unter 4 Jahre) mit den langfristigen (4 Jahre und länger) erscheint durchaus gerechtfertigt, da vielfach mittelfristige Kredite zur Anschaffung kleinerer Aggregate ausreichen und als Anlagekredite zu beurteilen sind.

Betrachtet man die Spareinlagen als den Fonds für die Anlagekredite, so stellt man verwundert fest, daß dieser Fonds trotz seines kontinuierlichen kräftigen Wachsens seit Ende 1955 laufend weniger zur Finanzierung mittel- und langfristiger Ausleihungen beitrug. Der Anteil dieser Kreditsparte am Gesamtkredit der Sparkassen hatte ebenfalls bereits um 1954/55 seinen Höhepunkt erreicht und stabilisierte sich bei etwa 13,3%.

Eine Interpretation dieser Entwicklungsreihe ist außerordentlich schwierig; zumindest erscheint es übereilt, hierin lediglich eine „überraschend geringe Ausschöpfung der Kreditkapazität für (den) mittelständischen Investitionskredit" zu sehen[75]. Zu beachten ist einmal, daß etwa seit 1954 die Tilgungen der unmittelbar

[72] Die Stellung der einzelnen Institutsgruppen, a. a. O., S. 29 f.

[73] Deutscher Sparkassen- und Giroverband, Jahresbericht 1961, S. 15

[74] Sparkasse 1963, Heft 7, S. 111

[75] So *Adenauer, P.:* a. a. O., S. 64

Tabelle 6

Kredite der Sparkassen an Handwerk, mittelständisches Gewerbe und Industrie, Handel und Fremdenverkehr

Stand Ende	kurzfristig Mill. DM	mittel- und langfristig Mill. DM	insgesamt Mill. DM	mittel- und langfristig in % des Gesamt an den Mittelstand
1949	1 124,4	91,1	1 215,6	7,5
1950	1 652,8	316,1	1 968,8	16,0
1951	1 717,6	588,0	2 305,6	25,5
1952	2 229,6	939,1	3 168,7	29,6
1953	2 788,9	1 386,3	4 175,2	33,3
1954	3 315,1	1 812,1	5 127,2	35,4
1955	3 619,7	2 284,2	5 903,0	38,7
1956	3 672,5	2 565,0	6 237,5	41,2
1957	3 699,6	2 733,6	6 433,2	42,5
1958	3 837,5	3 140,3	6 977,8	45,0
1959	4 031,2	3 792,4	7 823,6	48,5
1960	4 564,7	4 366,6	8 931,2	48,9
1961	4 954,1	4 993,3	9 947,4	50,2
Juni 1962	5 520,0	5 389,9	10 909,8	49,4

nach der Geldreform gewährten langfristigen Kredite stärker zu Buche schlugen und so die Bestandszahlen herabdrückten. Ferner ist der Mittelstandskredit weniger zinsreagibel als gerade der Kommunalkredit der Sparkassen. Während in der

Tabelle 7

Anteil der mittel- und langfristigen Ausleihungen an den gewerblichen Mittelstand von Ende 1950 bis Juni 1962

	a) in % des Spareinlagenbestandes	b) in % des Gesamtkredites der Sparkassen
1950	11,4	8,2
1954	16,5	15,2
1955	17,2	15,2
1956	16,5	14,8
1957	14,6	14,0
1958	18,7	13,6
1959	13,4	14,2
1960	12,9	13,4
1961	12,9	13,2
1962 (Juni)	13,0	13,3

Errechnet aus Zahlen der Monatsberichte der Deutschen Bundesbank und Tabelle 6

Billig-Geld-Phase des Jahres 1959 diese Kredite anzogen, lag die Zuwachsrate der Mittelstandskredite unter der Wachstumsquote des gesamten Kreditgeschäfts der Sparkassen[76].

Bei den Girozentralen wurde bereits auf die Konkurrenz zum Kommunal- und Wohnungsbaukredit hingewiesen, die für die Sparkassen aus der nächsten Tabelle deutlich wird.

Tabelle 8

Mittel- und langfristige Ausleihungen der Sparkassen nach Kreditnehmern[1], [2]

Kreditnehmer bzw. Verwendungszweck	Ende 1950	Ende 1955	Mitte 1958	Ende 1960
Wohnungsbau	53,1	48,9	49,6	50,0
Industrie, Gewerbe, Handwerk	16,2	15,2	12,8	11,8
Land- u. Forstwirtschaft	3,9	4,3	4,7	4,6
Handel	4,7	5,1	4,3	4,0
Fremdenverkehr	0,8	1,1	1,1	1,2
Sonstige private Kreditnehmer	9,8	10,9	9,0	9,9
Öffentliche Körperschaften[3]	11,5	14,5	18,5	18,5
Kredite an Nichtbanken	100,0	100,0	100,0	100,0

[1] ohne Saarland; – [2] einschließlich durchlaufende Kredite; – [3] einschließlich Verkehr, Straßen, Wasserstraßen
Entnommen: Sparkasse 1961, Heft 18, S. 310

Obwohl dieses Konkurrenzverhältnis bereits in der Komplexheit der Aufgaben der Sparkassen liegt, wird es dennoch von den Sparkassen als „unterstellt" bezeichnet[77]. Bei grundsätzlich gleichen Konditionen könne der unterstellte Widerstreit gar nicht vorliegen.

Dieses Argument übersieht, daß es ja gerade die Konditionen sind, die kleinen und mittleren Unternehmen zu schaffen machen. Daß die Kommunen als öffentliche Gewährträger der Sparkassen nicht an den Konditionen scheitern dürften, versteht sich, und dem Wohnungsbau wurde mit öffentlichen Finanzierungshilfen kräftig unter die Arme gegriffen. Die Sparkassen unterliegen einem Zielkonflikt, der sich zwischen der Ablehnung von Sonderkonditionen und dem satzungsmäßigen Gebot nach Förderung des Mittelstandes bewegt. Selbst wenn der Kommunalkredit einer satzungsmäßigen Kontingentierung und kommunalaufsichtsbehördlichen Genehmigungspflicht unterliegt, so scheint dies seine Expansion keineswegs gehemmt zu haben.

Der Kommunalkredit soll noch auf andere Weise entschärft werden: „Auch die Kredite an öffentliche Körperschaften dienen im übrigen auf indirektem Wege der Mittelstandsförderung, soweit sie für Raumerschließungsmaßnahmen eingesetzt

[76] Sparkasse 1961, Heft 18, S. 310
[77] Ebenda

werden oder für den Straßenbau sowie für Investitionen in Versorgungsbetrieben, bei Nachrichten- und kulturellen Einrichtungen verwendet werden und somit die Entfaltung von Mittelstandsbetrieben sowohl durch die Tatsache dieser Investitionen als vor allem auch unmittelbar über eine entsprechende Auftragsvergabe erleichtern. Dieser indirekte Anteil am Mittelstandskredit ist nicht gering[78]." Diese an Diskussionen über die Gemeindesteuern erinnernde Gedankenführung will eine Umwegsrentabilität für den kleinen und mittleren Unternehmer fingieren und ihm den Blick für die ganz klare Tatsache vernebeln, daß die öffentliche Hand eben ein besserer Kreditnehmer ist als er selbst. Es soll hier nicht das Verdienst der Sparkassen geschmälert werden, die öffentliche Hand bei der Erfüllung ihrer Aufgaben – die grundsätzlich jedem und nicht nur dem Mittelstand zugute kommen – zu unterstützen; man darf aber nicht übersehen, daß dabei die Unternehmensfinanzierung zu kurz kam.

Wie verhält es sich nun beim Wohnungsbaukredit? Immer, wenn Wohn- und Betriebsstätte sich unter einem Dach befinden, und dieser Fall kommt sehr häufig vor, stellen Wohnungsbaudarlehen in Höhe des Betrages, der anteilsmäßig auf einen Laden, Werkstatt, Lager u. ä. entfällt, Anlagekredit dar, der insofern der Unternehmensfinanzierung zuzurechnen ist. Geht man nun von der realistischen Annahme aus, daß der „Mittelständler" bei Errichtung eines Wohngebäudes regelmäßig die Vergünstigung des § 7b des Einkommensteuergesetzes in Anspruch genommen hat, so darf nur weniger als 33¹/₃ des Wohngebäudes als betriebliches Anlagevermögen gewertet werden. Es ist daher recht gewagt, wenn die Sparkassen unter vermögensrechtlichen Gesichtspunkten und wegen der tatsächlichen wirtschaftlichen Einheit von privater und betrieblicher Sphäre sogar den überwiegenden Teil der in die mittelständische Sphäre fließenden Wohnungsbaukredite als Investitionskredite bezeichnen[79]. Dabei vernachlässigen sie ferner, daß auch der unselbständige Mittelstand erheblich am Wohnungsbau beteiligt war. Genaue Angaben ließen sich nur über eine detaillierte Wohnungsbaukreditnehmerstatistik erreichen.

Neben diesen nicht unbedingt positiven Tendenzen im Sparkassenkreditgeschäft steht die zweifellos erfreuliche Tatsache, daß sich die absolute Entwicklung des Mittelstandskredites, gemessen an den jeweiligen Beständen von 1950 bis 1962, mehr als verfünffacht hat und daß der Anteil des Anlagekredits sich in diesem Zeitraum von 16% auf etwa 50% erhöhte. Die dominierende Rolle spielten die Sparkassen im Kreditgeschäft mit dem Handwerk (siehe Tabelle 9, 10, 11); ihr Anteil an den Ausleihungen aller Kreditinstitute an das Handwerk, an das mittelständische Gewerbe und die Industrie und an den Handel liegt seit 1954 ständig über 15% und weist die Sparkassen insgesamt als typische Mittelstandsfinanziers aus. Wenn der Anteil des Sparkassensektors am Volumen der mittel- und langfristigen Kredite von 1950 bis 1960 von 32,0% auf 38,6% bei nahezu unverändertem Anteil der Girozentralen (rund 15%) zugenommen hat, so ist diese Entwicklung nicht zuletzt auf die Sparkassenquote an den mittel- und langfristigen Ausleihun-

[78] Sparkasse 1961, Heft 18, S. 310
[79] Sparkasse 1961, Heft 18, S. 310

gen aller Kreditinstitute an den gewerblichen Mittelstand (ohne Fremdenverkehr) zurückzuführen (siehe Tabelle 12).

Tabelle 9

Kredite der Sparkassen an das Handwerk[1]

Stand Ende	kurzfristig Mill. DM	%[2]	mittel- und langfristig Mill. DM	%[2]	insgesamt Mill. DM	%[2]
1949	207,4	—	21,6	—	229,1	—
1950	300,8	56,1	75,1	54,8	375,8	55,8
1951	324,6	53,2	141,5	59,0	466,1	54,8
1952	435,2	50,8	225,8	64,0	661,0	54,6
1953	535,0	49,4	315,9	65,7	850,8	54,4
1954	634,6	50,5	411,2	62,6	1045,8	54,6
1955	691,6	49,1	512,7	62,9	1204,3	54,2
1956	700,5	47,6	584,4	61,1	1284,9	52,9
1957	702,3	46,0	621,7	60,7	1324,0	51,9
1958	747,6	46,8	712,4	58,2	1460,0	51,7
1959	769,2	45,1	808,5	58,9	1577,6	51,3
1960	827,2	45,1	889,5	58,0	1716,6	51,0
1961	908,3	43,5	1021,8	58,6	1930,1	50,4
Juni 1962	1004,1	42,7	1121,6	58,4	2125,6	49,8

[1] Sparkasse 1963, Heft 7, S. 111
[2] in % der Ausleihungen aller Kreditinstitute

Tabelle 10

Kredite der Sparkassen an mittelständisches Gewerbe und Industrie[1]

Stand Ende	kurzfristig Mill. DM	%[2]	mittel- und langfristig Mill. DM	%[2]	insgesamt Mill. DM	%[2]
1949	447,8	—	42,8	—	490,6	—
1950	714,0	11,0	159,9	6,4	873,9	9,7
1951	762,4	9,6	296,9	7,5	1059,3	8,9
1952	958,8	10,2	472,3	8,8	1431,1	9,7
1953	1209,0	11,4	715,2	9,7	1924,2	10,7
1954	1413,5	12,2	908,7	10,9	2322,2	11,6
1955	1557,2	11,7	1107,4	11,9	2664,6	11,3
1956	1579,7	11,4	1220,6	10,7	2800,3	11,1
1957	1547,2	11,4	1289,3	10,3	2836,5	10,9
1958	1609,0	11,9	1451,7	10,3	3060,7	11,1
1959	1629,4	11,6	1818,4	11,3	3447,8	11,5
1960	1888,4	11,5	2146,6	12,7	4035,0	12,1
1961	2043,4	10,3	2443,3	12,2	4486,7	11,4
Juni 1962	2341,4	11,1	2630,0	12,0	4971,4	11,5

[1] Sparkasse 1963, Heft 7, S. 111
[2] in % der Ausleihungen aller Kreditinstitute

Tabelle 11

Kredite der Sparkassen an den Handel[1]

Stand Ende	kurzfristig Mill. DM	%[2]	mittel- und langfristig Mill. DM	%[2]	insgesamt Mill. DM	%[2]
1949	444,4	—	23,9	—	468,3	—
1950	603,4	13,4	69,0	35,9	672,4	14,3
1951	596,8	12,2	126,2	33,7	723,0	13,7
1952	795,1	13,2	201,3	35,6	996,4	15,1
1953	996,1	14,1	292,2	33,8	1288,3	16,3
1954	1205,7	14,3	400,7	34,6	1606,4	16,8
1955	1300,3	14,2	540,8	37,0	1841,1	17,3
1956	1320,2	13,6	603,9	36,6	1924,1	17,0
1957	1375,1	13,1	651,4	33,0	2026,5	16,3
1958	1407,6	13,5	767,0	30,9	2174,6	16,9
1959	1554,4	13,2	908,9	29,9	2463,3	16,7
1960	1764,1	13,5	1026,4	28,3	2790,5	16,7
1961	1910,5	12,9	1182,9	27,8	3093,4	16,3
Juni 1962	2077,1	13,4	1270,4	27,2	3347,5	16,6

[1] Sparkasse 1963, Heft 7, S. 112
[2] in % der Ausleihungen aller Kreditinstitute

Tabelle 12

Anteil der Sparkassen an den Ausleihungen aller Kreditinstitute an den gewerblichen Mittelstand (ohne Fremdenverkehr)

	a) Anteil am Gesamtkredit	b) Anteil am mittel- und langfristigen Kredit
1950	13,4	10,7
1951	12,5	12,3
1952	13,8	12,3
1953	14,8	15,1
1954	15,8	16,9
1955	15,6	18,6
1956	15,4	17,1
1957	15,0	16,5
1958	15,4	16,4
1959	15,6	17,2
1960	16,0	18,4
1961	15,2	17,8
Juni 1962	15,5	17,6

Errechnet aus Tabelle 9, 10, 11

Tabelle 13

Von Sparkassen bewilligte langfristige Darlehen an die mittelständische Wirtschaft

Jahr	Gewerbe und Industrie		Handwerk		Handel		darunter Einzelhandel		Fremdenverkehr		insgesamt	
	Stück	Mill. DM	Stück	Mill. DM	Stück	Mill. DM	Stück	Mill. DM	Stück	Mill. DM	Stück	Mill. DM
1953	5 512	114,1	7 604	57,5	5 431	78,5	4 216	50,8	1 228	18,5	19 775	268,6
1954	8 134	152,9	9 032	75,5	8 164	114,5	6 177	70,4	1 817	29,7	27 147	372,6
1955	9 817	223,8	11 117	105,2	8 065	123,7	6 383	79,8	2 144	37,6	31 143	490,3
1956	6 242	157,1	8 614	78,5	7 285	89,1	5 460	57,8	1 571	28,1	23 712	352,8
1957	5 910	192,0	8 363	79,2	5 707	105,9	4 397	60,9	1 486	29,7	21 466	406,8
1958	8 003	343,8	10 874	129,5	8 029	188,9	6 185	112,8	2 184	55,4	29 090	717,6
1959	11 655	569,1	14 493	197,9	10 812	307,2	8 395	177,7	3 052	91,7	40 012	1 165,9
1960	9 980	502,6	12 229	186,1	9 183	271,6	7 152	151,6	2 718	74,6	34 110	1 034,9
1961	10 642	676,3	13 396	224,0	9 808	327,1	7 705	182,2	3 008	93,2	36 854	1 320,6
1962, 1.Hj.	5 879	360,9	7 159	129,9	5 163	180,9	4 053	101,5	1 489	48,5	19 690	720,2
1953 bis Juni 1962	81 774	3 392,6	102 881	1 263,3	77 647	1 787,4	60 123	1 045,5	20 697	507,0	282 999	6 850,3

Quelle: Sparkasse 1963, Heft 7 S. 112

Für eine Beurteilung der Sparkassen als Kreditgeber kleiner und mittlerer Unternehmen ist jedoch nicht nur die absolute und relative Zunahme ihrer Anlagekredite bedeutsam, denn eine optimale Unternehmensfinanzierung erfordert ja nicht nur die Bereitstellung von Kapital, sondern auch die Abstimmung des bereitgestellten bzw. bereitzustellenden Kapitals nach Art und Höhe auf die zu finanzierenden Vorhaben. Der steigende Umfang von Ausrüstungsinvestitionen auch in kleinen Betriebseinheiten mußte die langfristigen Einzelkredite höher werden lassen. Seine Durchschnittshöhe stieg von 13 600 DM im Jahre 1953 auf 36 500 DM im Juni des Jahres 1962. Die Entwicklung in den einzelnen Bereichen ist aus den nachstehenden Tabellen 13 und 14 zu entnehmen.

Tabelle 14

Durchschnittsbetrag in DM der von den Sparkassen an die mittelständische Wirtschaft bewilligten langfristigen Darlehen

	Gewerbe u. Industrie	Handwerk	Handel	darunter Einzelhandel	Fremden-verkehr	insgesamt
1953	20 700	7 500	14 400	12 000	15 000	13 600
1958	42 900	11 900	23 500	18 200	25 300	24 600
Juni 1962	61 400	18 100	35 000	25 000	32 500	36 500
	41 400	12 300	23 000	17 400	24 500	24 200

Errechnet aus Tabelle 11

Die Durchschnittsbeträge zeigen eine erfreulich starke Aufwärtsbewegung; sie halten sich aber dennoch in durchaus mittleren, ja geradezu kleinen Grenzen, wenn man den Betrag für die Industrie sieht. Die Sparkassen weisen immer wieder mit Nachdruck darauf hin, daß ihre Satzungen eine Gewährung von Großkrediten verbieten.

Ihren Satzungen liegt aber ein quantitativ viel zu eng begrenzter Mittelstand zugrunde. Wachsende Unternehmen benötigen höhere Kredite, und es zeugte von dogmatischem und nicht wirtschaftlichem Denken, wenn jahrzehntealte Kunden plötzlich nicht mehr bedient werden sollten, möglicherweise an die Industriekreditbank verwiesen werden, von der sie dann unter Umständen abgewiesen werden mit der Begründung, daß keine ausreichenden langfristigen Mittel zur Verfügung ständen, während die Sparkassen selbst unter keinem Mangel leiden. In diesem Zusammenhang ist die Forderung zu beherzigen: „Förderung der Zusammenarbeit mit den Girozentralen im Konsortialkreditgeschäft, soweit die satzungsmäßig festgelegten Grenzen . . . der einzelnen Sparkassen eine Alleinkreditgewährung nicht zulassen. In diesem Zusammenhang sollte auch in eine Überprüfung eingetreten werden, ob nicht vom Satzungsrecht der Sparkassen her die Kreditgewährung an den Mittelstand gefördert werden kann[80]."

Lediglich im kurz- und mittelfristigen Kreditgeschäft der Sparkassen, das sonst auch durch kleine und mittlere Kredite charakterisiert ist, wurden Ende 1961 an

[80] Sparkasse 1958, Heft 22, S. 352

2973 Kreditnehmer Kredite von mehr als 200 000 DM im Einzelfalle ausgeliehen. Das sind 0,15% der kurz- und mittelfristigen Kredite an Wirtschaft und Private (siehe Tabelle 15).

Tabelle 15

Großkredite[1] der Sparkassen

Kurz- u. mittelfristige Kredite an Wirtschaftsunternehmen und Private	Stand Ende[2] 1950	1955	1960	1961
Zahl der Kredite (Stück)				
insgesamt	900 300	2 230 400	2 535 500	2 645 500
darunter Großkredite				
Anzahl	456	1 475	2 440	2 973
%	0,05	0,06	0,10	0,15
Betrag der Kredite (Mill. DM)				
insgesamt	2 404,7	5 796,0	8 169,1	9 104,8
darunter Großkredite				
Betrag	203,8	655,4	1 142,1	1 363,1
%	8,47	11,31	13,98	14,97

[1] Kredite im Einzelbetrag von mehr als 200000 DM
[2] 1950 und 1955 ohne Saarland

„Die Kredite entfallen ganz überwiegend auf Großsparkassen. Dabei kommt es häufig vor, daß einem Kreditnehmer neben dem Kontokorrentkredit ein größeres Wechselkontigent eingeräumt wird und daß er außerdem ein mittelfristiges Tilgungsdarlehen für die Finanzierung von Investitionen aufgenommen hat. Alle Kredite über 200 000 DM im Einzelfall machen zusammen einen Betrag von 1,4 Milliarden DM aus; er entspricht nicht ganz 15% des kurz- und mittelfristigen Kreditvolumens und ist infolgedessen von verhältnismäßig nachgeordneter Bedeutung. Die größeren Kredite sind nahezu ausschließlich an Fertigungsunternehmen des industriellen Mittelstandes und an Handelsbetriebe wie Großhandel, Filialbetriebe, Export- und Importfirmen eingeräumt, die ihrer Betriebsform und besonderen Eigenart wegen einen größeren Bedarf an kurz- und mittelfristigen Fremdmitteln haben. Oft werden die Summen nur kurze Zeit in Anspruch genommen (Saisonkredite, Finanzierung von Stoßgeschäften)[81]." Wenngleich sehr viele mittelständische Unternehmer durch die Sparkassen an der Kreditexpansion teilhatten, bleibt festzustellen, daß das Schwergewicht der mittel- und langfristigen Ausleihungen nicht im gewerblichen Sektor liegt. Da in Zukunft mit einer Verlangsamung des Wohnungsbaus zu rechnen ist, dürfte sich eine Verlagerung im Neugeschäft zugunsten des Anlagekredits ergeben. Dabei sollten die Sparkassen im Verein mit den Girozentralen dem nicht geringen Einzelkreditbedarf der mittleren Industrie entgegenkommen.

[81] Sparkasse 1963, Heft 7, S. 107

c) Gewerbliche Kreditgenossenschaften

Die Kreditpolitik der 716 Volksbanken (Stand 31. 12. 1961) im Bundesgebiet einschließlich West-Berlin wird bestimmt durch ihren genossenschaftlichen Auftrag, Erwerb und Wirtschaft ihrer Mitglieder zu fördern. Die Volksbanken haben sich aus diesem Grunde zu keiner Zeit seit ihrer Entstehung einseitig auf die Gewährung bestimmter Kreditarten beschränkt oder einseitig bestimmte Berufsgruppen oder Branchen finanziert. Ihr Kreditgeschäft ist auf die Zusammensetzung ihrer Mitglieder und auf die speziellen Kreditbedürfnisse dieser Gruppen ausgerichtet. Dabei ergab es sich, daß die Volksbanken eine ausschließlich mittelständische Förderungsleistung erbringen, weil sie als Bankinstitute des Mittelstandes gegründet worden sind und diese Aufgabenstellung bis heute unverändert beibehalten haben[82].

Die Volksbanken, die hier stellvertretend für die gesamten 782 gewerblichen Kreditgenossenschaften stehen sollen, beweisen diese Mittelstandsorientierung sowohl in der Struktur ihrer Mitglieder als auch in deren Einlagen und Kreditinanspruchnahmen, durch deren Zusammenwirken auch die Volksbanken zu Geldausgleichsstellen der mittelständischen Wirtschaft werden (siehe Tabelle 16).

In diesen Zahlen findet sich anschaulich die Erkenntnis wieder, daß in einer arbeitsteiligen Volkswirtschaft Sparer und Investor immer wieder auseinanderfallen und nur über die Kreditinstitute zu einem Marktausgleich gelangen können. Während nämlich der gewerbliche Mittelstand (Handwerker, Händler, Industrieunternehmen) mit 36,4% an den gesamten Einlagen beteiligt war, liegt sein Anteil bei der Kreditinanspruchnahme mehr als doppelt so hoch, nämlich bei 75,7%.

Dieses Einlagen-Kredit-Verhältnis läßt sich zweifach deuten: 1. Die Mittelschichtenunternehmer verfügen über nur geringe Gewinne, die Bankeinlagen nicht erlauben, vielmehr Kredite notwendig machen; 2. die geringen Einlagen und hohen Kredite sind Ausdruck unternehmerischer Investitionsexpansion, um mit der technischen und wirtschaftlichen Entwicklung Schritt zu halten. Relativ leihen also die Volksbanken bedeutend mehr an den gewerblichen Mittelstand aus als die Sparkassen, bei denen dieser Anteil am Gesamtkredit nur 25,5% beträgt (der Wohnungsbaukredit wirkt sich hier natürlich wieder aus).

Bisher befriedigten die Volksbanken vornehmlich den kurzfristigen Betriebsmittelbedarf ihrer Mitglieder. Der Debitorenbestand in % der Bilanzsumme sank unter geringen Schwankungen zwar von 42,5% in 1949 auf 37,5% in 1961, doch erreichten dagegen die langfristigen Ausleihungen erst zwischen 1955 und 1956 ihren Vorkriegsstand von 8,0% der Bilanzsumme. Von 1949 bis 1961 stiegen die langfristigen Ausleihungen von 0,5% auf immerhin 17,2% der Bilanzsumme und veranschaulichen in dieser starken Steigerung den Wandel in der Geschäftspolitik der Volksbanken. Den Geschäftsgrundsätzen getreu partizipierte auch der

[82] *Baumann, H.:* Strukturwandel des Volksbankenkredits, in: Wandlungen im Kreditgeschäft, Beilage zu DER VOLKSWIRT Nr. 43, 1962, S. 31

Tabelle 16

Mitglieder, Einlagen und Kredite der Volksbanken nach Kreditnehmern

Berufszweig	Zahl der Mitglieder	in %	Einlagen in 1000 DM	Einlagen in %	in Anspruch genommene Kredite in 1000 DM	in Anspruch genommene Kredite in %
selbständige Handwerker	148 956	18,4	772 102	11,4	991 288	17,7
	(144 185)	(19,5)	(678 762)	(11,6)	(899 817)	(18,4)
selbständige Händler und Gewerbetreibende	168 184	20,7	1 198 416	17,6	2 255 003	40,2
	(161 930)	(21,9)	(1 052 945)	(18,0)	(1 988 794)	(40,6)
davon: Einzelhändler	*78 048*	*9,6*	*456 684*	*6,7*	*768 496*	*13,7*
	(76 431)	*(10,3)*	*(411 751)*	*(7,0)*	*(688 002)*	*(14,1)*
Großhändler	*18 984*	*2,3*	*245 908*	*3,6*	*600 212*	*10,7*
	(17 650)	*(2,4)*	*(208 089)*	*(3,6)*	*(550 481)*	*(11,2)*
Hotel- und Gaststättengewerbe	*21 094*	*2,6*	*113 200*	*1,7*	*201 941*	*3,6*
	(19 594)	*(2,7)*	*(96 046)*	*(1,6)*	*(165 646)*	*(3,4)*
sonstige Gewerbetreibende	*50 058*	*6,2*	*382 624*	*5,6*	*684 354*	*12,2*
	(48 255)	*(6,5)*	*(337 059)*	*(5,8)*	*(584 665)*	*(11,9)*
Industrieunternehmen natürliche Personen	10 953	1,4	234 816	3,5	476 804	8,5
	(11 091)	(1,5)	(213 290)	(3,6)	(380 055)	(7,8)
juristische Personen	13 143	1,6	264 090	3,9	521 680	9,3
	(11 831)	(1,6)	(222 513)	(3,8)	(440 591)	(9,0)
Bauern, Landwirte, Pächter	77 642	9,6	454 538	6,7	291 692	5,2
	(75 420)	(10,2)	(403 058)	(6,9)	(263 078)	(5,4)
Angestellte und Arbeiter	204 774	25,2	1 170 021	17,2	403 881	7,2
	(166 367)	(22,5)	(965 539)	(16,5)	(310 632)	(6,3)
Staats- u. Gemeindebeamte	40 808	5,0	231 694	3,4	61 704	1,1
	(36 970)	(5,0)	(205 390)	(3,5)	(51 393)	(1,1)
Angehörige freier Berufe	50 950	6,3	394 618	5,8	224 378	4,0
	(47 322)	(6,4)	(359 200)	(6,1)	(185 576)	(3,8)
Sonstige	95 896	11,8	1 965 582	28,9	358 448	6,4
	(84 292)	(11,4)	(1 680 638)	(28,7)	(352 157)	(7,2)
davon: Körperschaften des öffentlichen Rechts	—	—	*337 491*	*5,0*	*49 928*	*0,9*
	(—)	(—)	*(294 244)*	*(5,1)*	*(56 737)*	*(1,2)*
Kreditinstitute	—	—	105 976	1,6	24 583	0,4
	(—)	(—)	(77 991)	(1,3)	(21 380)	(0,4)
Insgesamt	811 306	100	6 791 853	100	5 609 461	100
	(739 408)	(100)	(5 859 326)	(100)	(4 893 473)	(100)

Die Zahlen in Klammern gelten für 1960

Quelle: Jahrbuch des Deutschen Genossenschaftsverbandes für 1961, S. 63

gewerbliche Mittelstand an dieser Entwicklung. Die langfristigen Ausleihungen an ihn nahmen von 1957 bis 1961 um mehr als das Dreifache zu, wobei die Spareinlagen als Refinanzierungsquelle an Bedeutung gewannen. Auffallend ist die diskontinuierliche Entwicklung in dem Verhältnis zu den gesamten langfristigen

Tabelle 17

Die langfristigen Ausleihungen an den gewerblichen Mittelstand

	in 1000 DM	in % der gesamten langfr. Ausleihen	in % der Spareinlagen
1957	273 000	63,7	13,0
1958	354 261	62,6	13,6
1959	630 708	75,4	19,3
1960	693 647	62,9	18,0
1961	871 612	59,3	19,7

Errechnet aus Angaben in den Jahrbüchern des Deutschen Genossenschaftsverbandes von 1957 bis 1961

Ausleihungen. Aus diesen Zahlen läßt sich herauslesen, daß der mittelständische gewerbliche Unternehmer wohl der größte, aber nicht — und hier sei an den Sparkassenkredit erinnert — der einzige Kreditnehmer ist, sondern daß auch in anderen Bereichen ein nachhaltiges Interesse an langfristigen Krediten besteht.

Parallel mit der Entwicklung zu größeren Betriebseinheiten und zu höherer Kapitalintensität stiegen auch die Durchschnittskredite an:

Tabelle 18

Die Entwicklung der Durchschnittskredite an den gewerblichen Mittelstand

Berufszweig	1961	1960	1959	1958	1957
selbständige Handwerker	11 990,—	11 000,—	9 700,—	8 600,—	8 000,—
selbständige Händler und Gewerbetreibende	19 780,—	17 500,—	15 600,—	14 000,—	13 200,—
davon: Einzelhändler	*15 580,—*	*13 900,—*	*12 500,—*	*10 900,—*	*10 200,—*
Großhändler	*40 300,—*	*36 300,—*	*32 000,—*	*29 200,—*	*28 600,—*
Hotel- und Gaststättengewerbe	*14 970,—*	*12 700,—*	*11 300,—*	*10 500,—*	*9 400,—*
sonstige Gewerbetreibende	*18 860,—*	*16 300,—*	*14 500,—*	*12 800,—*	*12 200,—*
Industrieunternehmen					
natürliche Personen	56 900,—	42 900,—	40 500,—	35 000,—	36 400,—
juristische Personen	74 700,—	67 000,—	60 400,—	57 600,—	58 000,—

Quelle: Jahrbuch des Deutschen Genossenschaftsverbandes für 1961, S. 61

Gegenüber den Durchschnittsgrößen der Sparkassen (siehe Seite 44, Tabelle 14) fallen diese Zahlen etwas ab. Besonders das Handwerk und das Hotel- und Gaststättengewerbe werden mit bedeutend kleineren Krediten bedient, während die größeren Kredite an die Industrie nur geringere Unterschiede aufweisen. Bei den Großkrediten (über 200 000 DM) engagieren sich die Volksbanken stärker als die Sparkassen. So waren bei den Sparkassen Ende 1961 2973 derartige Kredite ausgeliehen, bei den Volksbanken 3509, die mit 23,4% den relativ größten Anteil am Gesamtbetrag der Ausleihungen ausmachten. Siehe hierzu die folgende Übersicht:

Tabelle 19

Aufgliederung der Gesamtausleihungen nach Größenklassen 1961
(in Klammern entsprechende Zahlen des Vorjahres)

Größenklassen in DM	Stückzahl	in % der Gesamtzahl	Kreditbetrag in 1000 DM	in % des Gesamtbetrages
bis 1000	157561 (154047)	33,9 (34,8)	71547 (75359)	1,3 (1,6)
über 1000 bis 2000	65902 (63032)	14,2 (14,3)	102266 (98359)	1,8 (2,0)
über 2000 bis 5000	87519 (83013)	18,8 (18,8)	284327 (270609)	5,1 (5,5)
über 5000 bis 10000	53573 (50683)	11,5 (11,5)	386970 (363587)	6,9 (7,4)
über 10000 bis 20000	42588 (39499)	9,1 (8,9)	620160 (564217)	11,0 (11,5)
über 20000 bis 50000	35494 (32433)	7,6 (7,3)	1103312 (1005609)	19,7 (20,6)
über 50000 bis 100000	13158 (11783)	2,8 (2,7)	910731 (813295)	16,2 (16,6)
über 100000 bis 200000	5975 (5015)	1,3 (1,1)	819319 (690469)	14,6 (14,1)
über 200000	3509 (2732)	0,8 (0,6)	1310829 (1011969)	23,4 (20,7)
	465279 (442237)	100 (100)	5609461 (4893473)	100 (100)

Quelle: Jahrbuch des Deutschen Genossenschaftsverbandes für 1961, S. 62

Die Volksbanken können – und das gilt genauso für die Sparkassen – der veränderten Struktur des mittelständischen Kreditbedarfs nur entsprechen auf Grund des hohen Anteils, den die Spareinlagen an den Gesamteinlagen ausmachen. Die Spareinlagen stellen in erster Linie den Kapitalmarkt der mittelständischen Wirtschaft dar, und ihre Steigerung hängt letztlich davon ab, ob es gelingt, die Kaufkraft des Geldes zu erhalten; denn alle Bemühungen um den Sparer werden ohne Geldwertstabilität erfolglos bleiben.

An der langfristigen Kreditfinanzierung der Klein- und Mittelbetriebe dürften die Kreditbanken nur bescheiden beteiligt sein, die Sparkassen und Volksbanken betreiben diese Geschäftssparte dagegen sehr intensiv, aber fast ausschließlich mit Krediten, die noch erheblich unter 100 000 DM liegen. Mittlere industrielle Unternehmen benötigen dagegen weit darüber hinausgehende Kredite. Hier besteht eine spürbare Lücke.

Industriekreditbank und Kreditanstalt für Wiederaufbau leisten auf diesem Sektor wertvolle Arbeit. Die Lastenausgleichsbank gewährte bisher mittlere

Kredite, allerdings nur an den satzungsmäßig bestimmten Kundenkreis. Ihr Investitionskreditprogramm 1963 sieht dagegen bereits Kredite bis zu 200 000 DM vor.

d) Industriekreditbank

Die Industriekreditbank unterscheidet sich von den privaten Kreditbanken, Sparkassen und Volksbanken sowohl in ihrem Passiv- als auch in ihrem Aktivgeschäft. Ihr Aufgabengebiet umfaßt die Gewährung von Krediten zur Förderung des Wiederaufbaues und der Ertragsfähigkeit der deutschen gewerblichen Wirtschaft unter besonderer Berücksichtigung der Kreditbedürfnisse der gewerblichen Betriebe kleinen und mittleren Umfangs. Die Kredite sollen vorwiegend lang- und mittelfristig sein. Das Depositengeschäft wird nicht betrieben. Durch das weitere Verbot der sonstigen banküblichen Dienstleistungen ist die Industriekreditbank als Spezialinstitut für den Anlagekredit nicht emissionsfähiger Unternehmen charakterisiert.

Ihr Kreditengagement finanziert das Institut überwiegend durch Emission von Schuldverschreibungen und durch Aufnahme langfristiger Darlehn. Das Grundkapital beträgt 78 Millionen DM. Während die aufgenommenen langfristigen Darlehn von Ende 1950 bis Mitte 1962 von 72,5 Millionen DM auf 658,9 Millionen DM stiegen, erlebten die Schuldverschreibungen im Umlauf nach anfänglichem Zögern einen bedeutenderen Zuwachs, nämlich von 1,7 Millionen DM auf 767,7 Millionen DM. Hierzu berichtet das Institut für das Geschäftsjahr 1961/62: „Die Ausgaben von Schuldverschreibungen hatten zunehmende Bedeutung für das Kreditgeschäft der Bank. Der Kapitalmarkt bot im Geschäftsjahr wiederum das Bild einer schnell wechselnden Aufnahmebereitschaft. Auch die Zins- und Laufzeitkonditionen, die den Veränderungen der Marktlage Rechnung tragen mußten, schwankten erheblich. Insgesamt konnte jedoch ein überraschend großes Volumen an neuen festverzinslichen Wertpapieren abgesetzt werden[83].“ Bei der nachhaltigen Zunahme mittel- und langfristiger Kredite und ihrer Finanzierung aus Kapitalmarktmitteln kommt der wachsenden Leistungsfähigkeit des Anleihemarktes besondere Bedeutung zu, so daß dessen pflegliche Behandlung und vorsichtige Inanspruchnahme seitens aller Interessenten, der privaten wie der öffentlichen, der ständigen wie der gelegentlichen, eine notwendige Vorbedingung bleibt, ohne die der langfristige gewerbliche Kredit seine Funktion bei der Investitionsfinanzierung nicht in dem volkswirtschaftlich notwendigen Maß erfüllen kann[84]. Hier besteht also auch für Teile der nicht emissionsfähigen Unternehmungen eine Abhängigkeit von der Aufnahmebereitschaft des Anleihemarktes.

Für die Beschaffung langfristiger Darlehn sind neben der Refinanzierung bei der Kreditanstalt für Wiederaufbau, der Versicherungswirtschaft und neben den Aus-

[83] Industriekreditbank, Geschäftsbericht 1961/62, S. 13 f.

[84] Ebenda, S. 25

leihungen nach § 85 des Allgemeinen Kriegsfolgengesetzes[85] ERP-Mittel und Haushaltsmittel des Bundes und der Länder von Bedeutung. Die Vorrangigkeit der öffentlichen Kreditmittel geht aus folgenden Äußerungen des Instituts hervor: „Wir sind auch nach wie vor der Auffassung, daß es ernste Folgen haben kann, wenn die selbständigen Unternehmen den zusätzlichen kreditwirtschaftlichen Rückhalt verlieren, der bisher von den öffentlichen Kredithilfen ausging. Mit Sorge verfolgen wir das Bestreben, die ERP-Mittel künftig nicht mehr oder doch nur in erheblich vermindertem Maße zugunsten der innerdeutschen Wirtschaft, sondern im wesentlichen als Finanzhilfen für Entwicklungsländer einzusetzen. Die politische und weltwirtschaftliche Notwendigkeit, daß auch die Bundesrepublik sich mit ganzer Kraft an der Finanzierung der Entwicklungsländer beteiligt, darf zwar nicht verkannt werden, jedoch sollte die Bereitstellung der Mittel für diesen Zweck nicht dazu führen, dringende Förderungsmaßnahmen zugunsten bestimmter Bereiche der innerdeutschen Wirtschaft nachhaltig zu beschränken oder demnächst ganz einzustellen ...

Nach dem ERP-Wirtschaftsplan 1960 sind ERP-Mittel für Unternehmen der verarbeitenden Industrie nur noch in Ausnahmefällen vorgesehen, nämlich wenn sie den Bedingungen des Strukturprogramms der Bundesregierung genügen, also in Sanierungs- und Zonenrandgebieten oder an einem der ‚zentralen Orte' ansässig sind, oder wenn sie einer durch den internationalen Wettbewerb gefährdeten Branche angehören. Wir sind der Auffassung, daß diese engen Begrenzungen den wirtschaftspolitischen Erfordernissen nicht hinreichend Rechnung tragen. Ein Versiegen der öffentlichen Mittel für die nicht emissionsfähigen Betriebe der verarbeitenden Industrie im allgemeinen würde auf die Dauer nachteilige Auswirkungen haben[86]." Zwei Jahre später, im Geschäftsbericht 1961/62, äußert sich die Bank nicht mehr so pessimistisch: „Die Beschränkung der für Investitionen im Inland bereitgestellten öffentlichen Mittel konnte die Bank durch vermehrte Darlehnsaufnahme bei Kapitalsammelstellen des privaten und öffentlichen Bereichs ausgleichen; überdies gelang es, die geschäftlichen Beziehungen zur Kreditanstalt für Wiederaufbau in erfreulichem Maße auszubauen[87]." Die Zusammensetzung der Valutierung des Kreditengagements zeigt die nächste Tabelle 20.

Der Trend zur Vergrößerung des Anteils der Anleihe- und sonstigen Kapitalmarktmittel an der Valutierung des Kreditengagements setzt sich, wie erwähnt, bis 1962 fort und erreichte 65,9%[88]. Wenngleich der rückläufige Anteil der öffentlichen Mittel durch die absolute Zunahme anderer Kapitalmarktmittel ausgeglichen wurde, so gingen damit doch vielfach besonders zinsgünstige Mittel verloren.

[85] Bei den Krediten nach § 85 des Allgemeinen Kriegsfolgengesetzes handelt es sich um Darlehn aus Haushaltsmitteln des Bundes zur Durchführung von volkswirtschaftlich förderungswürdigen Wiederaufbau- und Ausbauvorhaben zum Ausgleich von Reparations- und Restitutionsschäden.

[86] Industriekreditbank, Geschäftsbericht 1959/60, S. 24

[87] Industriekreditbank, Geschäftsbericht 1961/62, S. 17

[88] Schreiben der Industriekreditbank v. 19. 4. 1963 an den Verfasser

Tabelle 20

Engagement am Ende des Geschäftsjahres 1949/50 bis 1958/59 in 1000 DM

Geschäftsjahre	Öffentliche Mittel	Anleihe- u. sonstige Kapitalmarktmittel	Gesamt
1949/50	72 683	—	72 683
1950/51	265 986	15 000	280 986
1951/52	364 528	19 680	384 208
1952/53	416 874	60 303	477 177
1953/54	432 926	141 116	574 042
1954/55	445 651	218 212	663 863
1955/56	432 385	335 818	768 203
1956/57	426 576	364 530	791 106
1957/58	416 018	445 735	861 753
1958/59	434 740	519 753	954 493

Quelle: Industriekreditbank, Geschäftsbericht 1958/59

Das Institut hat seit Ende 1949 17 300 Kredite im Betrage von 2,7 Milliarden DM bewilligt. Dank der Besserung der Kapitalmarktverhältnisse wurde davon allein rund 1 Milliarde DM in den letzten drei Jahren bewilligt. Während aber noch im Jahre 1959 unter dem Einfluß der damaligen öffentlichen Kredithilfe 40% der Anzahl und fast 20% des Kreditbetrages aus ERP-Mitteln und anderen Bundesmitteln stammten, ist dieser Anteil bis zum Jahre 1962 kontinuierlich auf 10% nach der Anzahl und 5,6% nach dem Betrag zurückgegangen. Die Tatsache, daß der zahlenmäßige Anteil der Kreditfälle über doppelt so hoch ist wie der betragsmäßige, erhellt, daß mit den öffentlichen Mitteln haushälterisch umgegangen, d. h. eine möglichst große Zahl von Betrieben bedient wurde. Im Vordergrund des Aktivgeschäftes stehen Rationalisierungs-, Modernisierungs- und Erweiterungskredite. Daneben gewinnen jedoch die Konsolidierungskredite an Bedeutung.

Der Kreditnehmerkreis ist über die gesamte Wirtschaft gestreut, wobei die Investitionsgüterindustrie an der Spitze steht (vgl. Tabelle 21).

Verfolgt man in der vorstehenden Tabelle die Anzahl der Kreditbewilligungen und die DM-Beträge im Zeitablauf, so ist bei rückläufiger Gesamtzahl ein Anwachsen des Gesamtbetrages festzustellen, worin sich global ein Trend zu höheren Kreditgrößen ausdrückt. Errechnet aus den obigen Zahlen stieg der Durchschnittskreditbetrag während des angegebenen Zeitraumes von etwa 190 000 DM auf etwa 284 000 DM. Bei einer Gliederung der Kreditbewilligungen nach Größenklassen erkennt man ebenfalls eine Verlagerung zu der Gruppe 100 000 DM bis 500 000 DM.

Gegenüber dem langfristigen Kredit der Sparkassen und Volksbanken erfüllt die Industriekreditbank eine ausgesprochene Spezialfunktion, indem sie sich um die

Tabelle 21

Anzahl der Kreditbewilligungen nach Wirtschaftsgruppen

Wirtschaftsgruppen	1958/59	1959/60	1960/61	1961/62	1949/50 bis 1961/62
Grundstoff- und Produktionsgüterindustrie	183	242	188	206	2495
dar.: Industrie der Steine und Erden	44	50	57	51	625
Chemische Industrie	36	41	25	36	530
Investitionsgüterindustrie	427	538	514	426	4865
dar.: Maschinenbau	172	202	197	168	1898
Eisen-, Blech- und Metallwarenindustrie	102	102	102	101	1036
Elektrotechnik	63	83	102	66	798
Verbrauchsgüterindustrie	494	466	458	355	5038
dar.: Textilindustrie	145	147	148	97	1474
Bekleidungsindustrie	46	35	47	38	516
Holzverarbeitende Industrie	51	50	46	37	513
Nahrungsmittelindustrie	66	71	62	53	676
Bauindustrie	21	11	22	30	217
Handwerk und Handel	298	322	301	193	3976
Verkehrswesen einschließlich Hotels und Gaststätten	71	28	25	17	527
Übrige Zweige	10	10	16	18	151
Gesamtzahl	1480	1617	1524	1245	17269
Gesamtbetrag (Millionen DM)	279	318	317	353	2745

Zusammengestellt aus den Jahresberichten der Industriekreditbank 1959/60 und 1961/62

Gewährung von Kreditgrößen bemüht, die zur Zeit von den anderen Instituten an Klein- und Mittelbetriebe nicht gewährt werden.

Die Ausweitung ihres Geschäftes steht vor allem in engem Zusammenhang mit der Kapitalmarktsituation. Es stimmt optimistisch, wenn die Bank als Erfolg ihrer

Tabelle 22

Anzahl der Kreditbewilligungen nach Größenklassen

Gruppengrößen	1958/59	1959/60	1960/61	1961/62
bis einschließlich 100 000 DM	996	986	873	502
über 100 00 DM bis 500 000 DM	394	503	535	610
über 500 000 DM bis 1 Million DM	47	94	88	88
über 1 Million DM	43	34	28	45
Insgesamt	1480	1617	1524	1245

Zusammengestellt aus den Geschäftsberichten der Industriekreditbank 1959/60–1961/62

Kredithilfen konstatieren kann, „daß der in früheren Jahren festgestellte Investitionsrückstand von zahlreichen Kunden aufgeholt werden konnte. In vielen Fällen hält heute die Umsatzentwicklung und Eigenkapitalbildung unserer Kreditnehmer durchaus einem Vergleich mit den größeren Unternehmen in der betreffenden Branche stand[89]". Und eine elementare Forderung erhebt die Bank mit der Feststellung, daß „die augenfälligsten Fortschritte dort zu verzeichnen (sind), wo Maßnahmen zur Leistungssteigerung möglichst schnell und umfassend durchgeführt werden konnten[90]".

e) Kreditanstalt für Wiederaufbau (KW)

Der langfristige inländische Investitionskredit, der seit je zu den Hauptaufgaben dieses Institutes gehörte, hat durch den Ausbau der Kreditanstalt für Wiederaufbau zum Finanzierungsinstrument für die Entwicklungshilfe seine dominierende Stellung eingebüßt. Diese Aufgabenerweiterung führte sowohl bei der Refinanzierung als auch bei Verwendung der Kredite zu einer Relationsverschiebung zwischen öffentlichen Mitteln und KW-Mitteln. Während bisher die Aufgaben der KW in von Jahr zu Jahr steigendem Umfange mit Hilfe von Mitteln finanziert wurden, die sich die Bank selbst beschafft hat, nahm im Jahre 1961 erstmals der Anteil der öffentlichen Mittel wieder zu. Diese Entwicklung wird sich angesichts der beträchtlichen zukünftigen Entwicklungskredite fortsetzen.

Die Refinanzierung der KW-Kredite in Mill. DM

	1960	%	1961	%
Öffentliche Mittel	1091,6	52,3	1389,4	55,7
KW-Mittel	995,2	47,7	1106,9	44,3
Zusammen	2086,8	100,0	2496,3	100,0

Die Übernahme der Funktionen einer Entwicklungsbank des Bundes veränderte ebenfalls deutlich die Verwendung der Mittel. Während 1960 erst gut zwei Fünftel des Neugeschäftes auf Auslandskredite entfielen, wuchs ihr Anteil in 1961 schon auf mehr als zwei Drittel des Betrages der Kreditzusagen an.

Im Zusammenhang dieser Arbeit ist jedoch die Entwicklung des inländischen Investitionskredites von größerer Bedeutung, sein Anteil am Neugeschäft sank von 1960 auf 1961 um 18%. Die Bank erklärte diesen Rückgang ausschließlich damit, daß sich die Bereitstellung des ERP-Sondervermögens nach einer vorübergehenden Zusammendrängung von Beträgen mehrerer Haushaltsjahre im Jahre 1960, verstärkt durch vorzeitige Tilgungen, im Berichtsjahr wieder normalisiert hat[91]. Die

[89] Industriekreditbank, Geschäftsbericht 1960/61, S. 19
[90] Ebenda
[91] Kreditanstalt für Wiederaufbau, Jahresbericht 1961, S. 54 f.

Tabelle 23

Die Kreditzusagen 1961 nach Hauptverwendungsbereichen und ihre Refinanzierung
(in Millionen DM)

Hauptverwendungs-bereiche	Öffentliche Mittel														
	ERP-Sonder-vermögen			Bundesmittel			Mittel der KW			Zusammen			%		
	1960	1961	1962	1960	1961	1962	1960	1961	1962	1960	1961	1962	1960	1961	1962
Inländische Investitions-kredite	763,2	440,8	335,8	0,3	—	—	241,1	311,0	221,9	1 004,6	751,8	557,7	48,1	30,1	21,8
Auslandskredite	131,9	11,1	12,0	4,3	925,8	1 248,7	749,6	770,4	722,6	885,8	1 707,3	1 983,3	42,5	68,4	77,5
davon: Entw.-Länder	—	11,1	12,0	—	925,5	1 248,7	—	465,9	495,2	—	1 402,5	1 755,9	41,9	56,2	68,6
Andere Länder	—	—	—	—	0,3	—	—	304,5	227,4	—	304,8	227,4	0,6	12,2	8,9
Sonstige Geschäfte	191,9	11,7	13,1	—	—	—	4,5	25,5	0,7	196,4	37,2	18,8	9,4	1,5	0,7
Insgesamt	1 087,0	463,6	365,9	4,6	925,8	1 248,7	995,2	1 106,9	945,2	2 086,8	2 496,9	2 559,8	100,0	100,0	100,0

Quelle: Kreditanstalt für Wiederaufbau, Jahresberichte 1960, 1961, 1962

Schwerpunktverlagerung im ganzen Geschäft wirkt sich jedoch auch nachhaltig aus, wie es die Zahlen für 1962 beweisen.

Ähnlich wie bei der Industriekreditbank verlagerte sich die Refinanzierung des inländischen Investitionskredits von den öffentlichen Mitteln des ERP-Sondervermögens auf eigene Kapitalmarktmittel der KW. Der ERP-Anteil sank von 73,3% in 1960 auf 58,6% in 1961 und stieg bis Ende 1962 wieder etwas an auf 60,2%. Gleichzeitig ist insofern eine grundlegende Veränderung eingetreten, als ERP-Mittel jetzt lediglich in den sogenannten Förderungsgebieten (Zonengrenz- und Sanierungsgebiete sowie eine Anzahl zentraler Orte) ausgezahlt werden. Daher ist nur noch eine mittelständische Kreditbefriedigung in Schwerpunkten möglich. Die KW bemüht sich allerdings, diese mager gewordenen Mittel mit eigenen Mitteln zu ergänzen.

Auch in Ergänzung der öffentlichen Programme dient das Institut der besseren Kreditfinanzierung mittelständischer Unternehmen. In Wirtschaftszweigen, in denen neue Erzeugnisse aufkommen oder die sich wachsendem internationalem Wettbewerb anpassen müssen, finanziert es Maßnahmen zur Produktionsumstellung und kostensenkenden Rationalisierung. Dagegen finden in Branchen, die sich einer stark wachsenden Nachfrage gegenübersehen, vornehmlich solche Investitionsvorhaben Berücksichtigung, die eine rasche Angebotsvermehrung erwarten lassen, womit zugleich ein Beitrag zur Preisstabilität geleistet wird.

Bei der Kreditgewährung aus Kapitalmarktmitteln bediente das Institut in erster Linie Unternehmen der kleinen und mittleren, nicht emissionsfähigen Wirtschaft mit Beträgen zwischen 100 000 DM und 500 000 DM, in Ausnahmefällen auch darüber hinaus. Es ließ sich dabei von dem Gedanken leiten, daß die Bereitstellung langfristiger Kreditmittel an Unternehmen des Handwerks, Handels und Kleingewerbes in kleineren Größenordnungen am ehesten von den Instituten, die das mittelständische Kreditgeschäft traditionell pflegen, insbesondere den Sparkassen und Volksbanken besorgt werden kann. Die KW ist bestrebt, in erster Linie bei den Unternehmen den langfristigen Kredit zu ergänzen, die über den Kundenkreis der genannten Institute hinausgewachsen sind, aber selbst keinen Zugang zum Kapitalmarkt haben.

Die breite Streuung des inländischen Investitionskredites zeigt abschließend die Tabelle 24, bei der zu vermerken ist, daß die relative Mehrheit der Mittel in die verarbeitende Industrie, Handel, Handwerk und Kleingewerbe fließt, daß sich aber in den beiden letzten Jahren bereits Gewichtsverlagerungen vollzogen haben. Die gesamte inländische Investitionskreditsumme hat von 1961 auf 1962 um fast 200 Millionen abgenommen, so daß die Bank ihren Charakter als inländische Investitionskreditbank zu verlieren beginnt.

f) Lastenausgleichsbank

Diese Anstalt öffentlichen Rechts, die zur wirtschaftlichen Eingliederung und Förderung der durch den Krieg und seine Folgen betroffenen Personen errichtet

Tabelle 24

Übersicht über die in den Jahren 1961 und 1962 zugesagten Investitionskredite
(in Millionen DM)

	Öffentliche Mittel		Mittel der KW		insgesamt		%	
	1961	1962	1961	1962	1961	1962	1961	1962
a) Landwirtschaft und Ernährungsindustrie	40,9	37,7	11,4	11,6	52,3	49,3	6,9	8,9
b) Grundstoffindustrie	34,3	66,2	112,1	90,7	146,4	156,9	19,5	28,1
c) Verarbeitende Industrie, Handel und Handwerk	145,5	103,4	186,4	118,6	331,9	222,0	44,1	39,8
d) Wasserwirtschaft	88,5	25,7	—	—	88,5	25,7	11,8	4,6
e) Wohnungswirtschaft	27,1	2,8	0,3	—	27,4	2,8	3,7	0,5
f) Verkehrswirtschaft	102,5	92,6	0,8	1,0	103,3	93,6	13,7	16,8
g) Sonstige Bereiche (Ausbildungswesen)	2,0	7,4	—	—	2,0	7,4	0,3	1,3
Gesamtbetrag (a–g)	440,8	335,8	311,0	221,9	751,8	557,7	100	100

Quelle: Kreditanstalt für Wiederaufbau, Jahresberichte 1961, 1962

wurde, hat bei der Betreuung der Vertriebenen, der Flüchtlinge und der Kriegssachgeschädigten ein äußerst differenziertes Aufgabengebiet zu bewältigen, das in zwei große Bereiche zerfällt: 1. die Geschäfte, die das Institut für das Bundesausgleichsamt durchführt und 2. das Eigenkreditgeschäft der Lastenausgleichsbank. In beiden Geschäftssparten dient die Bank in erster Linie der mittelständischen gewerblichen Wirtschaft, was sich sowohl aus der Branchengliederung der Kreditnehmer als auch aus der durchschnittlichen Kredithöhe ergibt.

Die eigenen Kreditaktionen der Bank umfassen Investitionskredite, Betriebskredite und Umschuldungsdarlehn. Die bewilligten Investitionskredite an Vertriebene, Sowjetzonenflüchtlinge und Kriegssachgeschädigte im Bundesgebiet wurden mit Mitteln des ERP-Sondervermögens und der Bundesanstalt für Arbeitslosenvermittlung und Arbeitslosenversicherung finanziert und erreichten Ende 1961 einen Stand von 7223 Krediten mit einer Gesamtsumme von 348 565 000 DM; das entspricht einem Durchschnittskreditbetrag von 48 250 DM.

Die knappen ERP-Mittel wurden erstmals 1961 durch einen 20-Millionen-Kredit der Bundesanstalt für Arbeitsvermittlung und Arbeitslosenversicherung ergänzt, der eine im Herbst 1960 eingetretene zeitweilige Einschränkung der Kreditplanungen wesentlich lockerte. Zu den langfristigen Finanzierungen ist auch zum Teil die Überlassung von Liquiditätsmitteln für solche Kredite zu rechnen, die die Hausbanken im eigenen Obligo an Geschädigte gewährt haben. Diese Mittel beliefen sich am 31. 12. 1961 auf 88,3 Millionen DM.

Die bewilligten Betriebsmittelkredite, die entweder verbürgt – auch unter Beteiligung der Länder – oder mit kurzfristigen Liquiditätsmitteln an die Hausbanken ausgestattet wurden, erreichten bis zum 31. 12. 1961 6884 mit einem Gesamtbetrag von 299,696 Millionen DM (ohne Landwirtschaft). Das entspricht einem Durchschnittskreditbetrag von 43 530 DM.

Bei den Umschuldungsaktionen, die 1956 begannen, ist ein rückläufiger Antragseingang festzustellen, und im Einvernehmen mit den beteiligten Bundes- und Länderministerien ist für die Einreichung von Anträgen eine Ausschlußfrist bis zum 31. 12. 1961 (im Saarland 30. 6. 1962) gesetzt worden. Insgesamt wurden bis zu dem Stichtag 924 Kredite mit einem Gesamtbetrag von 75,358 Millionen DM bewilligt, im Durchschnitt der Einzelkredite mit 81 550 DM.

Aus den sonstigen vielgestaltigen Tätigkeiten der Bank sei nur noch die seit 1959 laufende Bürgschaftsaktion für Kredite von Kreditinstituten an freiberuflich Tätige erwähnt, die ein lebhaftes und sich verstärkendes Interesse gefunden hat. Allein bis Ende 1961 wurden bereits 989 Bürgschaften für Kredite im Gesamtbetrag von 19,3 Millionen DM übernommen.

Überschaut man die Tätigkeit der Lastenausgleichsbank, so ist auffallend, daß sie trotz zunehmender Entfernung vom Kriegsende einen steigenden Arbeitsanfall zu bewältigen hat. Den anhaltend starken Kreditbedarf der kriegssachgeschädigten Betriebe, von denen die Bank immer wieder berichtet und den zu decken ihre eigenste Aufgabe ist, auf seine wirklichen kriegsbedingten Ursachen zu untersuchen, dürfte aussichtslos sein, denn wo ließe sich diese Ursachenkette schon überzeugend unterbrechen? So hat die Lastenausgleichsbank also einen großen Kundenkreis, der wie jeder andere Unternehmer im Zuge der technischen und wirtschaftlichen Entwicklung ein reges Interesse an Krediten hat.

Hinzu kommt, daß durch die wirtschaftliche Eingliederung der Sowjetzonenflüchtlinge das Arbeitsgebiet der Bank sich nicht gerade verkleinert hat. Und als Drittes ist zu berücksichtigen, daß die Bank als Anstalt des öffentlichen Rechts unter Aufsicht der Bundesregierung eine willkommene Einrichtung ist, um öffentliche Kredit- und Bürgschaftsprogramme abzuwickeln, bei denen wirklich keine Verbindung mehr zum Krieg und seinen Folgen gesehen werden kann. So ist die Bank als alleiniges Hauptleihinstitut in ein Kreditprogramm eingeschaltet worden, das der Förderung mittelständischer gewerblicher Betriebe dient, die in neuen Wohnsiedlungen und neugeordneten Stadtkernen eingerichtet werden.

Es ist also nicht anzunehmen, daß die Lastenausgleichsbank einmal ihre Schalter schließen wird; sie wird vielmehr im Laufe der Zeit ihren typischen Charakter als Vertriebenen-, Flüchtlings- und Kriegsgeschädigtenbank verlieren und zu einem allgemeinen Kreditinstitut der gewerblichen Mittelschichten werden.

g) *Kreditbedarf und Bankenliquidität*

Gegenüber einer beachtlichen Zunahme der langfristigen Kreditgewährung des gesamten deutschen Bankensystems ließ sich der an die kleinen und mittleren Unternehmen gewährte Anteil mangels ausreichender statistischer Unterlagen nur in Schwerpunkten herausschälen, die jedoch als aussagefähig für die gesamte

Kreditfinanzierung der gewerblichen Mittelschichten angesehen werden können. Ob dieser Anteil jeweils zur Deckung des Kreditbedarfs ausgereicht hat, vermag nicht gesagt zu werden, da eine genaue zahlenmäßige Erfassung des Kreditbedarfs nicht möglich ist. Die Sparkassen berichten zu dieser Frage, daß ihre praktischen Erfahrungen übereinstimmend bestätigen, daß sie im allgemeinen in der Lage sind, jeden vertretbaren Kreditwunsch, auch nach langfristigen Mitteln zu decken[92] und verweisen auf die geringe Ablehnungsquote beim Mittelstandskredit[93]:

Tabelle 25

Abgelehnte Mittelstandskredite in % der Kreditanträge

	1957		1. Halbj. 1958	
	Stück	Betrag	Stück	Betrag
kurzfristig	2,4	2,8	1,7	1,8
mittelfristig	4,4	4,1	3,7	2,3
langfristig	4,8	7,6	2,9	3,9
insgesamt	2,9	4,0	2,1	2,5

In der Bezeichnung eines Kreditwunsches als „vertretbar" wird jedoch die ganze Problematik bei der Kreditfinanzierung sichtbar. Vertretbar ist ein Kreditwunsch ja nur dann, wenn er den banküblichen sachlichen und persönlichen Bonitätsansprüchen genügt, die im folgenden näher behandelt werden sollen. Diese Vertretbarkeit erklärt auch im wesentlichen den relativ höheren Anteil der abgelehnten langfristigen Anträge, da hier auf Sicherheiten nicht verzichtet wird.

Aus der geringen Ablehnungsquote auf eine hohe Kreditbefriedigung zu schließen, erscheint nicht völlig gerechtfertigt. Bei der Berechnung der Ablehnungsquote dienten die formalen Kreditanträge als Bezugsgrundlage, d. h. in ihr sind nicht enthalten die bereits in Vorbesprechungen als nicht „vertretbar" erscheinenden Kreditwünsche und der Kreditbedarf, der aus den mannigfachsten Gründen nicht den Weg zur Bank gefunden hat[94]. Der nicht vertretbare offene und latente und der vertretbare latente Kapitalbedarf drücken also auf den Deckungsgrad, reißen eine Finanzierungslücke und werfen die Frage auf, ob diese Lücke geschlossen werden kann, falls der genannte Kreditbedarf doch marktwirksam wird.

Marktwirksam wird dieser tendenziell langfristige Kreditbedarf dann, wenn er durch eine entsprechende Konditionengestaltung vertretbar geworden ist. Die Ansatzpunkte für derartige Maßnahmen liegen sowohl bei den Kreditgebern als auch bei den Kreditnehmern. Sinnvoll sind derartige Maßnahmen allerdings nur, wenn die Liquidität der Kreditinstitute nicht einen Engpaß bildet.

[92] Sparkasse 1958, Heft 22, S. 357
[93] Ebenda S. 361
[94] Vgl. hierzu den Abschnitt über die Kreditwilligkeit und Kreditbereitschaft

Tabelle 26

Die langfristige Liquidität nach Liquiditätsrichtsatz II zum 31. Dez. 1962

	Großbanken	Privatbanken	Sparkassen	Gewerbliche Kreditgenossenschaften	*Anmerkungen:*
	in Mill. DM				
I. Langfristige Anlagen					
1. Langfristige Ausleihungen	1 725	297	30 352	2 205	
2. Konsortialbeteiligungen	381	41	—	—	
3. Beteiligungen	233	189	246	42	
4. Nicht börsengängige Wertpapiere	30[1]	17[1]	—[2]	—[3]	
5. Grundstücke und Gebäude	392	89	1 263	303	
Langfristige Anlagen insgesamt	2 761	633	31 861	2 550	Σ 37 805
II. Langfristige Finanzierungsmittel					
1. Eigenkapital	1 682	555	2 431	693	
2. Aufgenommene langfristige Darlehen	1 175	279	3 000	662	
3. 60% der Spareinlagen	3 765	398	26 644	3 367	
4. 10% der Sicht- und Termineinlagen	1 814	277	1 609	340	
Langfristige Finanzierungsmittel insgesamt	8 436	1 509	33 684	5 062	Σ 48 691
Mittelüberhang II ./. I	5 675	876	1 823	2 512	Σ 10 886
Langfristige Anlagen in % der langfristigen Finanzierungsmittel	32,7	41,9	94,5	50,3	

Anmerkungen:
Quelle: Monatsbericht der Deutschen Bundesbank Februar 1963

[1] Die „sonstigen Wertpapiere" wurden hier eingesetzt

[2] unerheblich

[3] Nicht aus dem Monatsbericht zu entnehmen

Von den drei Spezialinstituten abgesehen, wurde bei den ausgewählten Institutsgruppen bereits ein ausreichendes langfristiges Finanzierungsvolumen ermittelt, das abschließend an Hand des Liquiditätsrichtsatzes für das langfristige Geschäft (Richtsatz II) für Ende 1962 dargestellt werden soll.

Der Richtsatz II errechnet sich folgendermaßen: Die Summe der langfristigen Ausleihungen, der Konsortialbeteiligungen, der Beteiligungen, der Grundstücke und Gebäude und der nicht börsengängigen Wertpapiere soll die Summe der langfristigen Finanzierungsmittel eines Kreditinstituts nicht übersteigen.

Als langfristige Finanzierungsmittel gelten das Eigenkapital, die eigenen Schuldverschreibungen im Umlauf, die vorverkauften Schuldverschreibungen, die aufgenommenen langfristigen Darlehn, 60% der Spareinlagen und 10% der Sicht- und Termineinlagen von Nichtbanken sowie bei Girozentralen und Zentralkassen 10% der Termineinlagen von angeschlossenen Kreditinstituten mit einer Kündigungsfrist oder vereinbarten Laufzeit von 6 Monaten und darüber[95].

Allein bei den untersuchten vier Institutsgruppen ergibt sich ein langfristiger Finanzierungsmittelüberhang von fast 11 Milliarden DM. Wenn nun auch keineswegs behauptet werden kann, daß diese Mittel für die Investitionsfinanzierung gerade der gewerblichen Mittelschichten mobilisiert werden sollten, so ist doch unmittelbar ersichtlich, daß das Problem der mittelständischen Kreditfinanzierung darin liegt, ob Konditionen gefunden werden, unter denen die tendenziell unbegrenzte Kreditnachfrage im beiderseitigen Interesse befriedigt oder begrenzt werden kann.

Die Maßnahmen, die einmal in einem Anpassen der Kreditkonditionen an die vorhandene Kreditfähigkeit von Klein- und Mittelunternehmen oder in einem Anheben der Kreditfähigkeit bestehen kann, sind im Zusammenhang mit den bestehenden Konditionen speziell des langfristigen Kredites und seiner Bedeutung für den mittelständischen Kreditnehmer zu sehen.

2. *Die Kreditkonditionen und ihre Bedeutung für Klein- und Mittelbetriebe*

Alles unternehmerische Handeln versucht sich an den Grundsätzen der Rentabilität, der Liquidität und der Sicherheit, die sich einzeln nur auf Kosten der anderen verwirklichen lassen, zu orientieren. Für die Kreditwirtschaft bedeutet das, daß die Rentabilität und die finanzielle Lage des zu kreditierenden Unternehmens, die Persönlichkeit des Unternehmers und der Umfang der Besicherungsmöglichkeiten rückwirken auf Rentabilität, Liquidität und Sicherheit des Kreditengagements.

Voraussetzung jeder Kreditgewährung ist die sogenannte Kreditwürdigkeitsprüfung, die alle Untersuchungen hinsichtlich des Kreditrisikos umfaßt und sich auf die persönlichen, rechtlichen und wirtschaftlichen Verhältnisse des Kreditneh-

[95] *Zimmerer,* C. u. *Schönle, H.:* Kreditwesengesetz, Wiesbaden 1962, S. 38

mers erstreckt. Das Kreditrisiko „resultiert aus der Möglichkeit, daß der Kreditnehmer den erhaltenen Kreditbetrag nicht oder nicht fristgerecht zurückzahlt, oder daß bei Zahlung der vereinbarten Zinsen, Provisionen und Gebühren Unregelmäßigkeiten auftreten. Ein unmittelbar damit zusammenhängendes Risiko besteht darin, daß die sich zur Sicherung eines Kredits hereingenommenen Sicherheiten teilweise oder vollständig als mangelhaft erweisen[96]". Normalerweise wird eine Kreditwürdigkeitsprüfung um so intensiver sein, je höher der Kreditbetrag bzw. je größer die finanzielle Anspannung des Kreditbewerbers und je länger die Kreditlaufzeit ist. „Es ist im allgemeinen so, daß einem bekannten, großen und gut fundierten Unternehmen ein nicht sehr hoher Kredit bereits nach einer kurzen Durchsicht des Kreditantrages zugesagt wird, während bei einem in gewissen finanziellen Schwierigkeiten befindlichen Unternehmen über den beantragten, auch verhältnismäßig kleinen Kredit erst nach umfangreichen Ermittlungen und Verhandlungen entschieden wird[97]." Das Ergebnis dieser bankbetrieblichen Prüfung liefert die Fakten, um zu bestimmen, welche Sicherheiten und welcher Zins gefordert werden, wie hoch der Darlehnsbetrag und seine Laufzeit sein sollen.

a) Die Kreditsicherheiten

a_1 Die dinglichen Sicherheiten

Bei der Gewährung von Krediten kommt den sogenannten Sicherheiten immer eine besondere Bedeutung zu. Der alten Bankregel, daß der sicherste Kredit der ungesicherte Kredit sei, weil er nur dann gegeben wird, wenn die Verhältnisse des Kreditnehmers über alle Zweifel erhaben sind, nehmen sich die Banken in der Praxis nur ungern an, weil sich auch bei genauer Kreditwürdigkeitsprüfung das Risiko nicht ganz ausschalten läßt, das in unvorhersehbaren Änderungen in den Verhältnissen des Kreditnehmers liegt. Für die langfristigen Kredite kommen als Sicherheit praktisch nur die immobilen Sicherheiten in Betracht, obwohl die einzelnen Kreditgeber bei ihren Kapitalanlagen verschieden starken Beschränkungen unterworfen sind.

So enthalten für die Anlagen der Hypothekbanken die §§ 10—12 des Hypothekenbankgesetzes eingehende Bestimmungen zum Schutze der Pfandbriefgläubiger. Danach ist die Anlage ihrer Mittel auf die Beleihung von inländischen Grundstücken beschränkt. § 12 bestimmt, daß der bei der Beleihung angenommene Wert des Grundstückes den durch sorgfältige Ermittlungen festgestellten Verkaufswert nicht übersteigen darf und dabei nur die dauernden Eigenschaften des Grundstücks und der Ertrag berücksichtigt werden dürfen, den das Grundstück bei ordnungsgemäßer Wirtschaft jedem Besitzer nachhaltig gewähren kann. Durch diese Bestimmung des § 12 ist eine Beleihung gewerblicher Grundstücke stark eingeschränkt. Die typischen Anlagen für diese Realkredite stellen neben dem landwirtschaftlichen Be-

[96] *Hagenmüller, K. F.:* Bankbetrieb und Bankpolitik, Wiesbaden 1959, S. 270
[97] Ebenda, S. 101 f.

trieb das städtische Wohnhaus und das normale städtische Geschäftshaus, also ein Wohngrundstück, dar.

Bei dem in der modernen Wirtschaft herrschenden schnellen Tempo von Fortschritt und Entwicklung tritt zudem die Gefahr der Veralterung der gewerblichen Anlagen sehr wesentlich in Erscheinung, so daß von seiten des Kreditgebers bei gewerblichen Grundstücken eine Beleihung über den Schrottwert hinaus bereits ein großes Risiko bedeuten kann. Für die Unternehmung heißt dies aber, daß sie bei dieser Kreditform oft nur den reinen Grund und Boden als Kreditunterlage benutzen kann, der dann weiter durch die gerade bei den Sparkassen bedeutsamen Beleihungsgrundsätze an Sicherungswert einbüßt. Nach diesen Grundsätzen wird bei der Beleihung gewerblich genutzter Grundstücke unterschieden zwischen rein gewerblich genutzten Grundstücken, überwiegend gewerblich genutzten Grundstücken und gemischt genutzten Grundstücken. Bei der Ermittlung des Beleihungswertes für gewerblich genutzte Grundstücke werden besonders strenge Maßstäbe angelegt. So wird der Mietertrag für gewerblich genutzte Räume bei der Ertragswertermittlung höchstens mit der Hälfte seiner effektiven Höhe angesetzt. Auch der Bauwert wird meistens mit der Hälfte berücksichtigt. Gemischt genutzte Grundstücke dürfen nur innerhalb der ersten 50% des Beleihungswertes beliehen werden. Als Beleihungsgrenze für rein gewerblich genutzte Grundstücke gilt das erste Drittel des Beleihungswertes. Außerdem darf ein Darlehn 30 000 DM nicht übersteigen, und die Hypotheken müssen verstärkt getilgt werden. Ähnliche Regelungen gelten für die Darlehn der Hypothekenbanken. Als Kreditbewilligungen gelten hierbei für die erste Hypothek bis zu 50% und für die zweite Hypothek bis zu weiteren 25% des Beleihungswertes, so daß insgesamt bis zu 75% des Beleihungswertes durch Kredite in Anspruch genommen werden können[98]. Ganz anders liegen die Verhältnisse beim Hypothekarkredit für industrielle Unternehmungen. Hier ist mit der Langfristigkeit auch dieser Kredite ein spezifisches Risiko verknüpft, das sich daraus ergibt, daß hier die wirkliche Kreditunterlage vom ganzen geschlossenen Produktionsprozeß des betreffenden Betriebes gebildet wird. Im Gegensatz zum städtischen oder landwirtschaftlichen Realkredit mit seiner weitgehenden Unabhängigkeit von der Wirtschaftslage sind solche beständigen Werte nach Ansicht der Hypothekenbanken bei industriellen Unternehmen nur in sehr geringem Umfang vorhanden. Die Bank erkennt als Kreditsicherung deshalb nicht den Anschaffungswert abzüglich der Abschreibungs- und Abnutzungsbeträge an, sondern nur einen vermutlich erzielbaren Veräußerungswert bei Brachliegen der Betriebsstätte.

Dies ist nicht zuletzt eine Folge der durch Technik und Konsumdifferenzierung hervorgerufenen Strukturveränderungen des Sachvermögens der Volkswirtschaft.

[98] Beleihungswert ist dabei die halbe Summe aus Grundtaxe und Ertragstaxe. Grundtaxe ist der Bauwert plus Bodenwert; für die Ermittlung der Ertragstaxe werden tatsächlich erzielte oder nach vorsichtiger Schätzung erzielbare Mieterträge nach einem 20%igen Abschlag für Zentralheizung, Licht, Reinigung, Steuern mit 1–1,5% über dem landesüblichen Zins kapitalisiert.

„Woraus bestand das Sachvermögen noch zu Beginn unseres Jahrhunderts? Das BGB entwickelte aus Anlaß der Zubehördefinition in § 98 eine hierfür höchst aufschlußreiche Typologie. Es spricht ‚von einem Gebäude, das für einen gewerblichen Betrieb dauernd eingerichtet ist, insbesondere ... einer Mühle, einer Schmiede, einem Brauhaus, einer Fabrik ...'. Also: Wald, Mühle, Bauernhof, Schlosserdrehbank, Dampfmaschine, Rentenhaus und im Lager von Gustav Freytags königlichem Kaufmann, auf den Schiffen und den Planwagen: Salz, Leinen, Petroleum, Kaffee. Alle diese Dinge hatten finanzierungstheoretisch zweierlei gemeinsam: sie waren erstens in hohem Maße standardisiert, fungibel, vertretbar: Wald, Hof, Drehbank, Dampfmaschine, ebenso die Stapelwaren schwimmend, rollend und in Anton Wohlfahrts Lager. Es waren zweitens Objekte, nach denen eine verläßlich gleichbleibende Nachfrage bestand. Die Verbrauchsgewohnheiten armer Menschen pflegen konstant zu sein. Beides zusammen bedeutet: Die Differenz zwischen dem Teilwert dieser Gegenstände, eingefügt in die Organisation eines blühenden Unternehmens, und ihrem Liquidationswert war minimal, weshalb sich übrigens die Väter unseres Handelsgesetzbuches keine bewertungstheoretischen Sorgen darüber zu machen brauchten, nach welchem Wert die Gegenstände in der Bilanz des Kaufmanns angesetzt werden müßten. Eben mit dem Wert ‚der ihnen beizulegen ist'. Das war eindeutig und genügte, da Anschaffungswert, Reproduktionswert, Teilwert und Liquidationswert kaum divergierten. Entsprechend lag die kaufmännisch vertretbare Beleihungsquote recht hoch. Die ihrer Absicht nach besonders strengen Vorschriften für gesetzliche Sicherheitsleistungen ließen sich von der Vorstellung leiten, daß man alle beweglichen Sachen unbedenklich bis zu zwei Dritteilen des Schätzungswertes beleihen könne. Außerdem bestand eine klare Trennung: Die Güter wurden entweder transportiert und umgeschlagen. Dafür gab es Wechselkredit. Oder sie eigneten sich für langfristige Nutzung. Dann nahm man eine Hypothek auf.

Das heutige Bild ist anders. Nach Kirners Untersuchungen[99] hat sich der Anteil am Gesamtanlagevermögen seit 1914 von 10 auf fast 20% erhöht; darunter hat zu Lasten des Anteils der Bauten der Anteil der Ausrüstungen von 25% auf 37% zugenommen. Im Zuge der beträchtlichen Erhöhung aller Transportgeschwindigkeiten, die auch der Erhöhung der Fahrgeschwindigkeiten, vor allem aber der Verdichtung des gesamten Verkehrsnetzes zu verdanken ist, hat der Anteil rollender und bereits verkaufter Ware, der klassischen Objekte der traditionellen bankmäßigen Finanzierung, erheblich abgenommen. Vor allem aber: Schon große und noch zunehmende Teile der Sachvermögensbestände in aller Welt sind hochgradig spezieller Art: Vollautomatische Motorblock-, Bohr- und Frässtraße für Renault-Dauphine; Spezial-Rundwirkmaschine für Damenstrümpfe von 75 gauges bei 10 denier; Lager an Vergaserdeckeln für Borgward 1800, Baujahr 1957. Hinzu kommen enorme Bestände an Halbfertigwaren nicht nur auf Lager und im Ver-

[99] *Kirner, G.:* Struktur und Strukturveränderungen des Anlagevermögens in der Bundesrepublik im Zeitraum von 1950–1960, in: Wandlungen der Wirtschaftsstruktur in der Bundesrepublik Deutschland, Berlin 1962, S. 136

kehr zwischen den Betrieben, sondern auch in den Betrieben selbst auf dem Weg von Werkbank zu Werkbank. Auch diese neuen Bestände, die sehr viel Kapital binden, haben zweierlei gemeinsam: 1. sind sie *nicht* fungibel; 2. ist die Verbrauchernachfrage, die ihnen allein Wert zu verschaffen vermag, hochgradig labil. So kommt es zu großen Differenzen zwischen ihrem hohen Teilwert innerhalb eines going concern und ihrem Liquidationswert. Für die Bewertung solcher Bestände in den Bilanzen reichen die schlichten Vorschriften des Handelsgesetzbuches nicht mehr aus. Und kann man solche Bestände überhaupt beleihen? Das ist eine der wichtigsten ungelösten Fragen der Finanzierung in unserer wechselnden Wirtschaft[100]."

Nach § 1807 BGB sind die Sparkassen zur Entgegennahme von Mündelgeld berechtigt, was sich in verschärften Deckungsvorschriften für ihre Kredite auswirkt. Auch in den neuen Sparkassensatzungen der einzelnen Länder ist der Grundsatz beibehalten worden, daß die Sparkassen keine Geschäfte eingehen dürfen, die ein erkennbares Risiko enthalten[101].

Es müssen also für alle Kredite – abgesehen von den ungedeckten Personalkrediten – Sicherheiten gestellt werden. Für die mittel- und langfristigen Kredite kommen nur die traditionellen Sicherheiten in Betracht, wobei beim langfristigen Kredit nur Hypotheken-, Grund- und Rentenschuld eine Rolle spielen.

Diese Formen der Kreditabsicherung haben auch für solche Bereiche des Kreditsektors Bedeutung erlangt, die nicht durch bestimmte festgelegte Anlagevorschriften in ihrer Bewegungsfreiheit gehemmt sind. So stellten ursprünglich die personellen Verhältnisse des Kreditnehmers bei den Kreditgenossenschaften eine Gewähr für die Sicherheit des Kredites dar. Der bankmäßigen Entwicklung der Kreditgenossenschaften konnten diese Sicherheiten aber nicht mehr genügen, so daß heute eine Absicherung durch Sicherungshypotheken und vor allem durch Grundschulden durchaus gebräuchlich ist. Auch die Industriekreditbank verzichtet nicht auf dingliche Sicherheiten. In § 2 ihrer Satzung heißt es: „Die Kredite sollen in der Regel durch Grundpfandrechte oder andere nach kaufmännischen Grundsätzen ausreichende Sicherheiten gedeckt sein." Bei dieser Formulierung glaubt man eine gewisse Elastizität in den Sicherheitserfordernissen herauslesen zu können. Diese Elastizität ist aber nur in Ausnahmefällen möglich, wenn die Beschaffenheit der dinglichen Unterlagen nicht ausreicht und auf sonstige Sicherheiten zurückgegriffen werden kann wie Bürgschaften Dritter usw. Die Lastenausgleichsbank ordnet sich entsprechend ihrer Aufgabenstellung nicht nur wirtschaftlichen, sondern ebenso stark sozialen und staatspolitischen Zielen unter. Aus diesem Grunde kann es nicht verwundern, daß sie in ihrer Kreditpolitik von den üblichen bankmäßigen Grundsätzen abweicht. So sind viele der von ihr gewährten langfristigen Kredite im bankűblichen Sinne nicht voll gesichert.

[100] *Stützel, W.:* Banken, Kapital und Kredit in der zweiten Hälfte des zwanzigsten Jahrhunderts, Referat auf der Tagung des Vereins für Sozialpolitik in Luzern 1962, als Manuskript vervielfältigt, S. 36 f.

[101] Vgl. Sparkassengesetz für Nordrhein-Westfalen v. 1. 4. 1958

Von diesem Sonderfall abgesehen, sind jedoch die immobilen Sicherheiten zu primären Sicherheiten geworden, während die künftige Ertragskraft des Kreditnehmers und damit seine künftige Entwicklung nur eine zusätzliche Rolle spielen. Diese statische Ausrichtung des längerfristigen Kreditgeschäfts hat wiederholt Anlaß zu heftiger Kritik in Wissenschaft und Praxis gegeben. So sieht Jonas[102] in den dinglichen Sicherheiten nur eine zweite Verteidigungslinie, die die Rückführung des Kredites nur für den Fall zu sichern habe, wenn die hierfür ursprünglich in Aussicht genommene Quelle versage, nämlich die Ertragskraft der Unternehmung. Nach seiner Ansicht widerspricht der Aufbau des Kreditgeschäfts auf der dinglichen Kreditsicherung dessen wirtschaftlichem Sinn, der darin besteht, den Kunden zu gesunder wirtschaftlicher Entwicklung zu verhelfen und nicht die Wirtschaftseinheit des Kreditnehmers zu zerstören oder schwer zu gefährden. Kruse[103] sieht darin eine Quelle für volkswirtschaftliche Kapitalfehlleitung als Dauerzustand und fordert, den Beleihungskredit durch den Wirtschaftskredit zu ersetzen.

Schließlich wird der Sicherungspraxis immer der Vorwurf gemacht, daß sie die newcomers benachteilige, weil der Kredit immer nur dorthin fließe, wo bereits Vermögen vorhanden sei, und so eine volkswirtschaftlich unerwünschte Erstarrung der Produktionsstruktur begünstige.

Gegenüber dieser gesamtwirtschaftlichen Argumentation steht die einzelwirtschaftliche der Banken, die notwendig zur fungiblen Immobiliarsicherheit führt: „Eine Bank als Transformationsinstitut darf sich bei Abschätzung von Risiken gar nicht von der subjektiven eigenen Einschätzung dieser Risiken leiten lassen. Sie darf sich, theoretisch modern gesprochen, gar nicht von ihrer subjektiven Entscheidungsfunktion leiten lassen. Sie muß, damit die Rückzahlung an ihre Einleger gesichert bleibt, ihre Kredite abtretbar halten. Sie muß sich, um diese Abtretbarkeit und shiftability zu sichern, davon leiten lassen, wie andere diese Risiken beurteilen; da diese anderen in ihrem Urteil wiederum auf das Urteil Dritter reflektieren müssen, reicht es nicht einmal aus, wenn jeder einzelne Bankier subjektiv bereit wäre, die Risiken in Kauf zu nehmen; entscheidend ist vielmehr, daß ‚man' das, was in der Bankwelt als tragbar und vertretbar gilt. Maßgeblich ist also, modern ausgedrückt, die jenseits aller subjektiven Entscheidungsfunktionen im allgemeinen anerkannten Begriffe der Banküblichkeit soziologisch objektivierte Entscheidungsfunktion, was übrigens nicht nur das Zögern im Falle der Finanzierung von Produktionsprozessen, sondern überhaupt den berufstypischen Konservatismus im Bankgewerbe als ökonomisch zweckrational notwendig erweist[104].

Stellt man dieser Sicherungspolitik der Kreditinstitute die Sicherungskapazität des gewerblichen Mittelstandes gegenüber, so ergibt sich ein starkes Auseinanderklaffen beider Größen. Während 1925 noch rund 3/4 aller selbständigen Handwerker Grundeigentümer waren, waren es 1949 nur noch 48%[105]. Im Jahre 1956

[102] *Jonas, H.:* Grenzen der Kreditfinanzierung, Wiesbaden 1960, S. 291
[103] *Kruse, A.:* Der Mittelstandskredit, Jena 1941, S. 49
[104] *Stützel, W.:* a. a. O., S. 38
[105] *Fischer, H. G.:* Kreditgarantiegemeinschaften, Diss. München 1959, S. 47

arbeiteten von 751 639 Betrieben nur 377 005, das sind ganze 50,1%, in einem eigenen Gebäude[106]. Eine Erhebung für den Handel ergab zum selben Zeitpunkt, daß nur 50% aller Einzelhandelsunternehmen sowie rund 67% aller Großhandelsunternehmen Eigentümer von Gebäuden waren[107]. Zu ähnlichen Ergebnissen für den Bereich des Handels kommt eine Untersuchung des Ifo-Instituts für Wirtschaftsforschung[108]. Danach konnten im Jahre 1956 nur 50,5% der Einzelhandlungen und 57,7% der Großhandlungen ihren zusätzlichen Fremdkapitalbedarf durch Immobilien absichern. Diese Zahlen sind nicht so alt, um annehmen zu können, daß diese Lücke heute weitgehend beseitigt ist.

Zudem pflegen heute Umfang, Kompliziertheit und Kosten moderner Investitionen vielfach die für Mittelstandskredite herkömmlichen Höchstbeträge zu übersteigen, so daß auch eine früher ausreichende Sicherungskapazität heute den Anforderungen nicht mehr genügt. Ferner ist ein Teil der Sicherheiten regelmäßig vom kurzfristigen Umschlagskredit ausgeschöpft. Das Problem verschärft sich noch hinsichtlich der größeren mittelständischen Unternehmen, besonders der Industrieunternehmen. Einmal weist die Kreditorganisation gerade hinsichtlich jener langfristigen Kredite Lücken auf, während die Kreditmöglichkeiten für Handwerk und mittelständische Handelsunternehmen sowie für Großunternehmen systematischer ausgestaltet sind. So bemerkt Rittershausen: „Für die langfristige Fremdfinanzierung der kleineren und mittleren Industriewirtschaften fehlen in Deutschland weitgehend geeignete Institutionen[109]". Und an anderer Stelle: „Der bankmäßige Investitionskredit (für diese Unternehmen) war schon immer ein Stiefkind innerhalb der deutschen Kreditwirtschaft und nicht entfernt in der Lage, diese Lücken zu schließen[110]". Zum anderen sind diese Unternehmen, wenn sie sich im Wachstum befinden, gewöhnlich erst recht nicht in der Lage, die Sicherheitsbedingungen der Realkreditinstitute zu erfüllen. Diese Lücke in der Kreditversorgung der mittleren Unternehmen, bekannt unter der Bezeichnung „Macmillan-Gap"[111], zeigt sich nicht nur in Deutschland, sondern ist heute ein internationales Phänomen. Die in Deutschland um die Schließung des Macmillan-Gap bemühten Institute verzichten auch keinesfalls auf bankmäßige Sicherheiten. Wie bereits erwähnt, führt § 2 Abs. 3 der Satzungen der Industriekreditbank aus, daß Kredite in der Regel durch Grundpfandrechte oder andere nach kaufmännischen Grundsätzen ausreichende Sicherheiten gedeckt sein sollen. Diese nicht kategorisch formu-

106 Handwerkszählung 1956, Statistik der Bundesrepublik Deutschland, Bd. 203, Heft 5, Stuttgart 1958, S. 129

107 *Fischer, H. G.:* a. a. O., S. 50

108 Ifo-Institut für Wirtschaftsforschung, München, Der zusätzliche Kreditbedarf der mittelständischen Betriebe des westdeutschen Einzelhandels und Großhandels im Jahre 1956, Juni 1956, unveröffentlicht.

109 *Rittershausen, A.:* Methoden der industriellen Fremdfinanzierung, in: Moderne Investitionsfinanzierung, Essen 1959, S. 67

110 Ebenda, S. 77

111 Benannt nach dem Vorsitzenden des englischen Committee on Finance and Industry, das um 1930 eine Untersuchung dieser Probleme in England durchführte.

lierte Sicherungsforderung schließt also einen gewissen Spielraum nicht aus. Wenn es zwar auch nebenbei auf die Persönlichkeit des Unternehmers, die richtige Leitung und die Rentabilität ankommt, so bedeutet das aber nicht, daß auf eine ausreichende Sicherung bei langfristigen Investitionskrediten, wie sie hier vorwiegend in Rede stehen, überhaupt verzichtet werden kann. Ist die Beschaffenheit der dinglichen Unterlagen nicht ausreichend, so kann allenfalls für einen Teil des Kredites eine andere Sicherheit hereingenommen werden. Z. B. wäre es möglich, daß bei nicht ausreichender Sicherung durch ein Grundpfandrecht zusätzlich Maschinen übereignet werden, sofern nicht schon die Mithaft der Maschinen auf Grund der gesetzlichen Bestimmungen (als Zubehör) gegeben ist.

Auch eine Bürgschaft öffentlicher oder privater Stellen kann ersatzweise hereingenommen werden. In solchen Fällen spielt oft der Gedanke mit, daß „die zusätzliche Sicherung" von vorneherein nur für einen Teil der Kreditlaufzeit beansprucht und nach den ersten Jahrestilgungen aufgehoben wird. Ebenfalls bei Krediten der Kreditanstalt für Wiederaufbau werden die Unternehmer vor das Sicherungsproblem gestellt, da bei Eigenkrediten sich dieses Institut in der Geschäftspolitik von anderen Instituten nicht unterscheidet und bei Refinanzierungskrediten die Hausbanken das volle Obligo tragen und so ihre übliche Sicherungspolitik treiben.

Die Sicherungskapazität vieler kleiner und mittlerer Unternehmungen als Engpaßfaktor läßt sich nun keineswegs nur aus Bilanzen erkennen, da ebenfalls privater Grundbesitz zu Sicherungszwecken verwandt wird; mangelnde betriebliche Sicherheiten sind dagegen nur das Spiegelbild einer zu geringen Eigenkapitalbasis. Fehlende Eigenmittel machen bei Anlageinvestitionen langfristige Fremdmittel notwendig, die wiederum auf eine entsprechende Absicherung drängen, so daß sich der Unternehmer in einem Teufelskreis bewegt, aus dem er sich allein kaum befreien kann.

a_2 Der Einfluß der betrieblichen Organisation auf die Kreditsicherheit

Wenngleich auf die dinglichen und vor allem die immobilen Sicherheiten von seiten der Banken das Hauptaugenmerk gerichtet wird, so wird im Rahmen einer Kreditwürdigkeitsprüfung doch nicht die betriebliche Organisation unbeachtet gelassen, in der sich nicht zuletzt auch die unternehmerische Qualifikation des Betriebsinhabers ausdrückt. Die Banken bzw. ihre Organe haben zwar in der Regel weder die Zeit noch die psychoanalytischen Fähigkeiten, den Bruchstellen in der Persönlichkeitsstruktur ihrer Kreditnehmer nachzuspüren. Sicherlich wird ihre Kreditbereitschaft aber nicht verstärkt, wenn sie den Eindruck gewinnen, daß die sachgemäße Verwendung und Verwaltung des ihnen anvertrauten Geldes in Händen der Schuldner in Frage gestellt ist. Es sind nicht nur die Zweifel in die allgemeine Fähigkeit rationeller und zeitgemäßer Wirtschaftsführung, sondern speziell in das, was nach Sombart „einen wichtigen Bestandteil des kapitalistischen Geistes bildet, das, was ich schon früher die Rechenhaftigkeit genannt habe, worunter zu verstehen ist: die Neigung, die Gepflogenheit, aber auch die Fähigkeit, die Welt in Zahlen aufzulösen ... rechnen und sparen zu können".

Eine zahlenmäßige Analyse der Kreditfähigkeit ist auf die Daten des Rechnungswesens angewiesen und um so schwieriger, je unvollkommener dieses betriebliche Rechnungswesen ist. Mancher Betrieb mag kreditfähig sein, kann dies aber mangels ausreichender Unterlagen nicht nachweisen; andere legen bewußt keinen Wert auf ein geordnetes Rechnungswesen. So problematisch die Aussagefähigkeit dieser Zahlen häufig ist, selbst wenn man richtige Ermittlung und Auswertung annehmen darf, so stellen sie doch wichtigstes Anhaltsmaterial für die Beurteilung der Kreditfähigkeit dar, und ein geordnetes Rechnungswesen gilt erfahrungsgemäß als Visitenkarte einer Unternehmung; seine Mängel aber lassen vermuten, daß auch die sonstigen betrieblichen Funktionen Anlaß zur Kritik bieten. Über die Verbreitung ordnungsgemäßer Buchführung nach Handels- und Steuerrecht darf man einige Zweifel hegen, wenn man bei Schmölders liest: „Wahrscheinlich fast die Hälfte sämtlicher Gewerbetreibenden, die zur deutschen Einkommensteuer herangezogen werden, besitzt keine den Anforderungen der Finanzämter genügende Buchführung[112]." Wird man hier den steuerlichen Anforderungen im Rahmen einer Mindestbuchführung, und sei es in Form einer einfachen Einnahmen- und Ausgabenrechnung, noch nachzukommen wissen, schwerwiegender ist das verbreitete Unverständnis oder auch Unvermögen, sich die Steuerungs- und Kontrollfunktion von Zahlen betriebswirtschaftlich zunutze zu machen, der fehlende Sinn für das Denken in Zahlen und für eine sorgfältige Kalkulation.

Was Mellerowicz über Handelsbetriebe berichtet, trifft nicht weniger auf zahlreiche Betriebe anderer Sparten zu: „Bis vor wenigen Jahren fand man in den meisten Handelsbetrieben eine Buchhaltung, die lediglich als Gedächtnisstüze diente und für darüber hinausgehende Zwecke der Kontrolle und Disposition völlig ungeeignet war. Noch heute ist die Zahl der Betriebe, die sich des Systems der einfachen Buchhaltung bedienen, so groß, daß der von der Hauptgemeinschaft des Deutschen Einzelhandels ausgearbeitete Kontenplan eine besondere Regelung für Betriebe mit einfacher Buchhaltung vorsieht[113]."

Es sind im wesentlichen drei Gründe, welche diese Haltung erklären. Eine große Zahl der Betriebsleiter und Inhaber kleiner und mittlerer Firmen sieht ihre Aufgabe in der technisch-fachlichen Leistung, betrachtet dagegen die kaufmännische Seite nur als notwendiges Übel und glaubt, die Beschäftigung mit dem Rechnungswesen als subalterne oder lästige Arbeit vernachlässigen zu können. Man wird dies auf unzureichende Ausbildung und Aufklärung über die Aufgaben und Möglichkeiten quantitativer Analyse zurückführen können. Ein anderes Argument sind die mit der Einführung einer Betriebsabrechnung usw. verbundenen höheren Personalaufwendungen usw. Bei Betrieben, die mit guten Ergebnissen arbeiten, sind es drittens fiskalische Gründe, welche gegen die Einrichtung einer exakten betrieb-

[112] *Schmölders, G.:* Allgemeine Steuerlehre, Berlin 1958, S. 77
[113] *Mellerowicz, K.:* Kosten- und Kostenrechnung, II, Berlin 1958, S. 32

lichen Kostenrechnung sprechen, da man sich von der Finanzbehörde nicht in die Karten sehen lassen will.

Ein Sparkassenpraktiker äußert sich zu diesem Problem folgendermaßen: „Die Industrie disponiert und kalkuliert besser als das Handwerk. Wir haben die Wahrnehmung machen müssen, daß sehr viele Handwerker in dem Bestreben, Aufträge zu erhalten, oftmals elementarste kaufmännische Überlegungen außer acht lassen. Die Kalkulationen werden nicht richtig durchgeführt; Stundungen werden über das erträgliche Maß hinaus gewährt, und Angebote werden zu Preisen gemacht, die keinen oder keinen ausreichenden Gewinn lassen. Dadurch kommt es zu Rentabilitäts- und Liquiditätsschwierigkeiten. Beides trifft oft zusammen. Die durch schleppenden Zahlungseingang angespannte Liquidität wird oft durch eigene Entnahmen vergrößert, denen kein entsprechender Gewinn gegenübersteht. Hinzu kommt, daß in vielen Fällen keine geeignete Buchführung vorhanden ist, die es dem Handwerker ermöglicht, richtig zu kalkulieren und zu disponieren. Viele Betriebe leben von der Hand in den Mund. Wir müssen sehr oft am Wochenende feststellen, daß den Handwerksbetrieben die notwendigen Lohngelder nicht zur Verfügung stehen. Als Sicherheiten werden Forderungen abgetreten, die oftmals sehr zähe eingehen. Die Inanspruchnahme von Kredit führt wiederum zu einer verminderten Rentabilität, da die Kreditkosten in die Kalkulation nicht einbezogen sind[114]."

Aufschlußreich für die Verteilung und die Art der vorkommenden Fehler sind einige Angaben aus der Tätigkeit der Beratungsstellen, die im Juli 1959 nach dem Stand von Oktober 1958 bekannt wurden[115].

Zu diesem Zeitpunkt bestanden folgende Beratungsstellen:

Technische Beratungsstellen	44
Betriebswirtschaftliche Beratungsstellen	87
Landhandwerkliche Beratungsstellen	17
Export-Beratungsstellen	6
Formgebungs-Beratungsstellen	1
Landeshandwerkspfleger	5
Buchstellen	177
Kreditgarantiegemeinschaften	11

Deren Beratungsgebiete in % der Beratungsfälle (leider ohne Angabe von absoluten Zahlen) lassen sich wie folgt verteilen:

Finanzierung	29
Buchführung, Kalkulation	26
Recht	17
Steuern	5
Betriebsanalyse	4
Export	2
Sonstiges	17
Insgesamt	100

[114] Sparkasse 1956, S. 107

[115] Blätter für Genossenschaftswesen 1959/12

Die Fehler in % der Beratungsfälle ergeben folgendes Bild:

Kostenkontrolle	19
Liquidität	18
Buchführung	14
Überschuldung	11
Standort, Geschäftsräume	11
Außenstände	9
Investition	8
Warenlager	6
Sonstige Fehlerquellen	4
Insgesamt	100

Die Mehrzahl der Fälle betrifft demnach Mängel, die mittelbar oder unmittelbar auf den Zustand des Rechnungswesens und Versäumnisse, sich seiner zu bedienen, zurückzuführen sind.

Wenn sich der dispositive Faktor also im Minimumsbereich befindet und der wirtschaftspolitische Horizont des Unternehmers begrenzt ist, so ist doch das Problem darin zu sehen, daß viele Unternehmer einfach überfordert sind, die gesamte Enzyklopädie des rechtlichen, wirtschaftlichen und technischen Wissens zu beherrschen, also mit einer Funktionenhäufung überlastet sind, während die Geschäftsleitung großer Unternehmen auf bestimmte unternehmerische Funktionen spezialisiert ist. In diesem Bereich hat die Nachwuchsförderung, der Betriebsberatungsdienst und vor allem die zwischenbetriebliche Kooperation noch ein weites Aufgabengebiet.

Die gegenwärtige Situation jedoch veranlaßt die Kreditinstitute nur zu einem verstärkten Sicherheitsstreben gegenüber derart strukturierten Unternehmen. Diese Verhaltensweise wird noch durch die Einstellung gefördert, daß Großunternehmen institutsähnlichen Charakter gewinnen und auf Grund ihrer volkswirtschaftlichen Bedeutung eine latente Staatsgarantie genießen, während der für Beschäftigung und Volkseinkommen unbedeutendere Klein- und Mittelbetrieb nie diese Vorzugsstellung genießt, so daß über eine zunehmende Tendenz zur „Sozialisierung der Risiken und Verluste" (F. K. Mann) die Hypothese aufgestellt werden kann, daß die Banken mit zunehmender Unternehmensgröße auf eine dingliche Sicherstellung verzichten.

Schließlich sei hier nicht vergessen, daß dem negativen Einfluß der betrieblichen Organisation auf den Kreditvertrag die Bürokratisierung der großen Kreditinstitutsorganisationen gegenübersteht, die bei zunehmender Generalisierung der Kreditanträge die fallweise Entscheidung dem eigenverantwortlichen Filialleiter abnimmt, obwohl er der einzige wäre, den Kreditantrag richtig zu würdigen.

a_3 Der Einfluß der rechtlichen Verhältnisse auf die Kreditsicherheit

In das Sicherungskalkül der Banken werden ebenfalls die rechtlichen Verhältnisse einbezogen, vor allem, da sich aus der Eigenart kleiner und mittlerer Unternehmungen Besonderheiten ergeben. Bei dem vorherrschenden Typ der Einzelfirma und Personalgesellschaft ist dies einmal die Frage der Erbfolge, die angesichts der hohen Anforderungen an die unternehmerischen Qualitäten besonders zu berücksichtigen sind. Dem begreiflichen Bestreben, den Betrieb als Familienunternehmung zu erhalten und den Nachwuchs in der Geschäftsleitung aus der eigenen Familie zu nehmen, ist die Kapitalgesellschaft in der freien Wahl ihrer Führungskräfte rein nach dem Gesichtspunkt der Befähigung überlegen.

Das charakteristische, wirtschafts- und gesellschaftspolitisch erwünschte Merkmal mittelständischer Unternehmungen, ihre Personalität, bedroht so gleichzeitig ihren Fortbestand und das Vertrauen in ihre Kontinuität. Nicht einmal die unbedingte Haftung von Person und Vermögen vermag das Vorurteil zu erschüttern, Kapitalgesellschaften seien wegen ihres größeren Bestandschutzes gemeinhin kreditwürdiger als Personalgesellschaften. Denn es gibt zwar für die Erbschaftsteuer, aber nicht gegen ein Versagen der Erben und Nachfolger Versicherungsschutz.

Doch ist noch ein zweites Problem, das seit jüngster Zeit die Kreditwürdigkeit kleiner und mittlerer Unternehmen weiterhin einengt. Es sind dies die sich aus der Neuregelung des ehelichen Güterrechts ergebenden Vermögensansprüche, die gerade mittelständische Unternehmungen besonders treffen, weil in Handel, Handwerk und Gewerbe oft geschäftliches und privates Vermögen ineinander übergehen oder aber, wenn auch zu trennen, wie bei Personalgesellschaften, das Geschäftsvermögen doch das wesentliche Privatvermögen repräsentiert. In der Regel wird es der Ehemann sein, der den Zugewinn erarbeitet, während die, wenn nicht gleichzeitig tätige, Ehefrau nur mittelbar durch umsichtige Haushaltsführung zur Vermögensansammlung beiträgt. Der sofort auszahlbare Zugewinnausgleichsanspruch bei der Ehescheidung oder dem Tod des Unternehmers wird kurzfristig dem Betrieb einen erheblichen Teil des Kapitals entziehen, bedroht also nicht nur die Liquidität, sondern gleich die Substanz des Unternehmens.

Nicht anders ist es bei Personalgesellschaften. Hier verfügt das gesellschaftsrechtlich organisierte Unternehmen über eine gewisse rechtliche und wirtschaftliche Selbständigkeit, ist aber mit dem Privatvermögen seiner Gesellschafter noch eng verknüpft und gerade im Mittelstand vielfach identisch. Die rein privaten güterrechtlichen Beziehungen eines Gesellschafters zu seiner Ehefrau berühren deshalb im Falle des Zugewinnausgleichs auch die seiner Mitgesellschafter, was bei einer Zwangsvollstreckung in den Gesellschaftsanteil bis zur Auflösung der Gesellschaft führen kann, es sei denn, das Privatvermögen des Betroffenen reicht zur Befriedigung des Anspruchs aus. Dies dürfte bei kleinen und mittleren Unternehmungen seltener der Fall sein.

Wollen die Mitgesellschafter aber den ausgleichspflichtigen Gesellschafter der Unternehmung erhalten, weil seine Person, seine Kenntnisse, Erfahrungen und Beziehungen ihnen unentbehrlich sind, so sind sie gezwungen, ihn zu Lasten von Liquidität und Kapitalbasis aus Mitteln der Gesellschaft zu unterstützen. Ferner droht bei der neuen Regelung die Gefahr, daß ein Gesellschaftsvertrag unwirksam ist, wenn der Gesellschafter sich darin ohne Zustimmung seiner Ehefrau verpflichtet, Vermögenswerte in die Gesellschaft einzubringen, die praktisch sein ganzes Vermögen darstellen[116].

Es gibt zwar Möglichkeiten, diese Folgen vertraglich auszuschließen, so z. B. durch Gütertrennung. Doch „eine OHG, deren Gesellschafter in Gütertrennung leben, und die nach Vermögensüberschreibung auf den dem Gesellschafterkreis nicht angehörenden Ehegatten außer ihrer Kapitaleinlage kein nennenswertes Vermögen besitzen, hat praktisch ihr Wesensmerkmal verloren; es fehlt das besonders für die Beurteilung der Kreditwürdigkeit wichtige Garantiekapital, also das rein private Vermögen der Gesellschafter, aus dem sich die Gesellschaftsgläubiger noch befriedigen können[117]."

Daher ist es üblich geworden, daß der Unternehmer neben dem Nachweis seiner eigenen Bonität auch die selbstschuldnerische Bürgschaft seiner Ehefrau als Voraussetzung einer Kreditgewährung nachweisen muß.

b) Die Kreditkosten

b_1 Die Unterschiede der Kreditkosten

Wird die bankmäßige Absicherung oft zum Angelpunkt der Kreditgewährung, so stellen die Zinsen die Unternehmer vor eine echte kalkulatorische Entscheidung, die je nach der Höhe des Zinses und der zu erwartenden Gewinne verschieden leicht zu fällen sein wird.

Gerade hinsichtlich der Zinshöhe und der sonstigen mit einem Kredit verbundenen Kosten wird immer wieder auf Unterschiede zwischen Großunternehmen und Klein- und Mittelunternehmen hingewiesen, die zuungunsten der letzten bestünden. Die Diskussion dieses Problems wird von den Kreditinstituten zumeist mit der Feststellung eingeleitet, daß übertriebene Zinsforderungen nicht möglich sind, da die aufsichtsbehördlich festgesetzten Höchstsätze nicht überschritten werden dürfen. Diese Regelung schließt nun keineswegs aus, daß die Differenzierung nach unten sehr wohl möglich ist, und zwar je stärker die Position des Kreditnehmers ist. Großkunden weisen z. B. bei Kreditverhandlungen darauf hin, daß sie ihren gesamten Umsatz von der Bank abziehen, wenn sie keine Zugeständnisse bei der Zinsfixierung erhalten, und selbst wenn sich die Bank den Zins nicht herunterhandeln läßt, bleibt ihr immer noch die Möglichkeit, bei den sonstigen Kreditkosten entgegenzukommen, so daß aus einem rein formalen Vergleich von Zinssätzen für Groß- und Kleinkunden nicht auf effektive Kreditkostenunterschiede geschlossen werden kann. Natürlich sind auch hier wie in der sonstigen Wirtschaft Sonderfaktoren bei der Preisbildung zu berücksichtigen, die einerseits in unterschiedlicher Bonität bzw. unterschiedlichen Risiken, andererseits im unterschiedlichen Arbeitsaufwand liegen.

[116] Gleichberechtigungsgesetz und mittelständischer Unternehmer, Blätter für Genossenschaftswesen, 1959/3

[117] *Rößle, K.:* Allgemeine Betriebswirtschaftslehre, Stuttgart 1956, S. 80

Es ist kalkulatorisch sehr begreiflich, daß vom Standpunkt eines traditionellen Geschäftsbetriebes der Kreditinstitute der Kleinkredit teurer sein muß als der Großkredit; denn es liegt auf der Hand, daß es viel einfacher und billiger ist, einen 1-Millionen-Kredit zu verwalten als zwanzig kleine Kredite, und auch einen 10-Millionen-Kredit zu verwalten als zehn 1-Millionen-Kredite.

Es ist also keineswegs so, daß bonitätsmäßig gleichwertige Kreditnehmer unabhängig von der Kredithöhe gleich behandelt werden; die Unterschiede können beim kurzfristigen Kredit teilweise über 1% liegen[118], wozu sonstige Vergünstigungen bei den anderen Dienstleistungsentgelten noch hinzutreten können. Das Aushandeln von Mengenrabatten bewegt sich beim langfristigen Kredit in engeren Grenzen, da dessen Zinssatz gegenüber dem für kurzfristige Kredite vielfach günstiger ist. Dieser zinstheoretische Widerspruch löst sich für die Banken aus deren Sicherheitsdenken. In der Regel wird der langfristige Kredit durch erststellige Grundsicherheiten abgedeckt, der kurzfristige dagegen nicht, so daß sich die Zinsdifferenz aus dem unterschiedlichen Kreditrisiko erklärt.

Wenn also die Kreditkosten für Groß-, Mittel- und Kleinunternehmen nicht einheitlich sind, so darf nicht daraus geschlossen werden, daß die Bedingungen für die Nicht-Groß-Kunden einheitlich wären, wenngleich die Unterschiede innerhalb dieser Gruppe geringer sein werden. Vergegenwärtigt man sich noch einmal die eingangs getroffene Trennung der Kreditnehmerbereiche, so wird von daher deutlich, daß gleiche Kreditbedingungen auch nicht bei isolierter Betrachtung der mittleren und kleinen Kreditnehmer bestehen können. Der Vorteil, den emissionsfähige Großunternehmen durch den direkten Zugang zum Kapitalmarkt haben, wird leicht überschätzt. Ein Vergleich der Nonimalverzinsungen ist unvollständig, da die Emission von Obligationen einen nicht unbeträchtlichen Aufwand für die Emissionsdurchführung, die Wertpapiersteuer, den Kupondienst und die Kurspflege verursacht. Eine Differenz von 1% p.a. läßt sich jedoch auch hier errechnen.

b_2 Die wettbewerbspolitische Bedeutung der Kreditkostenunterschiede

Die Unterschiede in den Kreditkosten liegen kurz gesagt darin: Große Kredite sind billiger als kleine Kredite, gut gesicherte Kredite sind billiger als schlecht gesicherte Kredite. Dieser bankpolitische Grundsatz ist aber völlig unbrauchbar für eine volkswirtschaftliche Beurteilung von kleinen und mittleren Kreditgrößen. Klammert man das Sicherheitenproblem hier aus, so besteht keinerlei Gewißheit darüber, daß ein 10-Millionen-Kredit oder 1-Millionen-Kredit zu einer gleichen oder größeren Sozialproduktsteigerung führt als zehn 1-Millionen- oder zehn 100 000-Kredite. Diese Frage läßt sich auch allgemeingültig gar nicht beantworten. Wettbewerbstheoretisch überläßt man diese Frage dem Preismechanismus, der immer dahin wirkt, daß mit geringsten Kosten produziert wird. Die Bank produziert c. p. mit ständig geringeren Kosten, wenn die Größe der Kredite zu-

[118] Sparkasse 1963, S. 102

nimmt; kleinere Kredite muß sie also verteuern, weil bei diesen die Kosten steigen. Dies ist ein Grundtatbestand, den nur der nicht anerkennen kann, der Umfang und Zusammensetzung des Sozialprodukts nicht von den Kosten bestimmt sehen will.

Kreditkostendifferenzen auf Grund unterschiedlicher ökonomischer Machtpositionen von Groß- und Kleinkunden sind dagegen anders zu beurteilen. Sie sind Ausdruck des tatsächlichen unvollkommenen Wettbewerbs und kein Indiz für eine Kostenüberlegenheit. Hier mit geeigneten Maßnahmen einzugreifen, wäre die Aufgabe unserer Wettbewerbspolitik, die exakt zu lösen ihr aber wohl kaum gelingen kann, da eine zahlenmäßige Aufteilung der Kostenunterschiede auf mehrere Ursachen recht problematisch ist.

Es ist nicht ausgeschlossen, daß die Mengenrabatte bei Großkrediten sich in irgendeiner Form, nur mit umgekehrtem Vorzeichen, bei den Kreditkosten von Kleinkrediten wiederfinden, die Banken also eine Art Mischkalkulation betreiben und die schwache Position des kleinen Unternehmers ausnutzen, der zudem die Kreditkosten gläubig wie amtliche Gebühren ansieht.

Dagegen erscheint es nicht gerechtfertigt, den wirklichen Kostenvorteil des Großkredits wettbewerbstheoretisch zu attackieren mit dem Hinweis darauf, die Kleinbetriebe hätten die Last eines unvollkommenen Wettbewerbs zu tragen, während die Großbetriebe den Nutzen aus ihm zögen, da sie die Kinder eben dieses unvollkommenen Wettbewerbs seien. Das von der klassischen Nationalökonomie entwickelte „Gebilde der vollständigen Konkurrenz" ist leider nur ein Modell, ein unrealisierbares Abstraktum, so daß den Großunternehmen nicht der Makel angeheftet werden darf, die mit ihrer Existenz verbundene Nachfrage nach Großkrediten sei in ihrem Kostenvorsprung unberechtigt, weil sich eben diese Großunternehmen nicht nach dem Modell verhielten.

Welche praktischen Wettbewerbsaspekte besitzt nun der Kreditkostenunterschied, der sich im schlimmsten Fall aus Risikoprämie, Verwaltungsgebühren und einem möglichen „Mischkalkulationsanteil" zusammensetzt?

Der erste Aspekt ergibt sich aus der vertikalen Konkurrenz von Unternehmen verschiedener Größe; diesem Wettbewerb sind vor allem die Zulieferanten großer Unternehmen unterworfen, indem sie ständig mit einer latenten Abteilung ihrer Abnehmer konkurrieren, die ihre eigene Funktion besser ausführen könnte. Die technische Entwicklung zwingt den Zulieferanten, sich zu spezialisieren, wozu er langfristige Investitionskredite benötigt. Erhält er diese nicht wegen fehlender bankmäßiger Sicherheiten, wird er seine Aufträge verlieren. Bekommt er den Kredit, so aber nur zu teureren Bedingungen als ihn sein Großabnehmer erhalten hätte. Da in der Zuliefererwirtschaft der Großabnehmer die Preise seinem Lieferanten genau vorkalkuliert, wird dieser nicht in der Lage sein, den Kreditkostennachteil weiterzugeben; er wird ihn vielmehr zu Lasten seines Gewinnes und damit zu Lasten seiner Eigenkapitalbildung tragen müssen.

Der Kreditkostenunterschied führt bei horizontaler Konkurrenz und Preisführerschaft des Großen entweder zu einer Differentialrente bei diesem oder zu einer Gewinnkürzung bei dem Zulieferanten. Produziert der kleine und mittlere Unternehmer nicht auf einer vorgelagerten Stufe, sondern unmittelbar für den Konsumenten, besteht seine Chance darin, sich durch eine bei seiner vergleichsweise höheren Arbeitsintensität eher mögliche Produktdifferenzierung Präferenzen zu verschaffen, um dem Wettbewerb mit Großanbietern zu entgehen.

Die wirkliche Konkurrenzsituation der sogenannten mittelständischen Unternehmung ist natürlich viel komplexer[119], als daß sie mit der Kreditbeschaffung hinreichend aufgezeigt worden wäre. Diese stellt aber einen so wesentlichen Wettbewerbsfaktor dar, daß eine isolierte Betrachtung durchaus gerechtfertigt war, ohne in den Fehler zu verfallen, eine monokausale Erklärung geben zu wollen.

b_3 Die Transparenz der Kreditkosten

Die Transparenz der Kreditkosten ist zu einem guten Teil eine Frage des ökonomischen Horizontes des kreditsuchenden Unternehmers, der sich weder die Konkurrenz der Kreditinstitute um den Kreditnehmer zunutze macht noch vergleichende Rechnungen unterschiedlicher Kreditfinanzierungen durchführt. Dabei lassen sich natürlich nicht die Kosten eines kurzfristigen Kredites mit denen eines langfristigen vergleichen, da es sich um heterogene Güter handelt. Vor allem die Kosten des Kontokorrentkredits mit der getrennten Berechnung von Zinssatz, Kreditprovision bzw. Überziehungsprovision und Umsatzprovision bzw. pauschalierter Kontoführungsgebühr verwirren manchen kleinen und mittleren Kreditnehmer. Hier mit dem „Nettozinssatz“, der alle Kosten zusammenfaßt, zur Transparenz beizutragen, erscheint nicht möglich, da die für den kurzfristigen Kredit typische wechselnde Inanspruchnahme eine getrennte Berechnung von Zins und Kreditprovision notwendig macht. Die Kreditprovision läßt sich zwar an Hand des Kreditlimits vorausberechnen, dagegen nicht die Zinsbelastung, die sich erst aus der ex post festzustellenden durchschnittlichen Kreditinanspruchnahme ergibt. Diesen Durchschnittsbetrag zu eskomptieren, ist sehr gewagt. Aufgabe der Kreditinstitute bleibt es, den an die Bankkreditfinanzierung nicht gewöhnten Betriebsinhaber ausreichend aufzuklären und vielleicht mit Vergleichsrechnungen die Kosten vorstellbar zu machen.

Aber auch die Übersicht über die Kosten des langfristigen Kredites ist für die Länge der Laufzeit dann nicht ganz gesichert, wenn die Finanzierung aus Spareinlagen erfolgt, deren Zinssätze an den Diskontzinssatz und die jeweilige Situation am Geld- und Kapitalmarkt angepaßt werden. In diesem Falle ist ein fester Darlehnszinssatz nicht möglich. Um aber dem Bedürfnis nach Kostenübersichtlichkeit und vereinfachter Kalkulation entgegenzukommen, hat man in letzter Zeit vielfach das Annuitätenverfahren angewandt. Hierbei sind jährlich gleiche hohe Leistungsraten zu entrichten, die aus im Zeitablauf sinkenden Zinszahlungen und steigenden Tilgungen bestehen. Eine während der Kreditlaufzeit notwendige Zinserhöhung führt zu einer Tilgungsstreckung, eine Zinsermäßigung zu einer Tilgungskürzung.

119 Vgl. hierzu: Die Konkurrenzsituation mittelständischer Unternehmungen, a. a. O.

Beispiel:	
Darlehnsbetrag:	30 000 DM
Annuität: 12%	
(7% Zinsen + 5% Tilgung)	3 600 DM
monatliche Rate	
(Zinsen und Tilgung)	300 DM
Laufzeit etwa 13 Jahre	

Eine Zinserhöhung von z.B. 1% führt zu einer Laufzeitverlängerung von 3/4 Jahren; eine Senkung um 1% verkürzt die Laufzeit um knapp acht Monate. In beiden Fällen bleibt die monatliche Rate gleich hoch.

Für einen bescheiden kalkulierenden Unternehmer erscheint diese Regelung sehr praktikabel, vom betriebswirtschaftlichen Standpunkt aus melden sich aber Bedenken an für den Fall der Laufzeitverlängerung. Bei der Bemessung der Darlehnslaufzeit ist von der wirtschaftlichen und technischen Nutzungsdauer des Anlagegutes auszugehen, wobei die Abschreibungsmethoden und das Fortschrittsrisiko zu beobachten sind. Hiermit soll eine im Reinvestitionszeitpunkt ungedeckte Restschuld vermieden werden, die auf lange Sicht eine wachsende Verschuldung nach sich ziehen würde. Auf diese Weise käme die ursprüngliche Kalkulationshilfe als Bumerang zurück. Halten sich derart entstandene Divergenzen dagegen in engen Grenzen, dürfte das Annuitätenverfahren unbedenklich sein.

3. Das Hemmnis der bestehenden Kapitalanlagevorschriften

Für den mittelständischen Kreditnehmer entscheidet sich die Frage, ob seinem Kreditbedarf genüge getan wird, vornehmlich nach den Erfordernissen, die von seiten des Kreditgebers an die von ihm zur Verfügung zu stellenden Sicherheiten gestellt werden. Kann er diese Erfordernisse, die sich bei den für ihn gewöhnlich in Frage kommenden Kreditgebern grundsätzlich in einer Anwendung einseitiger Vorstellungen des Begriffs Sicherheit bei der Kapitalanlage erschöpfen, nicht oder nur unvollständig erfüllen, so verliert er entweder jeglichen Anspruch auf einen Kredit, oder die nach den Vorstellungen des Kreditgebers ungenügenden Sicherheitsvorkehrungen wirken sich verschlechternd auf die anderen Kreditkonditionen aus, sei es als Laufzeitverkürzung oder Erhöhung des Zinssatzes.

Aber nicht nur die einseitigen Sicherheitsvorstellungen der heute für den mittelständischen Kreditnehmer hauptsächlich relevanten Kreditinstitute – sei es, daß es ihnen auf Grund gesetzlicher Bestimmungen nicht möglich ist, alle Faktoren, die die Sicherheit einer Kapitalanlage ausmachen, zu berücksichtigen, oder daß sie nicht gewillt sind, diese Faktoren zu beachten – führen zu einer chronischen Vernachlässigung von nichtemissionsfähigen Unternehmen mit längerfristigen Investitionsmitteln, sondern es werden auch die Mittel der Institutionen, die heute als größte Sammelbecken für langfristiges Kapital angesehen werden, auf Grund einseitiger

Sicherheitsvorschriften an den mittelständischen Bereichen vorbei anderen Verwendungszwecken zugeführt.

Die Bedeutung und Notwendigkeit einer Reform dieser Vorschriften wird deutlich, wenn man sich vergewissert, welche Kapitalsammelstellen ihnen unterliegen. Bei den Kapitalanlagevorschriften handelt es sich um Gesetzesnormen, die nicht in einem einheitlichen Gesetz zusammengefaßt sind, sie treten vielmehr als Teil zahlreicher Anordnungen und Verordnungen verstreut über viele Bereiche auf. Ihr Ursprung liegt in dem Mündelsicherheitsbegriff des BGB, das ihn seinerseits aus dem römischen Recht übernommen hat[120].

a) Die Kapitalanlagevorschriften für den Bankensektor

Von den für den gewerblichen Mittelstand relevanten Kreditinstituten lassen sich besonders bei den öffentlich-rechtlichen Sparkassen bis ins einzelne gehende, strenge und relativ starre Anlagevorschriften finden. Neben den für alle Kreditinstitute geltenden Vorschriften des Kreditwesengesetzes unterliegen die Sparkassen einem besonderen Sparkassenrecht, das auf Länderebene geregelt ist. Im Laufe der letzten Jahre sind in den einzelnen Ländern der Bundesrepublik neue Sparkassengesetze in Kraft getreten[121].

In den neuen Gesetzen sind die alten Rechtsgrundsätze weitgehend beibehalten worden. Der Aufbau und die Tätigkeit der Sparkassen sind nach einem Rahmengesetz und einer Mustersatzung in einer für jede Sparkasse erforderlichen Satzung geordnet. Die Mustersatzung bestimmt in erschöpfender Weise die Anlageformen, die der Sparkasse für ihre Mittelverwendung zur Verfügung stehen. Neben den Mustersatzungen sind für die Anlagepolitik der Sparkassen noch die von der obersten Aufsichtsbehörde (Wirtschaftsministerium) erlassenen Beleihungsgrundsätze von Bedeutung. Sie bilden eine wesentliche Ergänzung zu den Anlagevorschriften der Sparkassensatzungen. Als weiterer Bestandteil der Anlagevorschriften sind die Bestimmungen über die Größenordnungen der den Sparkassen möglichen einzelnen Anlagen zu erwähnen. Die Kapitalanlagevorschriften für die öffentlich-rechtlichen Sparkassen setzen sich also aus drei Faktoren zusammen: den Mustersatzungen, den Beleihungsgrundsätzen und den Bestimmungen über die absoluten und relativen Größenordnungen der einzelnen ihnen möglichen Anlageformen. Auf Grund des § 19 der neuen Mustersatzung dürfen die Sparkassen ihre Mittel anlegen:

1. in Realkrediten,
2. in Personalkrediten,
3. in Krediten an Gemeinden, Gemeindeverbände und andere Körperschaften und Anstalten des öffentlichen Rechts,

[120] *Rittershausen, H.:* Die Reform der Mündelsicherheitsbestimmungen und der industrielle Anlagekredit, zugleich ein Beitrag zum Erwerbslosenproblem, Jena 1929, S. 26 f.

[121] Das neue Gesetz über die Sparkassen sowie über die Girozentralen und Sparkassen- und Giroverbände (Sparkassengesetz) in Nordrhein-Westfalen ist am 1. April 1958 in Kraft getreten.

4. in Wertpapieren,
5. bei Kreditinstituten,
6. in Schatzwechseln und Privatdiskonten,
7. in Grundstücken,
8. in Beteiligungen.

Als Beteiligungen kommen nur Anlagen bei gemeinnützigen Wohnungsbauunternehmen und eigenen Institutionen wie Girozentralen und Sparkassen und Giroverband in Betracht. Bei der Anlage in Grundstücken handelt es sich um Wohngrundstücke und eigene Verwaltungsgebäude. Die Anlage von Geldern bei Kreditinstituten beschränkt sich in der Regel auf öffentlich-rechtliche Kreditinstitute. Der Erwerb von Wertpapieren ist auf mündelsichere Papiere beschränkt. Aktien, Industrieobligationen, Schuldverschreibungen scheiden als nicht mündelsichere Papiere aus.

Die Realkredite sind langfristige Kredite, die praktisch nur solchen Kreditnehmern gewährt werden, die als Sicherheiten Grundpfandrechte bieten können. Bei der Gewährung von Realkrediten gelten für die Sparkassen neben den allgemeinrechtlichen Bestimmungen die Sondervorschriften des § 20 Mustersatzung. Danach können Realkredite gegen Bestellung von Hypotheken oder Grundschulden an Grundstücken, die im Gebiet des Gewährträgers der Sparkassen liegen, nur nach Maßgabe der von der obersten Aufsichtsbehörde erlassenen Beleihungsgrundsätze gewährt werden. Diese Beleihungsgrundsätze führen durch unterschiedliche Bewertungspraktiken zu einer Bevorzugung der mündelsicheren Werte. Die Beleihungsgrenze nimmt nach dem Grad der Mündelsicherheit des Beleihungsobjektes ab. Letzten Endes bewegt sie sich bei ausschließlich gewerblich genutzten Grundstücken innerhalb des ersten Drittels des Beleihungswertes und ist dann noch zusätzlich an einen Höchstbetrag gebunden. Sie darf 30 000 DM nicht übersteigen. Ähnliche Vorschriften über absolute Höchstgrenzen finden sich nur noch bei den Personalkrediten. „Die Festsetzung absoluter Höchstgrenzen für sämtliche Kreditarten würde im Zusammenhang mit dem Anlagekatalog und den Beleihungsvorschriften einen zu starren Komplex abgeben, bei dem eine Rücksichtnahme auf die besonderen Eigenarten der einzelnen Institute und ihren Kundenkreis unmöglich wäre[122]."

Erwähnung verdienen noch die Höchstgrenzen, die den Anteil der einzelnen Anlagemöglichkeiten an den zur Anlage zur Verfügung stehenden Mitteln festsetzen. So dürfen nicht mehr als 50% der Spareinlagen als grundpfandrechtlich abgesicherte Darlehen herausgelegt werden. 10% der Spareinlagen und 20% der sonstigen Einlagen sind als Liquiditätsreserven zu halten.

Auf Grund des Hypothekenbankgesetzes ist den Hypothekenbanken eine Beleihung gewerblicher Grundstücke kaum möglich. § 12 Hypothekenbankgesetz bestimmt: „. . . Hypotheken an Grundstücken, die einen dauernden Ertrag nicht

[122] *Heubaum, W.:* Die Kapitalanlagevorschriften und ihre Auswirkungen auf den Kapitalmarkt, Diss. Köln 1959, S. 71

gewähren, sind von der Verwendung zur Deckung von Hypothekenpfandbriefen" ausgeschlossen. Durch diese Bestimmung ist eine Beleihung gewerblicher Grundstücke nicht möglich oder durch Bewertungsmaßstäbe so sehr eingeschränkt, daß diese auf den Kreditsuchenden wie eine hohe Barriere wirken.

b) Die Kapitalanlagevorschriften für die Versicherungen

Die private Versicherungswirtschaft unterliegt hinsichtlich ihrer gesamten Geschäftspolitik, Prämienfestsetzung, Deckungsrücklagen und deren Anlage einer besonderen Fachaufsicht, die durch das Bundesaufsichtsamt für Versicherungs- und Bausparwesen ausgeübt wird. Was die Kapitalanlage betrifft, so knüpfen die weitgehend seit der Reform von 1931 unverändert gebliebenen Bestimmungen an das Vorhandensein eines Deckungsstocks an. Alle Unternehmen, die zur Haltung eines Deckungsstockes verpflichtet sind, müssen diesen den Anlagevorschriften des VAG[123] unterwerfen. Das Versicherungsaufsichtsgesetz stellt darauf ab, ob die Versicherung eine Deckungsrückstellung erfordert; als deren Gegenwert ist ein Deckungsstock zu bilden (§ 66 VAG). „Die Deckungsrückstellung ist die gegenwärtige Schuld des Versicherungsunternehmens gegenüber der Gesamtheit bzw. einem bestimmten Teil seiner Versicherungsnehmer aus abgeschlossenen Lebensversicherungen oder aus Rentenansprüchen in der Schadensversicherung[124]." Die Deckungsrückstellung kann sowohl eine Prämienreserve[125] als auch eine Rentenreserve[126] sein.

Heubaum[127] teilt die nach dem VAG möglichen Anlagenwerte des Deckungsstocks in vier von Prölß[128] unterschiedene Gruppen ein: „In Gruppe I stellt er solche Werte, die ... ohne Zustimmung der Aufsichtsbehörde im Einzelfall und ohne jede Einschränkung oder im Rahmen allgemeiner Anordnungen oder nach § 69 VAG zulässig sind."

„Die Gruppe II umfaßt die Werte ... bei denen im Einzelfall die Zustimmung der Aufsichtsbehörde erforderlich ist; bei Gruppe III hat die Aufsichtsbehörde eine Genehmigung in Aussicht gestellt, wenn gewisse Bedingungen erfüllt sind bzw. es sind generelle Genehmigungen erteilt, während unter Gruppe IV solche Anlagenwerte fallen, die ausdrücklich nicht zugelassen sind.

[123] Gesetz über die Beaufsichtigung der privaten Versicherungsunternehmen und Bausparkassen (in der Fassung des Gesetzes zur Änderung des Gesetzes über die privaten Versicherungsunternehmen vom 30. März 1931 – RGBl I 102) vom 6. Juni 1931 (RGBl I 315)

[124] *Heubaum, W.:* a. a. O., S. 28

[125] Bei der Prämienreserve der Lebensversicherung handelt es sich versicherungsmathematisch um den Unterschiedsbetrag zwischen den Barwerten aller zukünftigen Leistungen und den Barwerten der zukünftig eingehenden Nettobeiträge. Vgl. *Prölß, E.:* Versicherungsaufsichtsgesetz, 2. Aufl., München–Berlin 1957; zit. b. *Heubaum, W.:* a. a. O., S. 28

[126] Barwert aller zukünftigen Rentenleistungen

[127] *Heubaum, W.:* a. a. O., S. 31

[128] *Prölß, E.:* Versicherungsaufsichtsgesetz, a. a. O., S. 415

Unter die einzelnen Gruppen fallen:

Gruppe I (ohne Zustimmung der Aufsichtsbehörde möglich):

a) Aktien, soweit sie nach § 1807 Nr. 4 BGB von der Bundesregierung mit Zustimmung des Bundesrates zur Anlegung von Mündelgeld für geeignet erklärt worden sind[129]
b) Ausgleichsforderungen kraft ihrer Konstruktion nach § 24 Umstellungsgesetz und § 11 der 23. Durchführungsverordnung zum Umstellungsgesetz
c) Sparkassenguthaben sowie Bankguthaben bei den im § 1808 BGB genannten Kreditinstituten
d) Deckungsforderungen nach § 19 Altsparergesetz
e) Forderungen gegen den Bund bzw. ein Land als verbriefte Forderungen oder Schuldbuchforderungen
f) Forderungen gegen inländische kommunale Körperschaften oder die Kreditanstalt einer solchen Körperschaft, wenn sie verbrieft und für mündelsicher erklärt sind
g) Forderungen gegen inländische Körperschaften des öffentlichen Rechts sowie gegen Schul- und Kirchengemeinden, wenn sie verbrieft und vom Gläubiger kündbar oder regelmäßig zu tilgen sind
h) Forderungen jeder Art, wenn sie verbrieft sind und der Bund oder ein Land die Verzinsung gewähren
i) Erststellige Hypotheken unter Beachtung besonderer Beleihungsrichtlinien
j) Industriedarlehen, soweit ihre Verzinsung vom Bund oder einem Land garantiert ist
k) Kommunalobligationen von Hypothekenbanken und öffentlich-rechtlichen Kredit anstalten
l) Schuldverschreibungen der deutschen Rentenbank-Kreditanstalt und deren Funktionsnachfolger, der Landwirtschaftlichen Rentenbank
m) Schiffshypotheken im Rahmen des Gesetzes vom 8. 4. 1943 (RGBl 241) und Schiffspfandbriefe nach der Verordnung vom 18. 3. 1941 (RGBl S. 156)
n) Vorauszahlungen auf eigene Versicherungsscheine.

Gruppe II (im Einzelfall Zustimmung der Aufsichtsbehörde erforderlich):

a) Grundstücke
b) Guthaben bei privaten Sparkassen
c) Zertifikate von Investmentgesellschaften
d) Guthaben bei einer Privatbank oder bei genossenschaftlichen Zentralkassen.

Gruppe III (die Aufsichtsbehörde hat eine Genehmigung unter bestimmten Voraussetzungen in Aussicht gestellt):

a) Aktien
b) Industriedarlehen.

Gruppe IV (nicht zugelassene Werte):

Darlehen und Forderungen, die nicht unter die Gruppe I bis III fallen, sowie Anteile an einer Industrie-GmbH, nicht voll eingezahlte Versicherungsaktien, Darlehensforde-

[129] Industriewerte fallen nicht darunter

rungen an Beamte, für die als Sicherheit eine Gehaltsabtretung gegeben war, Darlehen an eine privatrechtliche Körperschaft, obgleich eine öffentlich-rechtliche Körperschaft die Ausfallbürgschaft für die zur Sicherung des Darlehens gestellte Sicherungshypothek übernommen hatte."

Diese nach den Bestimmungen des Versicherungsaufsichtsgesetzes (§§ 68, 69 VAG) möglichen Anlagen des Deckungsstocks blieben grundsätzlich seit der Reform von 1931 unverändert; sie wurden im Laufe der Zeit durch von der Aufsichtsbehörde geforderte entsprechende Satzungsbestimmungen auf das „freie Vermögen", das nicht zur Bedeckung der Deckungsrückstellung erforderlich ist, ausgedehnt, so daß letzten Endes nur 15% des freien Vermögens einer ungehinderten Kapitalanlage zugeführt werden konnten. Da diese Ausdehnung der gesetzlichen Anlagevorschriften über die Satzungen der Versicherungsunternehmen jeder gesetzlichen Grundlage entbehrte, entschloß man sich zu einer neuen Abgrenzung des Vermögens, das überhaupt den Anlagevorschriften des VAG unterliegt[130]. Nach der neuen Abgrenzung wird unterschieden zwischen Deckungsstockbeständen, die weiterhin den gesetzlichen Anlagevorschriften unterliegen, gebundenem Vermögen und restlichen Vermögen. „Gebunden ist alles Vermögen bis zur Höhe sämtlicher im Zusammenhang mit dem Versicherungsverhältnis stehenden Verpflichtungen eines Versicherungsunternehmens[131]." Es ist ebenfalls nach den gesetzlichen Bestimmungen anzulegen. Das restliche Vermögen, es handelt sich um Rückstellungen für Versorgungsverpflichtungen, Rücklagen und Rückstellungen für ungewisse Verbindlichkeiten und das Eigenkapital, kann frei angelegt werden; bei einer Anlage nach § 68 VAG genügen summenmäßige Angaben über die einzelnen Anlagegruppen, sonst sind Einzelangaben zu machen[132].

Überblickt man die nach dem VAG den Lebensversicherungen möglichen Anlagen, so können mittelständische Unternehmen nur bei den erststelligen Hypotheken und bei den Schuldscheinforderungen und Darlehen zum Zuge kommen. Bei den erststelligen Hypotheken sind besondere Beleihungsrichtlinien[133] zu beachten, die zu einer noch strengeren Auslese führen als bei den Sparkassenhypotheken.

Bevorzugte Beleihungsobjekte sind stets Wohngrundstücke, deren Ertrag Konjunktureinflüssen weniger ausgesetzt ist und die unabhängig von der Person des Besitzers konstante Erträge abwerfen. Der Beleihung gewerblicher Grundstücke sind enge Grenzen gesetzt. Sobald der Ertrag aus gewerblich genutzten Räumen

[130] Vgl. Rundschreiben des Bundesaufsichtsamtes für das Versicherungs- und Bausparwesen an alle unter Bundesaufsicht stehenden Lebens-, Kranken-, Unfall- und Rückversicherungsunternehmen mit Ausnahme der kleineren Vereine gemäß § 53 VAG vom 20. Dezember 1958 – R 15/58 – (VerBAV 59/1)

[131] Vgl. ebenda (VerBAV 59/1)

[132] Es sind z. B. anzugeben: bei Schuldverschreibungen – die wesentlichen Anleihebedingungen; bei Darlehen – die wesentlichen Darlehensbedingungen; bei Wertpapieren – deren genaue Bezeichnung, Nominalwert, Anschaffungswert, Kurswert.

[133] Vgl. Rundschreiben des Bundesaufsichtsamtes für das Versicherungs- und Bausparwesen an alle der Bundesaufsicht unterstehenden Versicherungsunternehmen – ohne Rückversicherungsunternehmen – vom 1. Febr. 1955 – R 3/55 – (VerBAV 55/36)

den aus Wohnräumen überwiegt, werden Bauwert und Ertragswert so stark gekürzt, daß die Beleihungssumme häufig nur ein Zehntel der Bausumme ausmacht. Der Ertragswert für gewerblich genutzte Räume darf nur bis zur Hälfte des für Wohngrundstücke ermittelten Wertes berücksichtigt werden. Dasselbe gilt für den Boden- und Bauwert, der auch die Hälfte des für Wohngrundstücke ermittelten Wertes nicht übersteigen darf[134].

Jedes Darlehen, das nicht an eine öffentlich-rechtliche Körperschaft gewährt wird, bedarf einer besonderen Genehmigung der Aufsichtsbehörde nach § 68 Abs. III, Satz 2 VAG, wenn es in das gebundene Vermögen überführt werden soll, was grundsätzlich im Ermessen der Behörde steht[135]. Die Aufsichtsbehörde schreibt die Vermögensanlage nicht vor, sondern beschränkt sich auf eine Prüfung der Bonität des jeweiligen Darlehensnehmers. Hierbei spielen die dingliche Sicherheit und die Größenordnung des Unternehmens eine ausschlaggebende Rolle[136]. Im allgemeinen sind grundpfandliche Sicherheiten erforderlich. Darlehen an ein Unternehmen unterhalb einer gewissen Größenordnung, die je nach den Verhältnissen schwankt, aber erheblich unter der Grenze der Emissionsfähigkeit liegt, werden nur zugelassen, wenn eine zusätzliche Sicherheit außerhalb des Wirtschaftsbereichs des Darlehensnehmers – etwa eine Bankbürgschaft – gestellt wird[137]. Als Folge dieser strengen Sicherheitsbestimmungen kommen vornehmlich Schuldscheindarlehen an Versorgungsbetriebe, Betriebe der Grundstoffindustrie und Standardunternehmen der chemischen Industrie in Betracht. Nicht ganz sicher erscheinende Anlagen scheiden aus. Die Anforderungen, die an die Kreditfähigkeit des Darlehensnehmers gestellt werden, können von der Mehrzahl mittelständischer Unternehmen nicht erfüllt werden.

Im Gegensatz zu den Lebensversicherungen sind die Kranken-, Unfall- und Haftpflichtversicherungen nicht als eigentliche Kapitalsammelstellen anzusehen, es sind vielmehr zentrale Schadensausgleichstellen der Versicherten. Sparbeträge in den Versicherungsbeiträgen fallen fort. Es wird nur das Risiko auf Grund der Schadenswahrscheinlichkeit und der Verwaltungskostenanteil abgegolten. Aus diesem Sachverhalt ergibt sich, daß die Mittel auch nicht zu einer langfristigen Ausleihe zur Verfügung stehen, sondern höchstens mittelfristig für einen Zeitraum bis zu fünf Jahren vergeben werden können. Die Liquidität der Anlagen spielt eine größere Rolle, da hier ungleich höhere Risiken zu veranschlagen sind.

134 Vgl. § 23 der Richtlinien

135 Vgl. *Bargen v., M.:* Vermögensanlage in der deutschen Lebensversicherung, Frankfurt 1960, S. 168

136 Bei nachträglicher Genehmigung von Schuldverschreibungen und Schuldscheindarlehen durch die Aufsichtsbehörde, muß das Grundkapital mindestens 6 Mill. DM betragen. Das Verhältnis des Fremdkapitals zum Eigenkapital soll in der Regel einen Satz von 2 : 1 nicht überschreiten. Ferner sollen die Fremdmittel das Umlaufvermögen nicht überschreiten. (Vgl. Rundschreiben des Bundesaufsichtsamtes für das Versicherungs- und Bausparwesen an alle seiner Aufsicht unterstehenden Versicherungsunternehmen vom 2. März 1955 – R 4/55 – VerBAV 55/64.)

137 Vgl. *Bargen v., M.:* a.a. O., S. 169

Für die Vermögensanlegung der Nicht-Lebensversicherer galten bisher besondere Richtlinien, die im wesentlichen die Vorschriften des VAG enthielten, sie aber um einige Anlagemöglichkeiten erweiterten. Auf Grund der VerBAV 59/1[138] wurden die Richtlinien des RAA vom 10. März 1927[139] außer Kraft gesetzt und auch die Anlage der Vermögensteile der Nicht-Lebensversicherungsunternehmen denen der Lebensversicherer angeglichen. Danach sind auch hier die allgemeinen Grundsätze einer möglichst großen Sicherheit, Rentabilität und Liquidität zu beachten. Nach den Vorschriften der §§ 68, 69 VAG sind Vermögenswerte in der Höhe anzulegen, wie sie dem Bilanzwert der Deckungsrückstellung entsprechen. Die Anlagevorschriften für das gebundene Vermögen sind etwas weiter ausgelegt. So kann eine zusätzliche Anlage erfolgen:

> „in Wechseln nach den Grundsätzen der Deutschen Bundesbank;
> in inländischen Wertpapieren, die an einer deutschen Börse zum amtlichen Handel zugelassen oder in den geregelten Freiverkehr einbezogen oder bei der Deutschen Bundesbank lombardfähig sind, sowie in Investment-Zertifikaten;
> in sicheren, längstens 18 Monate laufenden dinglich oder anderweitig gesicherten, verbrieften Forderungen jeder Art gegen inländische, kreditwürdige, kaufmännische, industrielle, sonstige gewerbliche oder landwirtschaftliche Unternehmen."

Trotz dieser erweiterten Möglichkeiten der Kapitalanlage unterliegen die einzelnen Anlagen denselben strengen Sicherheitsbestimmungen wie bei den Lebensversicherungsunternehmen. Hinzu kommt noch, daß die für mittelständische Kreditnehmer relevanten Positionen meist kurzfristiger Art sind, eine längerfristige Anlage auf direktem Wege also nicht möglich ist. Das sogenannte Revolvingsystem, bei dem kurzfristige Versicherungsgelder langfristig ausgeliehen werden, sei hier nur erwähnt.

Die *öffentlich-rechtlichen Versicherungen*[140], die dem Recht der einzelnen Länder unterstehen, sind in ihren Kapitalanlagevorschriften zum großen Teil dem privaten Versicherungssektor angeglichen worden und berufen sich auf die Bestimmungen des Versicherungsaufsichtsgesetzes und der dazu ergangenen Richtlinien. So gelten für die Anlage des Deckungsstocks die §§ 66, 68 und 69 VAG. Das sogenannte freie Vermögen wird wie bei den privaten Lebensversicherungen in gebundenes und restliches Vermögen aufgespaltet. Für die Anlage des ersteren gelten dieselben richtlinienmäßigen Bestimmungen wie für den Bereich der Lebensversicherung. Trotz einiger regionaler Unterschiede kann man den Anlagespielraum der öffent-

[138] Siehe oben S. 60.
[139] VerAfP 1927, S. 143
[140] „Unter den Begriff der öffentlich-rechtlichen Versicherung fallen alle öffentlich-rechtlichen Versicherungsanstalten – d. h. Körperschaften und Anstalten im Sinne des verwaltungsrechtlichen Sprachgebrauchs – und öffentlich-rechtliche Versicherungseinrichtungen, die nicht als Träger der Sozialversicherung anzusehen sind" (*Heubaum, W.*, a. a. O., S. 13).

lich-rechtlichen Versicherungsunternehmen weitgehend als mit dem privaten Sektor identisch ansehen.

Das gesamte langfristig zur Anlage bereite Kapital der *Sozialversicherungsträger* fällt mit Ausnahme der Arbeitslosenversicherung unter die Anlagevorschriften der Reichsversicherungsordnung. Im § 26 RVO werden folgende Bestimmungen getroffen:

(1) Das Vermögen muß verzinslich und, soweit Anlagemöglichkeit vorhanden ist, auch wertbeständig angelegt werden. Die Anlegung kann erfolgen:

1. in verbrieften Forderungen gegen das Reich oder ein Land oder gegen eine Kreditanstalt des Reiches oder eines Landes sowie in Forderungen, die in das Schuldbuch des Reiches oder eines Landes eingetragen sind;
2. in verbrieften Forderungen, deren Verzinsung vom Reich oder einem Land oder von einer Kreditanstalt des Reiches oder eines Landes gewährleistet ist;
3. in Forderungen, für die eine sichere Hypothek an einem inländischen Grundstück besteht, oder in sicheren Grundschulden oder Rentenschulden an inländischen Grundstücken;
4. in Wertpapieren, insbesondere Pfandbriefen, sowie in verbrieften Forderungen jeder Art gegen eine inländische Körperschaft des öffentlichen Rechts oder die Kreditanstalt einer solchen Körperschaft, sofern die Wertpapiere oder die Forderungen vom Reichsrat zur Anlegung von Mündelgeld für geeignet erklärt sind;
5. in Wertpapieren, die landesgesetzlich zur Anlegung von Mündelgeld zugelassen sind;
6. in solchen auf den Inhaber lautenden Pfandbriefen deutscher Hypotheken-Aktienbanken, welche die Reichsbank in Klasse I beleiht;
7. in verbrieften Forderungen unter Verpfändung solcher Wertpapiere oder Hypotheken, in denen eine Anlegung nach Nr. 1 bis 5 zulässig ist, nach den Grundsätzen der Darlehenskassen des Reiches oder der Reichsbank;
8. bei einer inländischen öffentlichen Sparkasse, wenn sie von der zuständigen Behörde des Landes, in welchem sie ihren Sitz hat, zur Anlegung von Mündelgeld für geeignet erklärt ist;
9. bei der Reichsbank, bei einer Staatsbank oder bei einer anderen durch Gesetz dazu für geeignet erklärten inländischen Bank, soweit die Anlegung nicht bereits nach Nr. 1 und 4 zulässig ist;
10. in verbrieften Forderungen gegen inländische Körperschaften des öffentlichen Rechts, soweit sie nicht unter Nr. 4 fallen, sowie gegen Schul- und Kirchengemeinden, sofern diese Forderungen entweder von seiten des Gläubigers kündbar sind oder einer regelmäßigen Tilgung unterliegen;
11. in verbrieften Forderungen, für die eine nach Nr. 4 in Frage kommende Körperschaft des öffentlichen Rechts oder die Kreditanstalt einer solchen Körperschaft oder eine öffentliche Sparkasse der in Nr. 8 bezeichneten Art oder eine der in Nr. 9 genannten Banken die selbstschuldnerische Bürgschaft übernimmt;
12. in verbrieften kurzfristigen Forderungen, für die eine ausreichende Sicherheit besteht.

(2) § 26 Absatz (2) und (3) bestimmen, daß das Vermögen außerdem in inländischen Grundstücken und in Darlehen für gemeinnützige Zwecke angelegt werden kann. Der Reichsarbeitsminister kann eine zeitweilige andere Anlage der Bestände gestatten.

Der § 26 RVO steckt den Rahmen der der Sozialversicherung möglichen Kapitalanlagen ab. Der Gesetzgeber hat die Möglichkeit, die einzelnen Anlagemöglichkeiten mehr oder weniger zu bevorzugen; so gibt der § 27 RVO ihm die Handhabe, bestimmte Anlagezwecke zu verordnen[141].

Überblickt man die einzelnen Anlagemöglichkeiten im Hinblick auf eine längerfristige Finanzierung des gewerblichen Mittelstandes, so ergibt sich, daß eine direkte Inanspruchnahme des Kapitals der Sozialversicherungsträger nur mit Hilfe einer Garantie oder selbstschuldnerischen Bürgschaft der öffentlichen Hand oder ihrer Kreditinstitutionen oder mit Hilfe der Lombardierung solcher Wertpapiere möglich ist, die den Mündelsicherheitsbestimmungen entsprechen: beides Erfordernisse, die im gewerblichen Mittelstand nur ausnahmsweise gegeben sind. Nur die Inanspruchnahme kurzfristiger Gelder gegen Pfandbestellung ist gestattet. Selbst eine Anlage in Aktien, Industrieobligationen ist wegen des Kurs- und Ertragsrisikos nicht erlaubt.

Als einziger Sozialversicherungsträger unterliegt die Arbeitslosenversicherung nicht den Bestimmungen der Reichsversicherungsordnung. Diese Sonderheit ergibt sich aus der besonderen Funktion dieses Versicherungszweiges. Er hat eine doppelte Aufgabenstellung, neben der prophylaktischen der Arbeitslosenunterstützung sollen seine Mittel vornehmlich der Prävention gegen Arbeitslosigkeit dienen. Besonders die zweite Aufgabenstellung ist nicht zu erfüllen, wenn das zur Anlage bereite Kapital in ein starres Anlageschema gepreßt wird, wie es die Reichsversicherungsordnung aufzeigt. So bestimmt § 166 AVAVG[142]:

(1) Die Bundesanstalt hat die Überschüsse der Einnahmen über die Ausgaben der Rücklage zuzuführen. Die Rücklage soll verzinslich angelegt werden.

(2) Über die Anlage der Rücklage und die Verwaltung des sonstigen Vermögens hat der Verwaltungsrat Richtlinien zu erlassen, die der Zustimmung der Bundesregierung bedürfen. Die Bedürfnisse von Zonenrand- und Notstandsgebieten sowie vom Saargrenzgürtel sind mit Vorrang zu behandeln.

Für eine längerfristige Kapitalanlage bestimmen die Richtlinien[143]: die Mittel sollen in einer dem Verwendungszweck entsprechenden Form angelegt werden, insbesondere in

a) festverzinslichen Wertpapieren, wie Schuldverschreibungen von Körperschaften des öffentlichen Rechts, Kreditinstituten und Industrieunternehmen;

[141] Vgl. Verordnung des Reichsarbeitsministers vom 14. 4. 1938, Reichsgesetzblatt 1938, I. S. 398. Nach dieser Verordnung war das Vermögen der Invaliden- und Angestelltenversicherung „sowie die Rücklagen der Kranken- und Unfallversicherung zur Hälfte in Forderungen gegen das Reich anzulegen".

[142] Gesetz über Arbeitsvermittlung und Arbeitslosenversicherung, in der Fassung der Bekanntmachung v. 3. 4. 1957, BGBl. I, S. 321

[143] Richtlinien über die Anlage von Mitteln der Bundesanstalt für Arbeitsvermittlung und Arbeitslosenversicherung, erlassen vom Vorstand der Bundesanstalt gemäß § 164 Abs. 2 AVAVG in der Fassung v. 12. 10. 1929 (BGBl. I, S. 162). Genehmigung der Bundesregierung v. 21. 3. 1957. Veröffentlicht im Bundesarbeitsblatt Jahrgang 1957, Heft 9, S. 339

b) Darlehn, insbesondere an Körperschaften des öffentlichen Rechts und Kreditinstitute.

Der Erwerb von Aktien, Kuxen und sonstigen Anteilen an privatrechtlichen Unternehmen ist nicht gestattet. Bürgschaften dürfen nicht übernommen werden.

Bei der längerfristigen Anlage ihrer Mittel hat die Arbeitslosenversicherung „auf eine Abstimmung mit den wirtschaftspolitischen Zielen des Bundes sowie den Finanzierungsprogrammen und Förderungsmaßnahmen des Bundes, der Länder und anderer öffentlicher Stellen Bedacht zu nehmen". Hier sei an die Zusammenarbeit mit der Lastenausgleichsbank erinnert.

c) Beurteilung der Kapitalanlagevorschriften

Trotz der Vielzahl und der Unterschiedlichkeit der Institutionen, die den Kapitalanlagevorschriften unterworfen sind, läßt sich grundsätzlich feststellen, daß diese mit geringen Abweichungen den einzelnen Kapitalsammelstellen dieselben Vorschriften hinsichtlich ihrer Kapitalanlage auferlegen. Im Grunde genommen beinhalten die Kapitalanlagevorschriften nichts anderes als die Anwendung der Mündelsicherheitsbestimmungen des BGB auf so unterschiedliche Bereiche wie Versicherungen, Sparkassen und Hypothekenbanken. „Die Abweichungen, die in der Regel eine vorsichtige Erweiterung des Kreises der mündelsicheren Werte beinhalten, sind hauptsächlich durch betriebsindividuelle Besonderheiten der jeweiligen Vermögensträger bedingt[144]."

Nach Heubaum lassen sich zwei Motive feststellen, die die öffentliche Hand veranlaßten, die Mündelsicherheitsbestimmungen durch Kapitalanlagevorschriften auf diese unterschiedlichen Bereiche auszudehnen: die Sicherheit der Anlage und die Kapitallenkung in staatlich gewollte Verwendungsbereiche[145]. Da es sich bei den den Anlagevorschriften unterworfenen Kapitalien vorwiegend um die Ersparnisse wirtschaftlich schwacher Personenkreise handelt, sah es der Staat als seine Pflicht an, die Sicherheit dieser Werte zu seinem besonderen Anliegen zu machen. Er übertrug das im BGB für die Anlage der Gelder von Minderjährigen kodifizierte Institut der „pupillarischen Sicherheit[146]" oder Mündelsicherheit, das dem Vormund bei der Anlage von Geldern seines Mündels durch Beschränkung auf wenige, genau fixierte Anlagemöglichkeiten ein Höchstmaß an Sicherheit gewähren soll, in der Folgezeit auf diese Bereiche, in dem es seinen Ursprung in keiner Weise zu suchen hat.

Die Auswirkungen dieser beinahe unterschiedslosen Anwendung der Mündelsicherheitsbestimmungen zeigen sich letzten Endes darin, daß sie den ihnen Unterworfenen grundsätzlich nur drei Wahlmöglichkeiten hinsichtlich ihrer Kapitalanlage beläßt. Bevorzugt werden vor allem die öffentliche Hand und der land-

[144] *Heubaum, W.:* a. a. O., S. 105
[145] Das Folgende nach *Heubaum, W.:* a. a. O., S. 105 f.
[146] *Rittershausen, H.:* Die Reform der Mündelsicherheitsbestimmungen, a. a. O., S. 17

wirtschaftliche und städtische Grundbesitz. Für die den Kapitalanlagevorschriften unterworfenen Kapitalanleger kommen dagegen allgemein nicht in Frage:

a) Darlehen an private Unternehmungen des Handels, der Industrie und des Gewerbes sowie deren Teilschuldverschreibungen;
b) Einlagen bei privaten Banken;
c) Beteiligungen an privaten Unternehmungen;
d) gewerbliche Hypotheken.

Wenn trotzdem eine Anlage in diesen Bereichen möglich ist, dann handelt es sich entweder um Ausnahmeregelungen, bei denen die öffentliche Hand zusätzliche Bürgschaften und Garantien übernimmt, oder die Anlagemöglichkeiten werden durch Bewertungsvorschriften und absolute Höchstbeträge in so engen Grenzen gehalten, daß sie im Rahmen der Gesamtanlagen dieser Vermögensträger praktisch bedeutungslos sind. Dieses gilt besonders für die gewerblichen Hypotheken der Sparkassen und Hypothekenbanken.

Diese unter dem Motiv der Sicherheit vorgenommene Ausdehnung der Mündelsicherheitsbestimmungen hat schon Anfang dieses Jahrhunderts scharfe Kritik erfahren. So bemerkt Hilbert[147]: „So haben diese Anlagewerte bevorrechtigten Eingang bei allen jenen Instituten gefunden, die fremde Gelder in Verwaltung hatten, um dem Gefühl des einzelnen Individuums entgegenzukommen, das in den gesetzlich sanktionierten Werten allein das Solide sah. Ohne den riesigen Unterschied wahrzunehmen, der zwischen dem Vormund einer einzelnen unmündigen Person und den Geldinstituten, denen nicht eine einzelne Person, sondern ein großer Kreis von Personen gegenübersteht, von denen doch mindestens ein Teil teilgenommen hat an der kaufmännischen Ausbildung und Weiterentwicklung unseres Volkes und Kritik üben kann und wird, hat diese sogenannte mündelsichere Anlage bis in die neueste Zeit historische Berechtigung bei diesen Instituten erlangt und gilt zur Zeit daher als selbstverständlich. Dieses absolute Regieren der mündelsicheren Werte hatte einen enormen Wert, solange das Publikum unreif war, sich über wirtschaftliche Vorgänge ein klares, richtiges Bild zu machen; seitdem jedoch unsere Geldinstitute – zu denen auch die Versicherungsgesellschaften zu rechnen sind – zu Weltinstituten geworden sind, die Kapitalmassen zu verwalten haben, gegen die das Einzelvermögen eines Mündels winzig klein erscheint, ist diese Beschränkung auf einige wenige Anlagemöglichkeiten ein volkswirtschaftliches Kuriosum zu nennen."

Trotz dieses „volkswirtschaftlichen Kuriosums" hat sich die öffentliche Hand bis heute nicht bereit gefunden, diese Anlagevorschriften zu revidieren. Dies läßt die Vermutung zu, daß neben dem Motiv der Sicherheit ein zweites Motiv eine Rolle spielt, nämlich das der Kapitallenkung in staatlich gewollte Verwendungsbereiche. Die Berechtigung dieser Annahme findet ihre Bestätigung, wenn man die Auswirkungen dieser beinahe unterschiedlosen Anwendung der Mündelsicherheitsbestim-

[147] *Hilbert, H.:* Die Kapitalanlagen der Deutschen Privatversicherungsgesellschaften und ihre Bedeutung für den Geld- und Kapitalmarkt, Jena 1908, S. 30; zit. bei Heubaum, W., a. a. O., S. 108

mungen betrachtet. Sie zeigen sich letzten Endes darin, daß neben dem landwirtschaftlichen und städtischen Grundbesitz besonders die öffentliche Hand eine bevorzugte Stellung als Kapitalnachfrager genießt. Faßt man unter dem Bereich öffentliche Hand folgende Anlagewerte zusammen: „... Reichs- und Staatspapiere, Kommunalanleihen, Kommunalobligationen, Emissionen kommunaler Kreditanstalten und Sparkasseneinlagen[148]", so wird das Übergewicht deutlich, das sich die öffentliche Hand auf diesem Teilmarkt der mündelsicheren Werte geschaffen hat. Aber auch die Bevorzugung des landwirtschaftlichen und städtischen Grundbesitzes kann letztlich als staatlich gewollt angesehen werden. Die Landwirtschaft ist seit jeher das Sorgenkind des Staates und erfreut sich zahlreicher Vergünstigungen. Die Förderung des Wohnungsbaus war und ist auch heute noch eines der vordringlichsten Ziele der öffentlichen Hand.

Das in den Kapitalanlagevorschriften juristisch fixierte Prinzip der Mündelsicherheit oder pupillarischen Sicherheit zwingt nicht nur die ihnen unterworfenen Kapitalsammelstellen dazu, die Auswahl ihrer Kapitalanlagen einseitig nach diesem Sicherheitsprinzip vorzunehmen und damit dem Zins die regulierende Kapitalmarktfunktion zu nehmen, sondern es hat in der Folgezeit ähnliche Vorstellungen von Sicherheit in solchen Kapitalmarktbereichen induziert, die diesen Kapitalanlagevorschriften nicht unterworfen sind. „Durch das Prinzip der Sicherheit werden nicht allein die Personen und Institutionen angesprochen, die den Kapitalanlagevorschriften durch gesetzlichen Zwang unterworfen sind, sondern es kommen darüber hinaus alle diejenigen in Frage, denen die Sicherheit der Anlage ein besonderes Anliegen ist, die aber diesem Problem mehr oder weniger ratlos gegenüberstehen und daher in einem staatlich empfohlenen und sanktionierten Bereich ‚mündel'-sicherer Werte alle ihre Sorgen begraben zu können meinen[149]."

Für die gewerbliche Wirtschaft haben diese Sicherheitsprinzipien eine überragende Bedeutung gewonnen. Die Befriedigung des Kapitalbedarfs richtet sich nicht mehr nach der Ertragskraft des Unternehmens, sondern danach, ob diese Sicherheitsvorstellungen erfüllt werden können. Hier liegt die Hauptursache für die Problematik der Kreditfinanzierung des gewerblichen Mittelstandes, besonders der kleinen und mittleren Industrieunternehmen, begründet. Einmal ist er ebenso wie das Großunternehmen weitgehend von einer Inanspruchnahme dieser Kapitalmarktmittel ausgeschlossen, die direkt den Kapitalanlagevorschriften unterworfen sind, zum anderen stößt er, im Unterschied zu den Großunternehmen, in den Bereichen, die weitgehend diese Vorstellungen von der Sicherheit einer Anlage übernommen haben, auf dieselben Schwierigkeiten, weil er nur in unzureichendem Maße über die Vermögensteile verfügt, die für die Sicherheit einer Kreditauslage im Sinne dieser Kreditgeber maßgebend sind. Zusätzlich besteht für die Großunternehmen die Ausweichmöglichkeit der Emission von Aktien und Obligationen über die Börse.

148 *Rittershausen, H.:* Die Reform der Mündelsicherheitsbestimmungen, a. a. O., S. 17
149 *Heubaum, W.:* a. a. O., S. 145

Sieht man einmal davon ab, die Berechtigung des Anspruchs zu untersuchen, der in der Anlage von Geldern in den mündelsicheren Werten den höchsten Grad an Sicherheit sieht – er ist für die Werte der öffentlichen Hand durch zwei Währungsschnitte in überzeugender Weise widerlegt worden – und versucht grundsätzlich die effektive Bedeutung von Spezialsicherheiten in Form von Grundstücken, Abtretung und Verpfändung von Grundpfandrechten, wie sie der Mündelsicherheitskatalog enthält, für eine Kreditvergabe zu ergründen, so kommt man zu dem heute allgemein anerkannten Schluß, daß „bei jedem Kredit die Regenerationsfähigkeit aus dem lebenden Organismus und der durch ihn erzeugten zusätzlichen Fruchtbarkeit vordringlich ist. Ein Kreditbewerber, der diese Erwartungen zu erfüllen vermag, ist kreditwürdig, kreditfähig und auch kreditsicher. Wer diese Eigenschaften oder Voraussetzungen nicht besitzt, muß – mag er noch so vermögend sein – von der Kreditgewährung ausgeschaltet sein[150]“. Man kann also einen Kredit als sicher ansehen, wenn man auf Grund eingehender Untersuchung und Kenntnis der wirtschaftlichen und persönlichen Verhältnisse des Kreditnehmers zu der Überzeugung gelangt ist, daß diese Gegebenheiten eine ausreichende Gewähr für pünktliche Tilgung und Zinszahlung bieten. Das Instrumentarium zu dieser eingehenden Überprüfung hat die Wissenschaft der Praxis zur Verfügung gestellt, es schließt Unsicherheitsfaktoren weitgehend aus. Zusätzliche Spezialsicherheiten erübrigen sich also. „Ihr wirtschaftlicher Zweck, die Rückerstattung des ausgeliehenen Kapitals für den Fall zu garantieren, daß der Schuldner in Not gerät, zeigt, daß ihre Anwendung sich in der Hauptsache auf unsichere Anlagen bezieht, deren Unsicherheit entweder von vorneherein gegeben ist, oder bei denen man sich nicht der Mühe unterzieht, die primären Sicherheiten zu erkennen und zu würdigen[151].“

Durch die Bestellung von Spezialsicherheiten ist nicht einmal immer die Gewähr gegeben, daß sie im Bedarfsfalle ihren Zweck wirklich erfüllen. Selbst wenn man unterstellt, daß die juristische Ausgestaltung des jeweiligen Sicherungsstellungsvertrages die Möglichkeit bietet, in ausreichender Weise in das Vermögen des Schuldners Eingriff zu nehmen, so ist doch die Frage nach dem Liquiditätswert dieses Vermögens im gegebenen Falle für den eigentlichen Wert der Spezialsicherheit entscheidend[152]. Dieser Unsicherheit versucht man dann dadurch Herr zu werden, daß man die Beleihungswerte herunterdrückt. So gelangt man zu Kredithöhen, die den tatsächlichen Notwendigkeiten nicht entsprechen.

[150] *Kalveram, W.:* Bankbetriebslehre, Wiesbaden o. J., S. 58
[151] *Heubaum, W.:* a. a. O., S. 155
[152] Ebenda

C. ÖFFENTLICHE MASSNAHMEN ZUR BEEINFLUSSUNG DER KREDITSITUATION VON KLEIN- UND MITTELBETRIEBEN

Der ökonomische Befund, der vorwiegend aus dem Sicherheiten- und Zinsproblem besteht, kann in einer Volkswirtschaft, in der die Kapitalbildung nicht ausschließlich dem freien Spiel der Marktkräfte überlassen werden soll, die öffentliche Hand zu folgenden Instrumenten greifen lassen: Transferzahlungen und administrative Maßnahmen.

Bei den „Transferzahlungen" tritt die öffentliche Hand nicht als Käufer von Gütern und Leistungen auf, es handelt sich also nicht um Leistungsentgelte, sondern um die direkte Zuführung von Mitteln in Form von Krediten und Zinszuschüssen in staatlich gewollte Verwendungsbereiche. Es ist also bei den Transferausgaben zu unterscheiden zwischen den endgültigen Ausgaben á fonds perdu und den Krediten, soweit sie nicht nur dem Namen nach, sondern effektiv eines Tages zurückzuzahlen sind.

Unter „administrativen Maßnahmen" ist eine Beeinflussung der Kreditkonditionen mit verwaltungsmäßigen Mitteln zu verstehen. Hierbei handelt es sich vornehmlich um eine Stärkung der Kreditfähigkeit durch Risikoübernahme der öffentlichen Hand. Sie können auch als Eventualtransferzahlungen bezeichnet werden.

I. Die Transferzahlungen der öffentlichen Hand

1. Die Kredite aus öffentlichen Mitteln

Führt die öffentliche Hand den mittelständischen Unternehmen Mittel in der Form von Fremdkapital zu, so ist die Möglichkeit einer Einflußnahme der öffentlichen Hand auf die Kreditkonditionen hier natürlich besonders stark gegeben, da die Kredit gewährenden Stellen Bankenfunktionen übernehmen. Als Quelle für die öffentliche Kreditvergabe an den gewerblichen Mittelstand kommen die Haushalte der Gebietskörperschaften, die einzelnen Sondervermögen und in beschränktem Umfang die öffentlich-rechtlichen Sozialversicherungsträger in Betracht. Die Gewährung von Darlehen aus den öffentlichen Haushalten erfolgt entweder aus den ordentlichen oder außerordentlichen Haushalten, je nachdem, ob die öffentliche Hand (Bund und Länder) die Kreditaktion aus den ordentlichen Einnahmen oder selbst auf dem Wege des Kredits finanziert. Rechtliche Bindungen für die Kreditgewährung ergeben sich aus Artikel 115 des Bonner Grundgesetzes, der in die meisten, wenn auch nicht in alle Länderverfassungen übernommen worden ist[153]. Daneben spielen noch die Richtlinien eine Rolle, die auf Grund des § 64 a Absatz 1 der Reichshaushaltsordnung erlassen worden sind[154]. Sie enthalten die allgemeine Bestimmung, daß Zuwendungen nur für solche Zwecke gewährt werden sollen, an denen ein öffentliches Interesse besteht und die mit anderen Mitteln nicht durchgeführt werden können.

Neben den Mitteln aus den Haushalten der Gebietskörperschaften sind die Mittel der Sondervermögen von großer Bedeutung. Bei den Sondervermögen handelt es sich um Fonds, die rechnerisch von dem übrigen Vermögen der öffentlichen Hand getrennt sind und aus bestimmten Quellen gespeist wurden oder noch werden. So stammen die Mittel des ERP-Sondervermögens zum Teil aus den Verkäufen von Ausrüstungsmaterial der Besatzungsmächte durch die Steg. GmbH (Staatliche Erfassungsgesellschaft für öffentliches Gut) und der amerikanischen Garioa-Hilfe (Government Appropriations and Relief for Import in Occupied Areas). Gemäß dem Abkommen über die wirtschaftliche Zusammenarbeit zwischen der Bundesrepublik Deutschland und den Vereinigten Staaten von Amerika vom 15. Dezember 1949 stellten die USA der Bundesrepublik unter dem „European Recovery Program" Mittel in großem Umfang zur Verfügung, die es ermöglichen sollten, uns von außergewöhnlicher wirtschaftlicher Hilfeleistung von außen unabhängig zu machen[155]. Die amerikanischen Hilfeleistungen wurden von inländischen Importeuren in deutscher Währung bezahlt und die Mittel auf sogenannten „DM-Gegenwertkonten" gesammelt. Diese Gegenwerte bilden zusammen mit den Zinsen aus gewährten Darlehen das sogenannte ERP-Sondervermögen. Es belief sich am 31. März 1960 auf rund 7,5 Milliarden DM. Für jedes Rechnungsjahr wird für das ERP-Sondervermögen ein gesonderter Wirtschaftsplan aufgestellt, in dem alle Einnahmen und Ausgaben zu veranschlagen sind. Der Wirtschaftsplan ist auszugleichen und wird durch Gesetz festgestellt[156]. Die Ausgaben richten sich nach den mit dem Sondervermögen verfolgten Zielsetzungen. Diese Ziele sollen ohne Bestandsminderungen erreicht werden. Die Mittel können deshalb in der Regel nur als verzinsliche Darlehen gewährt werden[157].

[153] Art. 115 GG besagt: „Kreditgewährungen und Sicherheitsleistungen zu Lasten des Bundes, deren Wirkung über ein Rechnungsjahr hinausgeht, dürfen nur auf Grund eines Bundesgesetzes erfolgen. In dem Gesetz muß die Höhe des Kredites oder der Umfang der Verpflichtung, für die der Bund die Haftung übernimmt, bestimmt sein"

[154] Vgl. für den Bund: Richtlinien der Bundesregierung, betr. Zuwendungen des Bundes an außerhalb der Bundesverwaltung stehende Stellen und für den Nachweis der Mittel nach § 64a Abs. 1 RHO v. 1. 4. 1953 (Min. Bl. Fin. 1953, S. 369)
Vgl. ferner: Richtlinien für Zuwendungen des Landes Nordrhein-Westfalen an außerhalb der Landesverwaltung stehende Stellen und für den Nachweis der Verwendung der Mittel nach § 64 Abs. 1 RHO (Min. Bl. für das Land Nordrhein-Westfalen v. 28. 1. 1956)

[155] Vgl. *Breckner, Fr.*: ERP-Finanzierung, Handwörterbuch der Betriebswirtschaft, 3. Aufl., Bd. 1, Sp. 1675

[156] § 7 ERP-Verwaltungsgesetz

[157] § 5 ERP-Verwaltungsgesetz

Neben dem ERP-Sondervermögen kommen für die Gewährung von Krediten an den gewerblichen Mittelstand die Mittel des sogenannten Lastenausgleichsfonds in Betracht. Wie sein Name besagt, besteht die Zwecksetzung dieses Fonds darin, den durch Krieg und Kriegsfolgelasten besonders betroffenen Bevölkerungsteilen – unter denen sich viele mittelständische Existenzen befinden – einen Ausgleich zu gewähren. Neben den Vermögenswerten aus dem Soforthilfefonds fließen dem LAG-Fonds folgende Mittel zu:

1. Die Ausgleichsabgaben (Vermögensabgabe, Hypothekengewinnabgabe, Kreditgewinnabgabe);
2. Zuschüsse aus den Haushalten des Bundes und der Länder;
3. Anleihen, die von der LAG-Bank aufgelegt werden;
4. die Erträge des Ausgleichsfonds.

Hiervon bilden die Ausgleichsabgaben die Haupteinnahmequelle, gefolgt von den Zuschüssen des Bundes und der Länder.

Einen allgemeinen Überblick über den Umfang der aus den jeweiligen Quellen gewährten Finanzierungshilfen (Kredite, Zuschüsse, Bürgschaften) an den gewerblichen Mittelstand und die freien Berufe gibt die folgende Tabelle 27. Bedeutsam ist, daß der Bund den größten Teil seiner Kreditaktionen über Sonderfonds laufen läßt und nur einen kleinen über den eigentlichen Haushalt, während es bei den Zuschüssen umgekehrt ist. Da die Länder über fast keine Sonderfonds verfügen, gehen bei ihnen alle Kredite über den Haushalt.

Der Stand der vom Bund, einschließlich Sonderfonds, und den Ländern gewährten Kredite am 31. Dezember 1961 betrug 7,07 Milliarden DM; ihre Bedeutung wird sinnfällig, wenn man bedenkt, daß dies 71% der Sparkassenkredite an den gewerblichen Mittelstand zum gleichen Zeitpunkt sind.

a) Motive und Ziele der öffentlichen Kreditvergabe

Während sich bei den privaten Banken das Kreditgeschäft nach der Rentabilität und der Höhe des Risikos richtet, haben diese rein privatwirtschaftlichen Gesichtspunkte für die Kreditvergabe der öffentlichen Hand nur in zweiter Linie Bedeutung. Die Motive der öffentlichen Hand sind andere als nur das Streben nach rein privatwirtschaftlicher Rentabilität bei der Anlage von Kapital. Es handelt sich hierbei nicht um die bankmäßige Hingabe von Krediten, sondern um die Lösung von volkswirtschaftlichen Aufgaben. Die Wirtschaftlichkeit als Richtschnur für die Vergabe von öffentlichen Krediten ist nicht allein maßgebend. Die Kredite der öffentlichen Hand dienen in erster Linie als Instrument, um bestimmte, mehr oder weniger genau fixierte Ziele zu erreichen.

Führt die öffentliche Hand den mittelständischen Unternehmen also Mittel in der Form von Fremdkapital zu, so handelt es sich um zielgebundene Kredite. Hierbei kann es sich um allgemeine wirtschaftspolitische, wie struktur- und arbeitsmarktpolitische Zielsetzungen als auch um sozialpolitische und gesellschaftspoli-

Tabelle 27

Finanzierungshilfen an den gewerblichen Mittelstand und die freien Berufe unter unmittelbarem oder mittelbarem Einfluß des Bundes und der Länder

– Kredite, Zuschüsse und Bürgschaften –

(Stand per 31. 12. 1961 – in 1000 DM)

Finanzierungsquelle	Handwerk	Kleingewerbe	Industrie	Handel	Verkehrsgewerbe	Beherbergungs- und Gaststättengewerbe	Freie Berufe	Sonstige	Gesamt
A. KREDITE DES BUNDES									
1. *Bundeshaushalt*									
a) STEG-Mittel	6 896	5 771	62 246	603	200	65	—	153	75 934
b) Sonstige Förderungsmittel (Regionales Förderungsprogramm; Wirtschaftsförderungsmaßnahmen nach dem Allgemeinen Kriegsfolgengesetz; Kasernenräumungskredite u. ä.)	26 143	19 668	186 166[1]	—	—	47 156	216	—	279 349[2]
c) Aufbaudarlehen nach dem Kriegsgefangenen-Entschädigungsgesetz	26 403	—	1 860	21 226	—	—	10 195	—	59 684
2. *Lastenausgleich*									
a) Aufbaudarlehen nach SHG und LAG	595 041	—	136 490	902 460[3]	—	—	227 882	—	1 861 873
b) Arbeitsplatzdarlehen nach SHG u. LAG	15 355	—	62 757	3 800	3 246	2 822	—	3 800	91 780[4]
c) Betriebsmittelkredite der Banken mit Liquiditätsmitteln der Lastenausgleichsbank und des Bundesausgleichsamtes	19 736	—	189 115	45 953	14 729	10 310	7 364	7 365	294 572[2]
3. *ERP-Sondervermögen und Mittel der Kreditanstalt für Wiederaufbau*									
a) ERP-Kredite	153 357	124 245	931 983	197 382	22 155	54 605	8 768	24 952	1 517 447[5]
b) Mittel der KW	91 289	29 022	814 398	41 695	938	1 249	—	3 814	982 405[2]
4. *Sozialversicherung* (Renten- und Arbeitslosenversicherung)	41 531	22 702	311 971	16 716	12 219	630	790	3 497	410 056[2]

Finanzierungsquelle	Handwerk	Kleingewerbe	Industrie	Handel	Verkehrsgewerbe	Beherbergungs- und Gaststättengewerbe	Freie Berufe	Sonstige	Gesamt
5. *Sonstige Mittel*									
a) Mehraufkommen der Investitionshilfe der gewerblichen Wirtschaft	9 493	16 339	104 219	23 192	3 185	2 211	—	1 696	160 335
b) In langfristige Darlehen durch Gewährung von Zinszuschüssen und Bürgschaften des Bundes und der Länder umgeschuldete Bankkredite an Vertriebene, Flüchtlinge und Kriegssachgeschädigte	730	—	57 582	14 497	775	1 044	—	—	74 628[2]
c) Existenzaufbaudarlehen an nichtdeutsche Flüchtlinge aus UNO-, IRO-, ERP- und Haushaltsmitteln	2 071	—	4 252	5 320	1 093	1 549	989	—	15 274
Summe der Kredite:	988 045	217 747	2 863 039	1 272 844	58 540	121 641	256 204	45 277	5 823 337
B. Zuschüsse des Bundes									
1. Bundeshaushalt	48 941	15 690	20 809	12 652	46	4 157	—	—	102 295[2]
2. ERP-Sondervermögen	100	35 681	—	64	—	—	—	—	35 845[2]
Summe der Zuschüsse:	49 041	51 371	20 809	12 716	46	4 157	—	—	138 140
A. und B. Kredite und Zuschüsse des Bundes zusammen:	1 037 086	269 118	2 883 848	1 285 560	58 586	125 798	256 204	45 277	5 961 477
C. Kredite und Zuschüsse der Länder									
1. Kredite	192 243[6]	73 667	697 963	74 477	101 201	76 213	6 860	24 093	1 246 717[7]
2. Zuschüsse	19 525	1 826	42 868	6 363	7 683	16 401	130	10 292	105 088
Kredite und Zuschüsse der Länder zusammen:	211 768	75 493	740 831	80 840	108 884	92 614	6 990	34 385	1 351 805
D. Kredite und Zuschüsse des Bundes und der Länder	1 248 854	344 611	3 624 679	1 366 400	167 470	218 412	263 194	79 662	7 313 282
E. Bürgschaften									
1. Bürgschaften des Bundes	55 197	57 900	120 808[1]	60 422	6 462	6 494	21 598	2 936	331 817[2]
2. Bürgschaften der Länder	192 919[6]	61 468	1 016 335	154 043	86 589	72 553	5 572	47 502	1 636 981
F. Bürgschaften des Bundes und der Länder	248 116	119 368	1 137 143	214 465	93 051	79 047	27 170	50 438	1 968 798

Anmerkungen: [1] Einschl. Handel sowie Handwerk u. Kleingewerbe, soweit nicht gesondert erfaßt. – [2] Aufteilung nach Bereichen z. T. geschätzt. – [3] Einschl. Verkehrsgewerbe. – [4] In dieser Summe sind nur Einzelkredite bis 100000 DM enthalten, das Gesamtprogramm umfaßt rd. 300 Mill. DM. – [5] In dieser Summe sind auch Aufstockungsdarlehen der an den Kreditprogrammen beteiligten Banken enthalten (insges. rd. 53 Mill. DM). – [6] Einschl. Kleingewerbe. – [7] In dieser Summe sind auch vom Land Bayern bis Ende 1959 gewährte Zuschüsse enthalten.

tische Ziele handeln, wobei sich die Ziele in den seltensten Fällen schärfer gegeneinander abgrenzen lassen.

Versucht man die gegenwärtig vorgesehenen Kredithilfen der öffentlichen Hand, die mittelstandsrelevant sind, nach den verfolgten Zielen zu klassifizieren, so lassen sich folgende Schwerpunkte feststellen:

die regionale Strukturförderung,
die Verbesserung der Gesellschaftsstruktur
und Strukturverbesserungen in bestimmten Fachbereichen[158].

Die regionale Strukturförderung wird besonders von den Ländern wahrgenommen, aber auch der Bund fördert meistens in Zusammenarbeit mit den Ländern bestimmte regionale Bereiche. Hier ist besonders das regionale Förderungsprogramm aus Mitteln des Bundeshaushalts zu erwähnen und die Kreditaktionen zur Förderung der Berliner Wirtschaft. Das Ziel einer Verbesserung der Gesellschaftsstruktur wird vornehmlich mit Kreditaktionen betrieben, die die mittelständische gewerbliche Wirtschaft direkt ansprechen, ferner mit Programmen für Existenzgründungen und mit Programmen, die der Eingliederung der Vertriebenen, Flüchtlinge und Kriegssachgeschädigten dienen. Zur Strukturverbesserung in bestimmten Fachbereichen dienen vor allem die Kreditaktionen für Umstellungsvorhaben von Betrieben, die sich infolge der technischen und wirtschaftlichen Entwicklung und infolge des internationalen Wettbewerbs in wesentlichen Strukturänderungen befinden. Aber auch solche speziellen Kreditaktionen wie für die Umstellung stillgelegter Mühlen auf Stromerzeugungsanlagen, für Küstenschifferneuerungen, für Schiffahrttreibende auf den Binnengewässern und solche an Unternehmen der gewerblichen Wirtschaft zum Zwecke der Verhinderung und Beseitigung von Luftverunreinigungen sind hierunter zu subsumieren.

b) Verwendungszwecke und Verwendungsauflagen

Um diese Zielsetzungen zu erreichen, reicht die ungebundene Ausleihung von Kreditmitteln, bei der lediglich die kommerziellen Interessen der Kreditpartner (Wirtschaftlichkeit der Investition, Risiko, Sicherheit, Zinsen, Fristigkeit) gegeneinander abgegrenzt werden, nicht aus[159]. Die öffentliche Hand muß sich vielmehr besonderer Lenkungsmethoden bedienen, um die Mittel in diejenigen Verwendungsbereiche zu dirigieren, die ihr zur Erfüllung der gesetzten Ziele geeignet erscheinen. Die erste dieser Lenkungsmethoden der öffentlichen Hand grenzt die Unternehmen ab, die für die Durchsetzung ihrer gemeinwirtschaftlichen Zielsetzungen in Frage kommen und bestimmt gleichzeitig die Verwendungszwecke und Verwendungsauflagen, um die Unternehmen zu veranlassen, die gewünschten Verhaltensweisen in die Tat umzusetzen. So sind bei der regionalen Strukturförderung solche Unter-

[158] Vgl. *Dittes, H.:* Die Kredithilfen des Bundes und der Länder an die gewerbliche Wirtschaft, Sonderausgabe der Zeitschrift für das gesamte Kreditwesen, Ausgabe 1962

[159] *Wefers, D.:* Die Methoden der Gewährung von Investitionskrediten durch die öffentliche Hand, Diss. Köln 1960, S. 43

nehmen zum Empfang von öffentlichen Krediten prädestiniert, die ihren Standort in diesen Gebieten haben oder gewillt sind, ihn dorthin zu verlegen. Die zu fördernden Gebiete werden von der öffentlichen Hand näher umrissen. Die Mittel des Bundeshaushalts für das regionale Förderungsprogramm dürfen nur in den vom „Interministeriellen Ausschuß für Notstandsgebietsfragen" (IMNOS) festgelegten Förderungsgebieten eingesetzt werden. Dazu gehören die Sanierungsgebiete, das Zonenrandgebiet und die zentralen Orte in ländlich schwach strukturierten Gebieten[160]. Die Länder haben ihrerseits in ihrem Einwirkungsbereich besondere Sanierungsgebiete anerkannt[161]; teilweise überschneiden sie sich mit den vom Bund festgelegten Sanierungsgebieten. Durch die von Bund und Ländern zur Verfügung gestellten öffentlichen Kredite soll erreicht werden, „die dem Leistungsfaktor Kapital komplementären Leistungsfaktoren ausreichend zu beschäftigen[162]". Das Mißverhältnis zwischen Erwerbsmöglichkeiten und Bevölkerung soll durch strukturverbessernde, der individuellen Situation angepaßte Maßnahmen bereinigt oder gemildert werden[163].

Es wird erwartet, daß die Kredite einen „Primäreffekt" für die Steigerung der Wirtschaftskraft eines strukturschwachen Gebietes auslösen, durch den zusätzliche Einkommensquellen in den zu fördernden Gebieten erschlossen werden. Es werden also Akzelerations- bzw. Multiplikatorwirkungen erwartet. Deshalb sollen regelmäßig Darlehen nur für solche Investitionen gegeben werden, die zur Schaffung zusätzlicher Arbeitsplätze beitragen. So heißt es in den Richtlinien für das regionale Förderungsprogramm des Bundes: „Mit den Bundesmitteln sollen vorrangig solche Projekte gefördert werden, durch die neue gewerbliche Dauerarbeitsplätze entstehen. Daneben können im Interesse der Erhaltung der vorhandenen Arbeitsplätze auch Kredite zur Steigerung der Wirtschaftlichkeit gewerblicher Be-

[160] So sind z. B. für das Land Rheinland-Pfalz vom IMNOS folgende Sanierungsgebiete und zentrale Orte in ländlich schwach strukturierten Gebieten anerkannt worden:
a) Sanierungsgebiete: Oberwesterwaldkreis, Landkreis Cochem und Birkenfeld, Landkreis Ahrweiler mit 63 Gemeinden, Landkreis Mayen mit 5 Gemeinden, Landkreis Bitburg, Daun, Prüm, Saarburg, Trier Land, Stadt- und Landkreis Zweibrücken, Stadt- und Landkreis Pirmasens, Landkreis Kaiserslautern mit 3 Gemeinden und Landkreis Germersheim mit 11 Gemeinden;
b) zentrale Orte: Simmern, Wittlich-Wengerohr und Marienburg/Westerwald (entnommen Merkblättern über regionale Wirtschaftsförderung aus Bundesmitteln für das Land Rheinland-Pfalz)

[161] Vgl. z. B. Nordrhein-Westfalen: Richtlinien für die Gewährung von Krediten an Wirtschaftsunternehmen sowie an mittelständische Betriebe und Angehörige freier Berufe (Landeskreditprogramm) v. 1. 2. 1962;
vgl. ferner: Richtlinien für die Vergabe von Darlehen an die gewerbliche Wirtschaft aus dem Sondervermögen (Grenzlandfonds) des Landes Rheinland-Pfalz v. 14. 8. 1959, S. 2

[162] *Wysocki, K.:* Öffentliche Finanzierungshilfen, Forschungsberichte des Landes Nordrhein-Westfalen, Nr. 946, Köln und Opladen 1961, S. 222

[163] Vgl. Richtlinien des regionalen Förderungsprogramms des Bundes für das Land Rheinland-Pfalz, S. 9

triebe durch Modernisierung und Rationalisierung gewährt werden[164]." Es kommen also vornehmlich Investitionen von solchen Unternehmen in Frage, die geeignet sind, diese Effekte zu erzielen. Da die Kredithilfen wesentlich zur Strukturverbesserung beitragen sollen, kommen kleingewerbliche, handwerkliche oder kleinere Handelsbetriebe als Kreditnehmer nicht in erster Linie in Betracht. Die Mittel sind schwerpunktmäßig einzusetzen, um eine wesentliche Verbesserung der vorgegebenen Situation zu erreichen.

Primär zu Zwecken der Verbesserung der Gesellschaftsstruktur sollen die Kreditaktionen dienen, die sich an Unternehmen mit bestimmten Personengruppen wenden. Hier sind in erster Stelle die Maßnahmen zu erwähnen, die zur Sicherung der Existenz von Personengruppen führen sollen, die vornehmlich die Auswirkungen der Kriegs- und Kriegsfolgeschäden zu spüren bekamen. Die Kreditaktionen haben den Zweck, die Startbedingungen der Vertriebenen, Flüchtlinge, Kriegssachgeschädigten, Montage- und Restitutionsgeschädigten denen der nichtgeschädigten Unternehmen anzupassen und so gleiche wirtschaftliche Voraussetzungen zu schaffen. Diese Personenkreise sollen über eine nach den heutigen allgemeinen wirtschaftlichen und sozialen Verhältnissen gesicherte Existenz verfügen, und diese muß „im Vergleich zu den früheren wirtschaftlichen und sozialen Verhältnissen zumutbar" sein[165]. Als Kreditnehmer kommen diese Personenkreise in Betracht, wenn sie die Voraussetzungen erfüllen, die der Gesetzgeber an die Begriffe „Vertriebene und Flüchtlinge" oder „Kriegssachgeschädigte" knüpft[166] und der Antragsteller persönlich und fachlich geeignet ist und die wirtschaftlichen Aussichten des Vorhabens hinreichend gesichert erscheinen[167]. Aber auch Personen- und Kapitalgesellschaften sind antragsberechtigt, wenn an ihnen Geschädigte in vorstehendem Sinne mindestens mit der Hälfte des Kapitals beteiligt sind sowie eine Mitwirkung

[164] Vgl. Richtlinien, a. a. O., S. 4

[165] Gemeinsames Ministerialblatt v. 10. 9. 1954, S. 418

[166] Hinsichtlich der Begriffsbestimmungen „Vertriebene" und „Flüchtlinge" gelten die Vorschriften der §§ 1–4 des Bundesvertriebenengesetzes in der Fassung v. 23. 10. 1961 in Verbindung mit den Bestimmungen der §§ 9–13 dieses Gesetzes. Als Flüchtlinge gelten auch Deutsche aus der Sowjetzone oder aus dem Sowjetsektor von Berlin, die nicht als Sowjetzonenflüchtlinge gemäß § 3 des Bundesvertriebenengesetzes anerkannt oder diesen Personen nach § 4 gleichgestellt sind, wenn sie

1. die dauernde Aufenthaltserlaubnis nach dem Gesetz über die Notaufnahme von Deutschen in der Bundesrepublik v. 22. 8. 1950 (BGBl. I, S. 367) oder nach landesrechtlichen Vorschriften erhalten haben und
2. keine persönlichen Gründe der Förderung entgegenstehen.

Als Kreditnehmer kommen gewerbliche Unternehmen von Kriegssachgeschädigten in Betracht, die Kriegssachschäden beträchtlichen Umfangs an Betriebsvermögen erlitten haben. Vgl. Richtlinien der Lastenausgleichsbank für die Gewährung von Investitionskrediten aus Mitteln des ERP-Sondervermögens (Investitionsprogramm 1962 v. 15. 1. 1962)

[167] Vgl. z. B. Bekanntmachung des Wirtschaftsministeriums von Baden-Württemberg über Richtlinien für die Gewährung von Staatsdarlehen zur wirtschaftlichen Eingliederung (Eingliederungsdarlehen) an Flüchtlinge aus der sowjetischen Besatzungszone v. 14. 4. 1961, Nr. 5004. 12/3

an der Geschäftsführung für mindestens sechs Jahre sichergestellt ist, ferner wenn sie ihnen eine selbständige Existenz dadurch ermöglichen, daß sie ihnen eine Beteiligung von mindestens 35% an ihrem Kapital und Gewinn auf die Dauer von mindestens sechs Jahren einräumen[168].

Entsprechend dem teilweise gesetzlichen Anspruch auf Schadensvergütung oder der moralischen Notwendigkeit eines Ausgleichs sind die Verwendungsauflagen für diese Kreditnehmer meistens sehr elastisch gehandhabt und haben meistens nicht für einen ganz bestimmten Zweck zu dienen. Als Beispiel sei die Mittelverwendung bei den Existenzaufbaudarlehen an nichtdeutsche Flüchtlinge erwähnt, die mehr oder weniger repräsentativ für die anderen Kreditaktionen bezeichnet werden kann. So können die Darlehen gewährt werden

1. zum Aufbau einer Existenz;
2. zur Festigung einer bereits bestehenden Existenz;
   a) für notwendige Investitionen
      1. zum Ausbau
      2. zur Rationalisierung
      3. zur Modernisierung von Unternehmen
      4. zur Refinanzierung solcher Investitionen, die in den letzten zwei Jahren mit kurzfristigen Mitteln durchgeführt worden sind
   b) für Betriebsmittelzwecke
   c) in begrenztem Umfang zur Umschuldung kurzfristiger Bankkredite, wenn nach der Finanzstruktur die Umwandlung in langfristige Darlehen geboten erscheint und
3. zur tätigen Beteiligung an einem Unternehmen[169].

Bei den Kreditaktionen „zur Förderung des gewerblichen Mittelstandes" lassen sich mehrere Schwerpunktbildungen feststellen. Als beispielhaft können die in den Richtlinien für die Mittelstandsförderung des Landes Baden-Württemberg[170] fixierten Verwendungszwecke gelten; sie spiegeln mit geringen Abweichungen die Gesichtspunkte wider, die auch von den anderen Ländern und vom Bund für Kredite an den gewerblichen Mittelstand maßgebend sind.

168 Vgl. Richtlinien der LAB für die Gewährung von Investitionskrediten, a. a. O.; ferner: Richtlinien der LAB für die Gewährung von Existenzaufbaudarlehen an nichtdeutsche Flüchtlinge in der Fassung v. 2. 1. 1960; ferner: Richtlinien der LAB zur Durchführung wirtschaftsfördernder Maßnahmen nach § 5 des Gesetzes zur allgemeinen Regelung durch den Krieg und den Zusammenbruch des deutschen Reiches entstandenen Schaden (Allgem. Kriegsfolgengesetz) v. 5. 11. 1957; ferner: Richtlinien des Wirtschaftsministeriums von Baden-Württemberg, a. a. O.

169 Vgl. Richtlinien der LAB für die Gewährung von Existenzaufbaudarlehen an nichtdeutsche Flüchtlinge

170 Vgl. Bekanntmachung des Wirtschaftsministeriums von Baden-Württemberg über die Durchführung eines Landesförderungsprogramms für Handwerk, Handel und Kleingewerbe (Mittelstandsprogramm) v. 10. 4. 1961, Nr. 5000. 12/56

Als förderungswürdige Vorhaben kommen in Betracht:

„— die Gründung selbständiger Existenzen durch Nachwuchskräfte
— die Errichtung von Betrieben in neuen Wohnsiedlungen und neugeordneten Stadtkernen
— Umstellungsvorhaben von Betrieben, die sich infolge der technischen und wirtschaftlichen Entwicklung in einer Strukturänderung befinden
— Modernisierungs- und Rationalisierungsmaßnahmen."

Die Existenzgründungskredite sollen es bisher unselbständigen Nachwuchskräften möglich machen, ihren Willen zur Selbständigkeit durchzusetzen, der meistens an zu geringen Kapitalmitteln scheitert. Sie haben den Zweck, den Marktzugang für den mittelständischen Unternehmernachwuchs offenzuhalten. In Betracht kommen nur Antragsteller mit ausreichenden Berufserfahrungen für die Gründung erfolgversprechender Existenzen. Die Erfolgsaussicht des Vorhabens ist regelmäßig durch entsprechende Gutachten der zuständigen Industrie- und Handelskammer, Handwerkskammer oder sonstiger Fachkammern festzustellen. Die Antragsteller sollen in der Regel nicht jünger als 24 Jahre und nicht älter als 40 Jahre sein[171].

Die Kreditnehmer haben sich entsprechend ihren Möglichkeiten an der Finanzierung zu beteiligen. Es wird erwartet, daß sie über einen bestimmten Prozentsatz an Eigenmitteln verfügen, die durch Eigenleistungen aufzustocken sind. Die von der öffentlichen Hand gewährten Kredite dürfen nur für Investitionszwecke, d. h. zur Durchführung baulicher Investitionen, Beschaffung betriebsnotwendiger Einrichtungen und Ausstattungen benutzt werden. Sie können aber auch für die Übernahme bestehender mittelständischer Betriebe oder zur tätigen Beteiligung[172] an solchen Unternehmen gewährt werden.

Eine zweite Schwerpunktmaßnahme der öffentlichen Hand gilt der Errichtung, Einrichtung und Ausstattung von mittelständischen Unternehmen in neuen Wohnsiedlungen und neugeordneten Stadtkernen. Die Kreditmittel sollen dazu dienen, in den neuen Wohnsiedlungen und neugeordneten Stadtkernen eine mittelständische Struktur neu zu schaffen oder zu erhalten. Die Errichtung von mittelständischen Gewerbebetrieben in neuen Wohnsiedlungen stößt auf erhebliche Finanzierungsschwierigkeiten, da nur wenige mittelständische Unternehmen die erforderliche Kapitalkraft besitzen, um die Neubaumieten, Grundstückspreise und Baukostenzuschüsse aufzubringen. Die kapitalstarken, straff organisierten Großbetriebe sind den mittelständischen Betrieben des Einzelhandels und Handwerks und mehr noch den Nachwuchskräften des gewerblichen Mittelstandes im Wettbewerb um die Niederlassungen überlegen. Ihre Kapitalkraft ermöglicht es ihnen, auch dort als Nachfrager aufzutreten, wo der kleine Unternehmer infolge der hohen Kapital-

[171] Vgl. z. B. Richtlinien des Landes Nordrhein-Westfalen für die Gewährung von Krediten an Wirtschaftsunternehmen sowie an mittelständische Betriebe und Angehörige freier Berufe v. 1. 2. 1962

[172] Es muß ein rechtlich einwandfreies Beteiligungsverhältnis mit entsprechender Gewinn- und Verlustbeteiligung vorliegen

anforderungen von vornherein ausgeschaltet ist. Zusätzlich können sie auf der Gegenseite mit gewissen Sympathien rechnen[173]. Bei ausgesprochenen Großvorhaben, wie dem Bau ganzer Wohnsiedlungen, planen die Städte oder Gemeinden selten in eigener Regie, sondern übertragen das ganze Projekt dritten Stellen. Als Bauherren kommen zumeist die großen Baugenossenschaften in Betracht; sie sind also automatisch Monopolisten (Angebotsmonopol für Grund und Boden), mittelständische Unternehmen sind ihrem Preisdiktat in den seltensten Fällen gewachsen. Sie werden die kapitalkräftigsten Partner bevorzugen. Zuweilen sind sie mit Konsumgenossenschaften in irgendeiner Form liiert, haben also ein eigenes Interesse an deren Ansiedlung.

Diese Problematik hat die öffentliche Hand erkannt und versucht, ihr mit der Unterstützung durch öffentliche Kredite für mittelständische Unternehmen entgegenzuwirken[174]. Sie finden ihre Ergänzung durch Kredithilfen an mittelständische Unternehmen im Rahmen der Neuordnung und Sanierung der Städte, als deren Folge sonst viele mittelständische Unternehmen weichen müßten, weil das notwendige Kapitalplus für die neuen Investitionen aus den Erlösen für die alten Investitionen nicht gewonnen werden kann.

Antragsberechtigt sind in der Regel mittelständische Unternehmen, die beabsichtigen, einen Betrieb zu errichten oder einen schon errichteten Gewerbebetrieb zu übernehmen, sofern sie über ausreichende berufliche Erfahrungen verfügen, ferner natürliche und juristische Personen, die die von ihnen zu errichtenden gewerblichen Räume solchen mittelständischen Unternehmern durch Kauf oder Miete überlassen.

„Gewerbetreibende, die bereits Eigentümer oder Miteigentümer eines Stammbetriebes und von zwei oder mehr Filialbetrieben sind, können nicht berücksichtigt werden[175]." Die Kredite dienen in der Regel nur zur anteiligen Finanzierung der Vorhaben. Der Kreditnehmer hat entsprechend seiner Vermögens-, Liquiditäts- und Ertragslage Eigenmittel und Kredite aus Kapitalmarktmitteln heranzuziehen.

Bei den öffentlichen Kreditaktionen für Umstellungsvorhaben mittelständischer Unternehmen kommt dem Begriff „Strukturänderung" infolge der technischen und wirtschaftlichen Entwicklung entscheidende Bedeutung zu. Je nach der Auslegung dieses Tatbestandsmerkmals kann der antragsberechtigte Kreis mittelständischer Unternehmen und damit der Verwendungszweck eingeengt oder erweitert werden. Bei weiter Auslegung des Begriffes können hier Anpassungsinvestitionen an die jeweilige Absatz- oder Konkurrenzlage, ferner allgemeine Investitionen zwecks Modernisierung oder Rationalisierung sowie Ersatzbeschaffungen jeglicher Art

173 *Beckermann, Th.:* Die Eingliederung von Handwerks- und Einzelhandelsbetrieben in neue Wohngebiete, Rheinisch-Westfälisches Institut für Wirtschaftsforschung, Essen, N. F. 9, 1955, S. 41

174 In Verbindung mit den Handwerkskammern gegründete Wohnungsgenossenschaften übernehmen ebenfalls die Planung ganzer Geschäftszentren in neuen Wohnsiedlungen

175 Vgl. z. B. Richtlinien für die Gewährung von Krediten aus Mitteln des ERP-Sondervermögens zur Errichtung mittelständischer Betriebe in neuen Wohnsiedlungen und neugeordneten Stadtkernen v. 5. 8. 1961

subsumiert werden. Schon allein aus Gründen der jeweils nur in begrenzter Höhe zur Verfügung stehenden Mittel wird der Begriff der Strukturänderung in den Richtlinien oder Anweisungen an die bewilligenden Stellen wesentlich enger gefaßt. So heißt es zum Beispiel in einer Anordnung[176] für die die Kreditanträge für Strukturänderungen im Rahmen des Mittelstandsprogramms von Nordrhein-Westfalen annehmenden Hausbanken:

„Die Refinanzierung eines Bankkredits kann ... in Betracht kommen, wenn Investitionen erforderlich sind, weil

— ein Absatzmarkt verschwindet (z. B. der des Hufschmieds)
— ein handwerklicher Produktionszweig zunehmend an die Industrie verlorengeht
— in der Produktion eines mittelständischen Betriebes bisher verwandte Werkstoffe durch neue Werkstoffe ersetzt werden sollen, so daß alte Maschinen entfernt und neue beschafft werden müssen (z. B. Übergang von Metall und Holz auf Kunststoff)
— in unmittelbarer Nachbarschaft eines mittelständischen Einzelhandelsgeschäftes eine moderne Großverkaufsstelle eröffnet wurde, so daß das mittelständische Einzelhandelsgeschäft — um seine Existenz zu erhalten — gezwungen ist, sich auf den Verkauf anderer Erzeugnisse oder auf eine modernere Art des Verkaufs umzustellen."

Das Tatbestandsmerkmal der Strukturänderung infolge der technischen und wirtschaftlichen Entwicklung ist hier also so eng gefaßt worden, daß nur relativ wenige mittelständische Unternehmen diese Mittel in Anspruch nehmen können.

Nicht so eng begrenzt sind die Verwendungszwecke bei der vierten Gruppe öffentlicher Kredithilfen zugunsten des gewerblichen Mittelstandes, den Krediten für Modernisierungs- und Rationalisierungsmaßnahmen. Unter Rationalisierung und Modernisierung sind grundsätzlich alle Maßnahmen zu verstehen, die zu einer Verbesserung des Verhältnisses von Kosten und Leistung in den mittelständischen Unternehmen führen sollen. Hierunter können sowohl Maßnahmen auf den Gebieten der Betriebsorganisation, der Gestaltung der Fertigungsverfahren und des Vertriebs sowie Verbesserungen in der Gestaltung des Rechnungswesens und Vorhaben der technischen Rationalisierung fallen, um nur einige zu nennen. Wegen der Vielzahl der möglichen Investitionen, mit deren Hilfe diese Effekte erzielt werden können, verzichtet der öffentliche Kreditgeber auf eine genaue Festlegung der Verwendungszwecke, sondern begnügt sich in den Richtlinien mit allgemein gehaltenen Erläuterungen über die Grundsätze, nach denen die Kredite vergeben werden sollen[177], oder führt die Vorhaben auf, die nicht als Rationalisierungs- und Modernisierungsmaßnahmen anzusehen sind. So fallen z. B. nicht darunter:

„— Ausweitung des Produktionsprogramms, soweit sich dies nicht im Zuge der Rationalisierungsmaßnahmen zwangsläufig ergibt

[176] Rundschreiben der „Rheinischen Girozentrale und Provinzialbank Düsseldorf" an die Hauptstellen der rheinischen Sparkassen v. 26. 3. 1962, unveröffentlicht

[177] Vgl. Richtlinien zur Durchführung des Mittelstandskreditprogramms des Landes Schleswig-Holstein 1962

— Ablösung von Krediten, selbst dann, wenn diese Kredite Rationalisierungsmaßnahmen gedient haben.
— finanzielle Sanierung gefährdeter Unternehmen[178]."

Trotz solcher Einschränkungen und Abgrenzungen kann eine endgültige Entscheidung erst bei Vorliegen des jeweiligen Kreditantrags getroffen werden, wobei dem Verhandlungsgeschick des Antragstellers großer Spielraum gelassen ist.

Bei den öffentlichen Kreditaktionen zur Strukturverbesserung in bestimmten Fachbereichen handelt es sich in der Regel um derart spezielle Zielsetzungen, daß der Verwendungszweck der Kreditmittel schon aus der Benennung des jeweiligen Kreditprogramms hervorgeht[179], es also nicht nötig ist, näher darauf einzugehen, zumal sie für nur ganz wenige Unternehmen des gewerblichen Mittelstandes relevant sind. Von besonderer Bedeutung sind noch die Kredite, die an solche Unternehmen der mittleren verarbeitenden Industrie gewährt werden, die aus Gründen der Veränderung des internationalen Wettbewerbs sich zu Umstellungs- und Anpassungsmaßnahmen gezwungen sehen. Kredite an diese Unternehmen werden nur bewilligt, wenn wesentliche Teile der bisherigen Produktionsanlagen durch neue ersetzt werden, die gleichzeitig zu einer wesentlichen Änderung des Produktionsprogramms führen. Wie bei allen öffentlichen Kreditaktionen haben sich die Unternehmen an der Finanzierung der Vorhaben in angemessenem Umfang zu beteiligen.

c) Sicherheiten

Der öffentlichen Hand steht es grundsätzlich frei, auf einer bankmäßigen Absicherung der von ihr gewährten Kredite aus öffentlichen Mitteln zu bestehen; sie kann die Besicherung dem Darlehenszweck unterordnen und die in dieser Hinsicht an den Letztkreditnehmer zu stellenden Anforderungen flexibel gestalten. Aber es läßt sich mit den Grundsätzen ordnungsmäßiger Haushaltsführung nur sehr schwer vereinbaren, auf jegliche Sicherheiten zu verzichten. So sind in der Regel für Kredite aus öffentlichen Mitteln Sicherheiten zu leisten[180], wenn es auch den öffent-

178 Vgl. z. B. Erlaß des Ministeriums für Wirtschaft und Verkehr v. 14. 8. 1959 über Richtlinien für die Vergabe von Darlehen an die gewerbliche Wirtschaft aus dem Sondervermögen „Grenzland" des Landes Rheinland-Pfalz

179 Vgl. z. B.: Kredite für die Umstellung stillgelegter Mühlen auf Stromerzeugungsanlagen; ferner: Kredite zur Errichtung von Blockheizwerken; ferner: Kredite an Schifffahrtstreibende des bayerischen Maingebietes

180 Vgl. Richtlinien für die Gewährung von Krediten aus Mitteln des ERP-Sondervermögens zur Errichtung mittelständischer Betriebe in neuen Wohnsiedlungen und neugeordneten Stadtkernen v. 5. 8. 1961; ferner: Richtlinien der LAB für die Gewährung von Investitionskrediten an Vertriebene, Flüchtlinge und Kriegssachgeschädigte aus Mitteln des ERP-Sondervermögens (Investitionsprogramm 1962); ferner: Richtlinien für die Vergabe von Darlehen an die gewerbliche Wirtschaft aus dem Sondervermögen (Grenzlandfonds) des Landes Rheinland-Pfalz; ferner: Richtlinien für die Gewährung von ERP-Krediten an Unternehmen der mittleren verarbeitenden Industrie für Umstellungsmaßnahmen im Zuge der Anpassung an den internationalen Wettbewerb v. 31. 7. 1961

lichen Kreditgebern benommen bleibt, auf die strengen bankmäßigen Anforderungen zu verzichten und einen Teil des Kreditrisikos selbst zu übernehmen.

Je nach dem Träger der Finanzierung ist der Ermessensspielraum gegeben, die sich in den Richtlinien befindenden Vorschriften mehr als Muß- oder Sollvorschriften zu gestalten. Bei Krediten aus Mitteln des ERP-Sondervermögens ist der Kreditnehmer gezwungen, volle Absicherung zu bieten; die Kreditbedingungen weichen für ihn insoweit nicht von den banküblichen Bedingungen ab. Das hängt mit dem oben bereits erwähnten Substanzerhaltungsgrundsatz zusammen, der es nicht gestattet, risikoreiche Investitionen vorzunehmen, obwohl dieser Fonds zu Finanzierungszwecken gebildet worden ist. Dieser Substanzerhaltungsgrundsatz und damit die strengen Sicherheitserfordernisse sind bei Krediten aus Mitteln des Lastenausgleichsfonds nicht in jedem Fall gegeben, besonders nicht, wenn den Kreditnehmern ein Schadensausgleichsrecht in irgendeiner Form zusteht, so daß im Falle eines Kreditausfalls die Möglichkeit besteht, den gewährten Kredit gegen den später zu erfüllenden Anspruch aufzurechnen. In anderen Fällen muß auch hier die Erhaltung der dem Lastenausgleichsfonds zur Verfügung stehenden Mittel gewährt sein, da die Mittel nicht zu Finanzierungszwecken angesammelt worden sind, sondern einem späteren Schadensausgleich zu dienen haben. Bei der Kreditvergabe aus Mitteln der öffentlichen Haushalte besteht kein Zwang zur Substanzerhaltung, die Kredite werden auch ohne eine bankmäßige Absicherung gewährt, wenn den zu fördernden Unternehmen ausreichende Sicherheiten nicht zur Verfügung stehen.

So heißt es in den Richtlinien für die finanzielle Gewerbeförderung des Landes Baden-Württemberg[181]:

> „Staatsdarlehen können vom Wirtschaftsministerium oder von den Regierungspräsidien in der Regel an förderungswürdige Unternehmen gewährt werden, wenn diese lang- oder mittelfristige Kredite zu tragbaren Bedingungen auf dem freien Kapitalmarkt nicht, insbesondere auch nicht gegen eine Bürgschaft des Landes erhalten können, sei es, daß den Kreditinstituten keine ausreichenden Mittel lang- oder mittelfristiger Art zur Kreditgewährung zur Verfügung stehen, sei es, daß die vorhandenen Sicherheiten des Unternehmens unzureichend sind."

Hier wird also die Vergabe von öffentlichen Krediten geradezu an die Voraussetzung geknüpft, daß die Unternehmen die Bedingungen des freien Kapitalmarktes nicht erfüllen können. Die öffentliche Hand ordnet die Sicherheit der Anlage dem Förderungszweck unter.

[181] Vgl. Bekanntmachung des Wirtschaftsministeriums und des Finanzministeriums v. 14. 9. 1955, Nr. 5000. 4/36 und Nr. XIII B 100–172/55, S. 3.
Vgl. ferner: Bekanntmachung des Wirtschaftsministeriums über die Durchführung eines Landesförderungsprogramms für Handwerk, Handel und Kleingewerbe (Mittelstandsprogramm) v. 10. 4. 1961, Nr. 5000. 12/56, S. 4: Können Sicherheiten für das Darlehen nicht in ausreichendem Maße gestellt werden, so kann das Darlehen mit der Auflage bewilligt werden, daß der Darlehnsnehmer noch zusätzliche Sicherheiten zu leisten hat, sobald er hierzu in der Lage ist

Eine genauere Einsicht in die vom Kreditnehmer zu stellenden Sicherheiten kann man sich verschaffen, wenn man die unterschiedlichen Verfahrenswege untersucht, die bei der Vergabe von öffentlichen Krediten angewandt werden, weil die Vergabeverfahren einen starken Einfluß auf die zu stellenden Sicherheiten ausüben. Es lassen sich zwei Hauptverfahrenswege unterscheiden, die direkte und indirekte Vergabe.

Bei der direkten Vergabe werden die Kreditverträge ohne Zwischenschaltung von anderen Instituten im Verwaltungswege zwischen der kreditgewährenden Stelle und dem Endkreditnehmer geschlossen und die Kreditvaluta ohne Zwischenschaltung von Banken ausgezahlt.

Bei der indirekten Vergabe werden die Kreditmittel von den kreditgewährenden Stellen über den Bankensektor an den Letztkreditnehmer weitergeleitet. Hier sind verschiedene Möglichkeiten gegeben. Einmal kann nur die Hausbank des Kreditnehmers zwischengeschaltet sein; der öffentliche Kreditgeber überweist die Valuten an die Hausbank, die sie an den Kreditnehmer weiterleitet[182]. Es besteht aber auch die Möglichkeit, Banken mit zentralem Charakter zwischen Hausbank und öffentliche Stelle einzugliedern[183]. Hierbei kommen die zentralen Geschäftsbanken wie Girozentralen und genossenschaftliche Zentralkassen und staatliche Sonderbanken[184] in Betracht. Nach der Art der Durchleitung sind zwei verschiedene Formen möglich:

a) Die Kredite können bei den durchleitenden Banken lediglich als durchlaufende Kredite behandelt werden, wobei die betreffende Hausbank mit dem Letztkreditnehmer einen Darlehensvertrag im eigenen Namen, aber auf fremde Rechnung abschließt. Die durchleitenden Banken haben nicht das volle Obligo für die Kredite zu übernehmen, sondern ihre Aufgabe beschränkt sich auf eine ordnungsgemäße Verwaltung der gewährten Kreditmittel.

b) Andererseits besteht die Möglichkeit, daß die Kreditnehmer mit den Hausbanken Kreditverträge im eigenen Namen und auf eigene Rechnung abschließen, d. h. die Banken beschaffen sich die Kreditmittel im Wege der Refinanzierung von den öffentlichen Stellen und übernehmen ihrerseits die volle Haftung für die an den Endkreditnehmer gewährten Valuten.

In der Praxis ist die direkte Vergabe von Krediten nur sehr selten anzutreffen. Auf Bundesebene kommt sie bei mittelstandsrelevanten Kreditaktionen nicht vor. Auch bei den Kreditauslegungen der Länder wird sie selten angewandt. Als einziges Land führt Baden-Württemberg Kreditaktionen im reinen Verwaltungsverfahren durch. Als Beispiel sei das Antrags- und Bewilligungsverfahren für das Mittelstandsprogramm dieses Landes erwähnt[185]:

[182] Vgl. *Menzel, H.:* Die Mitwirkung der Hausbanken bei der Vergebung und Verwaltung öffentlicher Kredite, Berlin 1960

[183] Das folgende nach *Wysocky, K.:* Öffentliche Finanzierungshilfen, a. a. O., S. 45 f.

[184] Lastenausgleichsbank, Kreditanstalt für Wiederaufbau, Finag Speyer usw.

[185] Vgl. Bekanntmachung des Wirtschaftsministeriums über die Durchführung eines Landesförderungsprogramms für Handwerk, Handel und Kleingewerbe (Mittelstandsprogramm) v. 10. 4. 1961, Nr. 5000. 12/56

„Anträge auf Gewährung von Darlehen sind beim Regierungspräsidium zu stellen, hier werden sie von der Verwaltung in volkswirtschaftlicher, betriebswirtschaftlicher und betriebstechnischer Hinsicht geprüft und eine Entscheidung durch besondere Kreditausschüsse getroffen. Anträge über eine gewisse Größenordnung werden vom Wirtschaftsministerium nach dem grundsätzlich gleichen Verfahren entschieden. Die Bewilligung erfolgt durch einen Bescheid der Verwaltung."

Dieses Verfahren der direkten Vergabe ermöglicht ein Abweichen von den banküblichen Sicherheitsvorstellungen, und es wird dann gewählt, wenn von vornherein auf eine bankmäßige Absicherung verzichtet wird und man gerade diejenigen Unternehmen fördern will, die sonst nicht zum Zuge kämen. Ähnlich gelagert sind die Fälle, in denen die Hausbank treuhänderische Aufgaben auszuführen hat. Hierher gehören Kreditaktionen der LAB aus Mitteln des Lastenausgleichsfonds an Personen mit Kriegs- und Kriegsfolgeschäden. Es wird auf ein Obligo der Hausbank verzichtet, da dieser nicht zugemutet werden kann, das volle Risiko zu übernehmen[186].

Für den Letztkreditnehmer besteht der Zwang zu einer vollständigen Besicherung hier nicht unmittelbar, da die kreditgewährende Stelle bereit ist, das Risiko zu übernehmen.

Der vorherrschende Verfahrensweg bei den zur Zeit laufenden Kreditaktionen ist die indirekte Vergabe der Kreditmittel unter eigener Haftung der Hausbanken. Die Hausbank gewährt den Kredit dem Kreditnehmer im eigenen Namen und tritt ihrerseits gegenüber dem öffentlichen Kreditgeber für den Refinanzierungskredit als Selbstschuldner auf, soweit nicht bei Sparkassen und Kreditgenossenschaften ein Zentralinstitut Primärschuldner gegenüber der kreditgewährenden Stelle ist[187].

Dieses Verfahren wird bevorzugt, um eine wirtschaftliche Verwendung der Mittel zu gewährleisten. Hier ist eine direkte Auswahl der Kreditnehmer durch die öffentliche Hand nicht mehr möglich, da hier den Hausbanken, wenn sie das volle Obligo übernehmen sollen, die Auswahl der geeigneten Kreditnehmer überlassen werden muß. Die Hausbanken werden ihr Risiko zu begrenzen suchen, indem sie solchen Kreditwünschen den Vorzug geben, für die eine volle Absicherung geleistet werden kann. Will der öffentliche Kreditgeber seine Zielsetzungen trotzdem durchsetzen, d. h. will er auch solche Kreditnehmer berücksichtigen, denen solche Sicherheiten fehlen, so muß er versuchen, jene bei den Hausbanken auftretenden Sicherheitslücken zu schließen, um die Hausbanken zu veranlassen, die Mittel in die erstrebten Verwendungsbereiche zu lenken. Dieser indirekten Einflußnahme auf die Kreditsicherheiten hat sich der öffentliche Kreditgeber bei fast allen Kreditaktionen bedient. Zunächst können die Hauptleihinstitute die Sicherheitslücken schließen,

[186] Vgl. z. B. Richtlinien der LAB für die Gewährung von Existenzaufbaudarlehen an nichtdeutsche Flüchtlinge in der Fassung v. 2. 1. 1960

[187] Vgl. z. B. Richtlinien des Landes Nordrhein-Westfalen für die Gewährung von Krediten an Wirtschaftsunternehmen sowie an mittelständische Betriebe und Angehörige freier Berufe (Landeskreditprogramm) v. 1. 2. 1962

indem sie einen Teil des Risikos selbst übernehmen. So heißt es in den Kreditrichtlinien der LAB für die Gewährung von Investitionskrediten an vertriebene und geflüchtete ehemalige Filmtheaterbesitzer vom 23. April 1960: „An dem Kredit hat sich die Hausbank mit einem eigenen Risiko von 10% zu beteiligen. Für das über den eigenen Haftungsanteil hinausgehende Kreditrisiko gewährt die LAB der Hausbank eine Entlastung von 90% eines etwaigen Ausfalls. Bei Kreditaktionen aus Mitteln des ERP-Sondervermögens, die über die LAB laufen, wird die Risikoübernahme der LAB in der Regel mit einer modifizierten Ausfallbürgschaft des Landes gegenüber der Hausbank kombiniert, in dem der Kreditnehmer seinen Wohnsitz hat. Bei einer Risikobeteiligung von 50% durch die Hausbank wird auf eine Landesbürgschaft verzichtet, hier übernimmt das Hauptleihinstitut das restliche Verlustrisiko[188].

Bei den Krediten aus den öffentlichen Haushalten und bei den sonstigen ERP-Krediten können, falls Sicherheiten nicht in dem erforderlichen Ausmaß vorhanden sind, Bürgschaften der Länder und der Kreditgarantiegemeinschaften bewilligt werden[189]. Für den Letztkreditnehmer ergibt sich also trotz fehlender Sicherheiten die Möglichkeit, sein Kreditbedürfnis zu befriedigen.

d) *Beschränkung der Kredithöhe*

Von der Möglichkeit einer eindeutigen Fixierung der für den einzelnen Kreditnehmer zur Verfügung stehenden Kreditsumme wird bei den gegenwärtig laufenden Kreditprogrammen kaum Gebrauch gemacht; die einzige Ausnahme bilden Kredite aus Mitteln des regionalen Förderungsprogramms[190].

[188] Vgl. Richtlinien der Lastenausgleichsbank für die Gewährung von Investitionskrediten an Vertriebene, Flüchtlinge und Kriegssachgeschädigte aus Mitteln des ERP-Sondervermögens v. 15. 1. 1960; vgl. Richtlinien der Lastenausgleichsbank für die Gewährung von Investitionskrediten an Vertriebene und anerkannt politische Flüchtlinge in West-Berlin aus Mitteln des ERP-Sondervermögens v. 15. 8. 1957; vgl. Richtlinien: Betriebsmittelkreditaktion der Lastenausgleichsbank für Vertriebene, Sowjetzonenflüchtlinge und Kriegssachgeschädigte v. 1. 7. 1959

[189] Vgl. Richtlinien für die Gewährung von Krediten aus Mitteln des ERP-Sondervermögens zur Errichtung mittelständischer Betriebe in neuen Wohnsiedlungen und neugegründeten Stadtkernen v. 5. 8. 1961; vgl. Richtlinien für die Gewährung von Krediten an Wirtschaftsunternehmen sowie an mittelständische Betriebe und Angehörige freier Berufe (Landeskreditprogramm) Nordrhein-Westfalen v. 1. 2. 1962; vgl. Richtlinien zur Durchführung des Mittelstandsprogramms des Landes 1962 zur Förderung des Handwerks, Handels und kleingewerblicher Betriebe (Schleswig-Holstein); vgl. auch Investitionskredite an Industrie, Handwerk, Handels- und sonstige Gewerbe (*Dittes, H.:* Die Kredithilfen des Bundes und der Länder an die gewerbliche Wirtschaft, a. a. O., S. 13 u. 14)

[190] Vgl. Richtlinien für die Verwendung der Bundesmittel im Haushaltsjahr 1961, S. 4; veröffentlicht im Bundesanzeiger Nr. 241/1960 v. 23. 11. 1960 – I A 2/2967/60. „Außerdem muß mit je 10 000 DM Bundesmitteln mindestens ein neuer Dauerarbeitsplatz geschaffen werden. Als Basis für die Berechnung der zusätzlichen Arbeitskräfte gilt der im Betrieb im Laufe des Jahres vor der Antragstellung erreichte Höchststand der Dauerarbeitsplätze."

Das Gegenteil einer genauen Fixierung, die ungebundene Höhe des auszuleihenden Kredits, ist ebenfalls nicht gebräuchlich; im allgemeinen sollen die Mittel entweder als zusätzliche Hilfen eingesetzt werden, sie sind folglich erst dann vorgesehen, wenn alle anderen Finanzierungsquellen ausgeschöpft sind, oder dienen als Initialzündung mit angemessener Selbstbeteiligung des Kreditnehmers oder dritter Stellen. In jedem Fall muß die Gesamtfinanzierung gesichert sein. Die Höhe der öffentlichen Mittel kann dabei von Fall zu Fall festgelegt werden, ohne daß eine zahlenmäßige Begrenzung nach oben oder unten festgelegt ist, oder es werden im Interesse einer möglichst breiten Streuung der beschränkten Kreditmittel absolute Höchstgrenzen festgesetzt, die nur in Ausnahmefällen überschritten werden können. Eine Festlegung von Fall zu Fall findet sich zum Beispiel bei den Darlehen nach dem „Allgemeinen Kriegsfolgengesetz" an Reparations-, Restitutions- und Rückerstattungsgeschädigte. Hier werden „Kreditmittel bis zur Höhe der sich bei entsprechender Anwendung der jeweils geltenden Vorschriften des LAG ergebenden Hauptentschädigung gewährt[191]". Bei der überwiegenden Mehrzahl der für mittelständische Unternehmer zur Verfügung stehenden Kreditprogramme hat man absolute Höchstgrenzen eingesetzt, die in der Regel nicht überschritten werden sollen. Dabei ergibt sich die Möglichkeit, die Höchstgrenze in absoluten Beträgen anzusetzen, was bei der Mehrzahl der Kreditprogramme der Fall ist; bei einigen Aktionen wird aber auch der Kredithöchstbetrag durch relative Zahlen zum anstehenden Finanzbedarf in Beziehung gesetzt. Dies geschieht z. B. innerhalb des Landeskreditprogramms von Nordrhein-Westfalen für Kredite in Härtefällen für die Existenzerhaltung mittelständischer Betriebe und freiberuflich Tätiger. Hier können in Ausnahmefällen Kredite bis zu 80% des anlaßbedingten Finanzbedarfs refinanziert werden, im Regelfall soll der Kredit 100 000 DM nicht übersteigen[192].

Der Kreditnehmer soll entsprechend seiner Vermögens-, Liquiditäts- und Ertragslage für die Finanzierung seiner Vorhaben Eigenmittel und Kapitalmarktmittel heranziehen. Für den öffentlichen Kreditgeber gibt es verschiedene Möglichkeiten, die Selbstbeteiligung durchzusetzen, sei es durch sonstiges Fremdkapital oder Eigenkapital. Er erläßt allgemeine Vorschriften über die Selbstbeteiligung, so z. B., daß der Antragsteller für sein Vorhaben soweit möglich eigene Mittel und auch Bankkredite einzusetzen hat. Er kann aber auch die Selbstbeteiligung in bestimmten Prozentsätzen fixieren. So bestimmen die Richtlinien für die finanzielle Gewerbeförderung des Landes Baden-Württemberg, daß bei neu angesiedelten oder neu errichteten Betrieben das Unternehmen als Mindestanteil 30% Eigen-

[191] Vgl. Richtlinien über die Gewährung von Darlehen an Reparations-, Restitutions- und Rückerstattungsgeschädigte des Bundesfinanzministeriums v. 4. 6. 1960 – veröffentlicht im Bundesanzeiger Nr. 185/1960 v. 24. 9. 1960

[192] Vgl. Richtlinien für die Gewährung von Krediten an Wirtschaftsunternehmen sowie an mittelständische Betriebe und Angehörige freier Berufe (Landeskreditprogramm) Nordrhein-Westfalen v. 1. 2. 1962, S. 8.

kapital aufzubringen hat[193]. Die dritte Möglichkeit, nur den notwendigen Kapitalbedarf durch öffentliche Mittel zu decken, besteht in der Aufstockung der von den öffentlichen Kreditträgern herausgelegten Mittel durch den Bankensektor. Die öffentliche Hand stellt dem Bankensektor ein Globalkreditkontingent zur Verfügung mit der Auflage, diese Mittel durch eigene aufzustocken[194]. Hierdurch wird die öffentliche Hand von allzu großen Belastungen verschont und hat gleichzeitig die Möglichkeit, Mittel des privaten Kapitalmarktes in staatlich gewollte Verwendungsbereiche zu lenken. In der Regel beschränken sich die Kreditgeber jedoch darauf, das Verhältnis zwischen zu gewährender Kreditsumme und Eigenbeteiligung erst bei den einzelnen konkreten Kreditfällen festzusetzen.

e) Festsetzung der Zinshöhe

Das gemeinsame Merkmal der Zinssätze bei Krediten aus öffentlichen Mitteln ist ihr Subventionscharakter. Sie liegen im Regelfalle unter den Zinsen der Kredite aus privaten Kapitalmarktmitteln für ähnliche oder die gleichen Verwendungszwecke. Die durchschnittliche Zinshöhe hat sich im Laufe der Zeit dem sinkenden Zinsniveau auf dem privaten Kapitalmarkt angepaßt. Sie liegt bei den gegenwärtig laufenden Kreditprogrammen zwischen 4% und 5% p. a.

Die Kredite werden zu 100% ausgezahlt. Den Hausbanken ist es gestattet, nach Auszahlung des Kredits eine einmalige pauschalierte Bearbeitungsgebühr bis zu 1% der Kreditsumme in Rechnung zu stellen, mit der alle Nebenkosten der Kreditbearbeitung abgegolten werden.

Je nach den Zielsetzungen der öffentlichen Kreditgeber ergeben sich Abstufungen nach unten oder oben, die nach der Leistungsfähigkeit oder nach der Förderungswürdigkeit der Kreditnehmer vorgenommen werden. Die obere Grenze reicht bis zur unteren Grenze der jeweiligen marktüblichen Zinssätze für gleiche Verwendungszwecke. Die untere Grenze reicht im Extremfall bis zur zinslosen Kreditierung[195]. Bei der überwiegenden Mehrheit der Kreditprogramme wird die Zinshöhe in einem festen Satz ausgedrückt, die Ertragslage der in Frage kommenden Kreditnehmer wird antizipiert, d. h. es wird keine Rücksicht auf die individuelle Lei-

193 Vgl. Bekanntmachung des Wirtschafts- und Finanzministeriums v. 14. 9. 1955 Nr. 5000. 4/36 und Nr. XIII B 100—172/55, a. a. O., vgl. auch Richtlinien für die Gewährung von Krediten an Wirtschaftsunternehmen sowie an mittelständische Betriebe und Angehörige freier Berufe (Landeskreditprogramm) Nordrhein-Westfalen v. 1. 2. 1962, „Teil III: Im Regelfalle ist davon auszugehen, daß der Kreditnehmer über Eigenmittel einschließlich etwaige Eigenleistungen in Höhe von mindestens 20 v. H. des zu finanzierenden Vorhabens verfügen soll".

194 Vgl. Richtlinien zur Durchführung des Mittelstandsprogramms des Landes Schleswig-Holstein zur Förderung des Handwerks, Handels und kleingewerblicher Betriebe

195 Vgl. Richtlinien über die Gewährung von Darlehen an Reparations-, Restitutions- und Rückerstattungsgeschädigte des Bundesfinanzministeriums v. 4. 6. 1960, veröffentlicht im Bundesanzeiger Nr. 185/1960 v. 24. 9. 1960. „Die Darlehen werden tilgungs- und zinsfrei gewährt, da sie mit der späteren Hauptentschädigung verrechnet werden sollen."

stungsfähigkeit des Kreditnehmers genommen. Die Möglichkeit eines festen, gestaffelten Zinssatzes wird bei Kreditaktionen benutzt, die über die LAB laufen. So heißt es z. B. in den Richtlinien für die Gewährung von Investitionskrediten an Vertriebene, Flüchtlinge und Kriegssachgeschädigte:

„Der Zinssatz beträgt — bei Krediten an Kriegssachgeschädigte — unter der Voraussetzung, daß Kapitalstruktur und Ertragslage als Folge des Kriegssachschadens noch nicht gefestigt sind, 4% p. a.
Für Unternehmen, die nach Kapitalstruktur und Ertragslage höhere Zinsen aufbringen können, beträgt der Zinssatz 6% p. a.
Dieser Zinssatz von 6% ermäßigt sich für Unternehmen mit Sitz in den von der Bundesregierung anerkannten Sanierungs- und Zonenrandgebieten sowie zentralen Orten in ländlichen, schwach strukturierten Gebieten auf 5% p. a.[196]"

Durch den festen, gestaffelten Zinssatz ist die Möglichkeit gegeben, innerhalb eines Kreditprogramms den Zinssatz den Bedürfnissen der verschiedenen Kreditnehmergruppen anzupassen. Von einem individuellen Zinssatz für jeden einzelnen Kreditnehmer kann aber noch nicht gesprochen werden. Diese völlige Anpassung an die Ertragslage und Kapitalstruktur des einzelnen Kreditnehmers wird relativ selten angewandt. Die Vereinbarung eines Zinssatzes für jeden Einzelfall wird nur bei wenigen Länderkreditaktionen vorgenommen, die dann auch im reinen Verwaltungsverfahren oder unter nur treuhänderischer Einschaltung von Kreditinstituten ablaufen[197].

Der Zinssatz kann aber auch in der Form einer gleitenden Skala festgestellt werden, wobei einmal eine Variation in Abhängigkeit von der Laufzeit vorgenommen werden kann; zum anderen ist zur Erzielung einer größeren Elastizität die Bindung an einen zweiten Zinssatz möglich, der seinerseits im Zeitablauf variiert. Eine Variation in Abhängigkeit von der Kreditdauer drückt sich in den angewandten Fällen regelmäßig in einer Steigung des Zinssatzes während der Laufzeit aus[198]. Diese in den Anfangsjahren bewußt niedrig gehaltene Verzinsung soll die wirtschaftliche Anpassung der Kreditnehmer erleichtern. Nach Überwindung der An-

[196] Vgl. Richtlinien des Bundesministeriums für Wirtschaft für die Aufstellung des regionalen Förderungsprogramms des Bundes im Haushaltsjahr 1961 v. 23. 11. 1960 – I A 2 – 2967/60; veröffentlicht im Bundesanzeiger Nr. 241/1960, a. a. O., betr. Zinssatz: grundsätzlich für Darlehen an die Industrie und das Handwerk 5%
a) wenn für je 10 000 DM des Gesamtbetrages ein neuer Dauerarbeitsplatz geschaffen wird 3,5%
b) Kleinkredite bis zu 30 000 DM für Vertriebene und Flüchtlinge 4%
c) Kleinkredite für das Fremdenverkehrsgewerbe 4%

[197] Vgl. Richtlinien für die Vergabe von Darlehen an die gewerbliche Wirtschaft aus dem Sondervermögen Grenzland (Grenzlandfonds) des Landes Rheinland-Pfalz; Ministerium für Wirtschaft und Verkehr v. 14. 9. 1959 – Wi AI/1—4638/330/59

[198] So können bei Kredithilfen aus dem regionalen Förderungsprogramm die ersten drei Jahre zinsfrei bleiben. Die dafür in Frage kommenden Fälle stimmt das Land mit dem fachlich zuständigen Bundesressort ab (Vgl. Richtlinien v. 23. 11. 1960, a. a. O., S. 8)

fangsschwierigkeiten soll eine Hinaufkonvertierung des Zinssatzes zu einer Angleichung an die gestiegene Leistungsfähigkeit des Kreditnehmers führen.

Aus Gründen einer größeren Elastizität und um der Notwendigkeit einer Korrektur der Zinssätze bei gestiegenem oder gesunkenem Kapitalmarktniveau zu entgehen, hat die LAB bei einigen ihrer Kreditaktionen den Zinssatz an den Diskontsatz gebunden. So heißt es im Merkblatt der LAB für die Gewährung von Liquiditätsmitteln vom 3. Juli 1961:

„Der Einstandszinssatz des Kreditinstituts für die Liquiditätsmittel beträgt 1/2% über dem jeweiligen Diskontsatz der Deutschen Bundesbank — mindestens aber 3 1/2% und höchstens 4 1/2% p. a. — mit der verbindlichen Auflage, daß der dem Kreditnehmer zu berechnende Endzinssatz einschließlich aller Provisionen und Gebühren 2 1/2% über dem jeweiligen Diskontsatz der Deutschen Bundesbank — mindestens aber 5 1/2% und höchstens 6 1/2% p. a. — nicht überschreiten darf[199]."

f) Laufzeit und Tilgung

Die Laufzeit der Darlehen aus öffentlichen Mitteln richtet sich in erster Linie nach dem Verwendungszweck. In den einzelnen Kreditrichtlinien sind Höchstlaufzeiten angegeben, die je nach der Art der mit den Kreditmitteln zu vollführenden Aufgaben festgesetzt sind. Innerhalb dieser Höchstgrenzen können die Laufzeiten nach der Leistungsfähigkeit des jeweiligen Darlehensnehmers variiert werden, um für kapitalschwächere Unternehmen die Tilgungslasten zu verringern.

Die Tilgung erfolgt in der Regel unter der Berücksichtigung mehrerer Freijahre. Die tilgungsfreien Jahre sind ebenso wie die Laufzeit je nach der Leistungsfähigkeit abgestuft. Gewöhnlich betragen sie 2—4 Jahre am Anfang des Tilgungszeitraumes. Die Tilgung selbst kann in gleichen Raten oder in steigenden Raten erfolgen, also zu einer Mehrbelastung der Unternehmen im letzten Abschnitt des Tilgungszeitraumes führen. Als Beispiel einer Tilgung mit steigenden Tilgungsraten mögen die Bestimmungen bei den Investitionskrediten an Vertriebene, Flüchtlinge und Kriegssachgeschädigte aus Mitteln des ERP-Sondervermögens dienen[200].

„Als einheitlicher Laufzeitbeginn gilt der 1. 7. 1962. Die Kredite sind von der Auszahlung bis zum 30. 4. 1964 tilgungsfrei und danach wie folgt zu tilgen:

bei 8jähriger Laufzeit
vom 1. 7. 1964—30. 6. 1969 mit jährlich 16%
vom 1. 7. 1969—30. 6. 1970 die restlichen 20%;

bei 17jähriger Laufzeit
vom 1. 7. 1964—30. 6. 1968 mit jährlich 3%
vom 1. 7. 1968—30. 6. 1979 mit jährlich 8%."

199 Vgl. ferner: Richtlinien der LAB für die Gewährung von Liquiditätsmitteln ohne Bürgschaft (II) v. 10. 7. 1961

200 Vgl. Richtlinien der LAB für die Gewährung von Investitionskrediten v. 15. 1. 1962, a. a. O.

Die Kredite können gegenüber dem Kreditnehmer aus wichtigem Grund jederzeit fällig gestellt werden, insbesondere wenn:

a) der Nachweis über die ordnungsgemäße Verwendung nicht geführt werden kann;
b) sich von der Hausbank oder der öffentlichen Stelle als wesentlich angesehene Angaben des Kreditnehmers über seine geschäftlichen oder persönlichen Verhältnisse nachträglich als unrichtig erweisen;
c) der Kreditnehmer die Zahlungen einstellt oder über sein Vermögen das Konkurs- oder Vergleichsverfahren eröffnet oder der Kreditnehmer zur Ableistung des Offenbarungseides vorgeladen ist;
d) der Kreditnehmer die Erwerbstätigkeit, deren Festigung der gewährte Kredit zu dienen bestimmt ist, aufgibt oder seinen Betrieb an Dritte veräußert oder liquidiert;
e) der Kreditnehmer sich mit zwei Halbjahresleistungen (Zinsen, Tilgung) ganz oder teilweise in Verzug befindet.

Der Kreditnehmer seinerseits kann den Kredit jederzeit vorfristig tilgen.

2. *Die Zinszuschüsse*

Neben der Möglichkeit einer Beeinflussung der Kreditkonditionen durch eine Kreditvergabe aus eigenen Mitteln kann die öffentliche Hand einzelne Kreditkonditionen bei der Fremdkapitalaufnahme des mittelständischen Unternehmens beeinflussen. So übernimmt die öffentliche Hand bei der Gewährung von Zinsbeihilfen ganz oder teilweise die Fremdkapitalkosten des mittelständischen Unternehmers. Da es sich bei Zinsverbilligungen um längerfristige Maßnahmen handelt, die nicht in einem Haushaltsjahr abgeschlossen sind, sondern auch zukünftige Haushaltsjahre belasten, ergibt sich zunächst die Aufgabe, die längerfristigen Finanzhilfen mit dem Prinzip der Jährlichkeit des Budgets in Einklang zu bringen. Die Anpassung erfolgt auf Grund des § 45 b RHO[201]. Er besagt:

1. „Verträge, durch die das Reich verpflichtet werden soll, über ein Rechnungsjahr hinaus Auszahlungen zu leisten, dürfen endgültig erst abgeschlossen werden, nachdem erstmals durch den Haushaltsplan die Ausgabemittel zur Deckung der aus ihnen dem Reiche erwachsenden Ausgaben bewilligt worden sind oder die Genehmigung zum Vertragsabschluß durch den Haushaltsplan erteilt ist. Der Reichsminister der Finanzen kann für dringende Fälle Ausnahmen hiervon zulassen.
2. Vor dem Abschluß von Verträgen der im Absatz 1 genannten Art ist die Zustimmung des Reichsministers der Finanzen einzuholen, sofern er nicht ausdrücklich darauf verzichtet.

[201] Vgl. *Vialon, F. K.:* Haushaltsrecht, 2. Aufl., Berlin und Frankfurt 1959, S. 348 ff. und S. 671 ff.

3. Die vorstehenden Vorschriften gelten nicht für im Rahmen der laufenden Verwaltung abgeschlossene, ihrer Natur nach regelmäßig wiederkehrende Verträge[202]."

Für die Zinsverbilligungsmittel müssen also entweder sogenannte Bindungsermächtigungen im Rahmen des laufenden Haushaltsplanes vorliegen, oder sie müssen im laufenden Plan als Ausgaben festgesetzt sein.

Hinsichtlich der Formen der Zinsverbilligung gibt es für die öffentliche Hand grundsätzlich zwei Möglichkeiten:

a) „die Verbilligung des Marktzinssatzes auf einen bestimmten Zinssatz für den Letztkreditnehmer,

b) die Verbilligung des Marktzinssatzes um einen bestimmten Prozentsatz[203]."

Wendet die öffentliche Hand die erste Methode an, dann „... gelangen alle Kreditnehmer, ob groß oder klein, gleichgültig, ob sie in einem kapitalschwachen oder in einem kapitalreichen Land wohnen, ob sie Verbindung mit einer potenten Bank mit großen Spareinlagen haben oder von einem kapitalärmeren Institut betreut werden, immer zu dem gleichen Endzinssatz[204]." Dem Vorteil einer für den Kreditnehmer fixierten Zinsbelastung in Form feststehender Kalkulationsunterlagen stehen mehrere Nachteile gegenüber. Der von der öffentlichen Hand zu zahlende Zuschuß ist nicht festgelegt, sondern muß sich den normalen Zinssatzschwankungen des Kapitalmarktes anpassen. Die Höhe der effektiven Zinsverbilligung ist also je nach Kapitalmarktlage unterschiedlich. Die Verbilligung des Marktzinssatzes auf einen bestimmten Zinssatz setzt die Haushalte „kapitalmarktpolitischen Bewegungen aus, sie macht den Ansatz für Zinsverbilligungen zu einer abhängigen Variablen der Schwankungen des Kapitalmarktzinssatzes und damit letztlich der Diskontpolitik der Notenbank[205]". Hansmeyer spricht hier von dem Sichtbarwerden eines direkten Zielkonfliktes zwischen Geld- und Finanzpolitik, da in einer restriktiven Phase, wegen der Langfristigkeit der Zinsverbilligungsverträge der öffentlichen Hand ein konjunkturgerechtes Verhalten nicht möglich sei. Zusätzlich zu dieser Gefahr tritt diejenige einer bewußt schlechteren Konditionenstellung durch die Banken für die in Frage kommenden Kreditnehmer, so daß es neben der Subventionierung der kreditnehmenden Unternehmen leicht zu einer Subvention der kreditgebenden Banken kommt[206].

Bei der reinen Anwendung der zweiten Methode ist der Kreditnehmer gezwungen, sich den variierenden Kapitalmarktzinssätzen anzupassen, da hier die öffentliche Hand immer nur den gleichen Verbilligungsprozentsatz gewährt. Der öffentliche Kreditgeber kann hier immer mit festen Zuschußbeträgen rechnen, und gleich-

[202] Diese Bestimmungen gelten auch für die einzelnen Länder

[203] Vgl. *Wysocky, K.:* Öffentliche Finanzierungshilfen, a. a. O., S. 88

[204] *Steding, F.:* Die Zinsverbilligungsmaßnahmen des Bundesministeriums für Ernährung, Landwirtschaft und Forsten, Begründung und Kommentar, Frankfurt (Main) 1955, S. 59

[205] *Hansmeyer, K. H.:* Finanzielle Staatshilfen für die Landwirtschaft, Tübingen 1963, S. 209

[206] Vgl. *Wysocky, K.:* Öffentliche Finanzierungshilfen, a. a. O., S. 89

zeitig ist die Gewähr gegeben, daß den Kreditnehmern keine höheren Zinssätze abverlangt werden, weil sie ein eigenes Interesse an möglichst niedrigen Bankzinssätzen haben, um den Zinszuschuß sich voll auswirken zu lassen. Die öffentliche Hand hat die unterschiedlichen Nebenwirkungen der beiden Zinsverbilligungsformen erkannt und macht im Bereich des Mittelstandskredits ausschließlich von der zweiten Methode Gebrauch.

Ebenso wie bei der Vergabe von öffentlichen Krediten wird der Kreis der Zuschußempfänger durch die Zielsetzungen der öffentlichen Hand begrenzt. Diese Zwecke der Zinsverbilligungen stimmen mit denen der staatlichen Kredite grundsätzlich überein. Als förderungswürdige Vorhaben kommen vor allem in Betracht:

a) Maßnahmen in den Sanierungs-, Grenz- und Zonenrandgebieten mit hohem arbeitsmarktpolitischem Effekt;
b) Gründung selbständiger Existenzen durch Nachwuchskräfte;
c) Errichtung von Betrieben in neuen Wohnsiedlungen und neugeordneten Stadtkernen;
d) Umstellungsvorhaben von Betrieben, die sich infolge der technischen und wirtschaftlichen Entwicklung in einer Strukturänderung befinden;
e) allgemeine Modernisierungs- und Rationalisierungsmaßnahmen;
f) Maßnahmen, die zur wirtschaftlichen Eingliederung von Personen dienen, die von Kriegs- und Kriegsfolgeschäden betroffen sind.

Die Zinszuschüsse sollen in den Fällen gegeben werden, in denen öffentliche Darlehen nicht erforderlich sind, normale Bankkredite also zur Verfügung stehen, den Unternehmen aber die Ertragskraft fehlt, um die normale Zinsbelastung tragen zu können. Zinszuschüsse sollen grundsätzlich dann nicht gewährt werden, wenn sie auf Grund der Finanz- oder Rentabilitätsverhältnisse des Kreditnehmers ungerechtfertigt wären, oder wenn die Kredite aus Mitteln der öffentlichen Hand stammen, was bei einer etwa trotzdem zusätzlichen Zinsverbilligungsaktion zu einer ungerechtfertigten Kumulierung von Zinsvorteilen führen würde[207]. Um diesen unerwünschten Mißbräuchen vorzubeugen, ist neben einer genauen Umschreibung der Zwecke der einzelnen Zinsverbilligungsmaßnahmen das gesamte Bewilligungsverfahren im Gegensatz zu demjenigen bei den meisten öffentlichen Kreditaktionen der Verwaltung zugeordnet[208]. Als Beispiel mag das Vergabeverfahren von Zinszuschüssen an die gewerbliche Wirtschaft im Lande Rheinland-Pfalz dienen:

a) „Die Anträge auf Gewährung von Zinszuschüssen sind von den Betrieben nach einem Formblatt der Bezirksregierung über die zuständige Industrie- und

[207] Vgl. z. B. Bekanntmachung des Niedersächsischen Ministers für Wirtschaft und Verkehr v. 20. 2. 1962 — II/3a-4903 — GültL.MfWuV 82/38 betr.: Zinszuschüsse für Kredite an Betriebe des gewerblichen Mittelstandes (Rechnungsjahr 1962)

[208] Mit Ausnahme des Bewilligungsverfahrens für die Gewährung von Zinszuschüssen an die mittelständische Wirtschaft der Hansestadt Hamburg: Über die Bewilligung von Zinszuschüsse für Kredite bis zu 35 000 DM „entscheiden die Kreditinstitute". Vgl. Richtlinien der Freien und Hansestadt Hamburg, Behörde für Wirtschaft und Verkehr für die Gewährung von Zinszuschüssen für Kredite an die mittelständische Wirtschaft v. 12. 1. 1962

Handelskammer oder Handwerkskammer vorzulegen. Dem Antrag muß eine Bereitwilligkeitserklärung der Hausbank beigefügt sein.

b) Die Bezirksregierungen überprüfen die eingegangenen Anträge gemäß den Richtlinien und nehmen Stellung zu der Förderungswürdigkeit des Antragstellers.

c) Anträge mit einer Darlehnssumme bis zu 10 000 DM verbleiben bei der zuständigen Bezirksregierung, die dem Ministerium für Wirtschaft und Verkehr ein Verzeichnis der Antragsteller mit der Bestätigung vorlegt, daß die Voraussetzungen der Richtlinien vom Antragsteller erfüllt sind. Alle übrigen Anträge sind dem Ministerium für Wirtschaft und Verkehr vorzulegen.

d) Das Ministerium entscheidet im Rahmen der verfügbaren Mittel über Gewährung aller Zinszuschüsse."

Die Funktion der Hausbank beschränkt sich also nur auf eine Bereitschaftserklärung über eine Kreditvergabe an den Antragsteller, die in der Regel Angaben über die Zinshöhe ohne Berücksichtigung des beantragten Zinszuschusses und über die vorgesehene Laufzeit und die Tilgungsmodalitäten enthält. Der Antrag des Kreditnehmers enthält vornehmlich Angaben über seine persönlichen Verhältnisse, über die betrieblichen Verhältnisse, die geplanten Investitionsvorhaben und die Finanzierung dieser Vorhaben. Um eine wirtschaftliche Verwendung der Zinszuschußmittel zu erreichen, muß sich der Antragsteller in der Regel in angemessenem Umfang selbst beteiligen. Um der Gefahr vorzubeugen, daß Kreditgeber und Kreditnehmer unverhältnismäßig lange Laufzeiten für die zinsverbilligten Kredite vereinbaren, erfolgt die Gewährung eines Zinszuschusses in der Regel nicht für die gesamte Laufzeit, sondern ist je nach Verwendungszweck befristet[209]. Bei der Errechnung des Zinszuschusses werden vom Kreditbetrag außer den Tilgungsbeträgen etwaige außerplanmäßige Rückzahlungsraten abgesetzt. Drei Komponenten bestimmen also die Höhe des einzelnen Zuschusses: der jeweilige Verbilligungsprozentsatz, die Anfangshöhe des zu verbilligenden Darlehens und die zwischenzeitlich erfolgten Tilgungen. Befristeter Verbilligungsprozentsatz und Anfangshöhe des zu verbilligenden Darlehns werden von der öffentlichen Hand in den einzelnen Richtlinien festgesetzt. Die effektive Subvention richtet sich nach den im Verbilligungszeitraum erfolgten Tilgungen. Um zu vermeiden, daß die Kreditpartner mit den Tilgungen erst am Ende dieses Zeitraumes einsetzen, haben die Banken in der Bereitschaftserklärung einen genauen Tilgungsplan vorzulegen. Um ferner der

[209] Vgl. Gemeinsame Richtlinien des Ministers für Finanzen und Forsten und des Ministers für Wirtschaft, Verkehr und Landwirtschaft für die Gewährung von Zuschüssen an förderungswürdige und förderungsbedürftige mittelständische Betriebe zu den Zinsen nicht staatlicher Darlehen v. 21. 5. 1958/Amtsblatt des Saarlandes 1958, S. 679; vgl. ferner: Richtlinien des Senators für Wirtschaft und Außenhandel Berlin für Zinszuschüsse zur Förderung von Handwerk, Einzelhandel, Kleinindustrie und freien Berufen v. 9. 9. 1959; vgl. ferner: Richtlinien des Hessischen Ministers für Wirtschaft und Verkehr für die Durchführung der Zinsverbilligung zur Förderung des gewerblichen Mittelstandes v. 23. 2. 1961 (Staatsanzeiger für das Land Hessen 1961, S. 306)

Gefahr zu begegnen, daß die gewährten Zinszuschüsse zu einer Subventionierung der Hausbanken führen, werden für die Zinssätze der Hausbanken Höchstgrenzen festgesetzt. So heißt es z. B. in den Hamburger Richtlinien[210]: „Die Kredite, für die Zinszuschüsse gewährt werden, dürfen jährlich höchstens mit 3¹/₂⁰/₀ (effektiv, einschließlich Kreditprovision) über dem Lombardsatz zu verzinsen sein."

Die Zinsverbilligung kann jederzeit widerrufen werden und die Zinszuschüsse sind sofort zurückzuzahlen, wenn der Kreditnehmer wesentliche Bedingungen des Zinsverbilligungsvertrages verletzt oder in seiner Person Umstände eintreten, die eine Verbilligung nicht mehr rechtfertigen. Als wesentliche Verstöße gegen die Richtlinien gelten:

a) Nicht zweckentsprechende Verwendung der zinsverbilligten Mittel;
b) falsche Angaben des Kreditnehmers über seine wirtschaftlichen und persönlichen Verhältnisse;
c) in Verzug geraten mit den vertraglich festgelegten Tilgungsraten;
d) Nichteinhalten sonstiger wesentlicher Kreditbedingungen;
e) Eröffnung des Vergleichs- oder Konkursverfahrens über das Vermögen des Kreditnehmers oder Leistung des Offenbarungseides durch den Kreditnehmer.

Die kreditbewilligenden Stellen sind berechtigt, hinsichtlich der Unterlagen für den zinsverbilligten Kredit jederzeit Prüfungen vorzunehmen; die Landesrechnungshöfe können jederzeit die bestimmungsgemäße Verwendung der Mittel an Ort und Stelle nachprüfen; die Prüfung kann sich, falls notwendig, auch auf die sonstige Wirtschaftsführung erstrecken[211].

II. Die administrativen Maßnahmen

1. Die Sicherheitsleistungen der öffentlichen Hand

Um zu hohe Haushaltsbelastungen zu vermeiden, kann sich die öffentliche Hand an Stelle der Gewährung zinsgünstiger Kredite der bloßen Hilfeleistung bei der Aufnahme von Fremdkapital durch die Gewährung von Sicherheiten bedienen.

[210] Vgl. Richtlinien der Freien und Hansestadt Hamburg, Behörde für Wirtschaft und Verkehr für die Gewährung von Zinszuschüssen für Kredite an die mittelständische Wirtschaft v. 12. 1. 1962, a. a. O., S. 2; vgl. ferner: Richtlinien für die Vergabe von Zinszuschüssen aus Mitteln des Sondervermögens Grenzland (Grenzlandfonds) an die gewerbliche Wirtschaft im Lande Rheinland-Pfalz v. 1. 9. 1959, S. 3, a. a. O.; vgl. ferner: Richtlinien zum regionalen Förderungsprogramm und Entwicklungsprogramm für zentrale Orte in ländlichen, schwach strukturierten Gebieten (Bundesanzeiger Nr. 241 v. 14. 12. 1960, Nr. 46 v. 7. 3. 1961 und Nr. 18 v. 26. 1. 1962)

[211] Von diesem Prüfungsrecht wird, wenn überhaupt, dann höchstens im Stichprobenverfahren Gebrauch gemacht.

Den zu fördernden Unternehmen fehlt es häufig an der Fähigkeit, die vom privaten Kapitalmarkt geforderten Sicherungsansprüche zu erfüllen, sei es, daß ihnen solche Sicherheiten überhaupt nicht zur Verfügung stehen, sei es, daß auf Grund bereits bestehender Kreditverhältnisse die Sicherungskapazität ausgeschöpft ist. Durch die Gewährung von Bürgschaften und Garantien verschafft die öffentliche Hand den Unternehmen trotz bestehender Sicherheitslücken die Möglichkeit, ihren Kapitalbedarf auf dem Kapitalmarkt zu decken.

a) Gesetzliche Grundlagen

Die rechtlichen Grundlagen für die Sicherheitsaktionen bilden für Bund und Länder die gesetzlichen Ermächtigungen und die jeweiligen Haushaltsgesetze. In Artikel 115 des Grundgesetzes heißt es, daß Sicherheitsleistungen zu Lasten des Bundes, deren Wirkung über ein Rechnungsjahr hinausgeht, nur auf Grund eines Bundesgesetzes erfolgen dürfen. In dem Gesetz muß der Umfang der Verpflichtung, für die der Bund die Haftung übernimmt, bestimmt sein.

Die Ermächtigungen zur Übernahme von Sicherheitsleistungen wurden bis jetzt vornehmlich in Spezialgesetzen ausgebracht[212]. „Angesichts der zunehmenden Bedeutung und Höhe der Bürgschaftsmaßnahmen erwies es sich aus finanzpolitischen und technischen Gründen als zweckmäßig, diese Ermächtigungen jeweils im Haushaltsgesetz zusammenzufassen. Nunmehr sind die gesetzgebenden Körperschaften in der Lage, für jedes Haushaltsjahr die Höhe des Bürgschaftsrahmens und die Voraussetzungen für die Übernahme der einzelnen Gewährleistungen unter Berücksichtigung der jeweiligen Erfordernisse sowie der Möglichkeiten des Bundeshaushalts festzusetzen[213].“ Diese Reformbestrebungen gelten vorläufig nur für die Ermächtigungen zur Übernahme von Bundesbürgschaften; sie sollen noch dadurch verstärkt werden, daß die alten Spezialgesetze durch ein besonderes Gesetz außer Kraft zu setzen sind. Außer in Spezialgesetzen und in den einzelnen Haushaltsgesetzen können sich die Ermächtigungen zur Übernahme von Sicherheitsleistungen in den Gesetzen über die Sonderinstitute der öffentlichen Hand befinden, die sich mit Finanzierungshilfen an die gewerbliche Wirtschaft befassen[214].

[212] Vgl. z. B.: Gesetz über die Übernahme von Sicherheitsleistungen und Gewährleistungen zur Förderung der deutschen Wirtschaft v. 6. 12. 1954 (BGBl I, S. 365) geändert am 17. 5. 1957 (BGBl I, S. 517); ferner: Gesetz zur Übernahme von Sicherheitsleistungen zur Förderung der Hamburger Wirtschaft einschließlich der Seeschiffahrt v. 9. 7. 1958 (Hamburgisches Gesetz- und Verordnungsblatt 1956, S. 233); ferner: Landesgesetz über die Aufnahme von Krediten und die Übernahme von Bürgschaften durch das Land Rheinland-Pfalz v. 30. 12. 1948 (Gesetz- und Verordnungsblatt 1949, S. 3) in der Fassung der Änderungsgesetze v. 18. 12. 1952 (GVBl 1952, S. 168), v. 24. 10. 1956 (GVBl 1956, S. 122) und v. 20. 12. 1958 (GVBl 1959, S. 3)

[213] Finanzbericht 1962, S. 350

[214] Vgl. z. B.: Bekanntmachung der Neufassung des Gesetzes über die Kreditanstalt für Wiederaufbau v. 18. 10. 1961 (veröffentlicht im Bundesgesetzblatt 1961, Teil I, S. 1877, § 2)

b) Die Maßnahmen

Einen Überblick über die Sicherheitsleistungen, die unter unmittelbarem oder mittelbarem Einfluß des Bundes und der Länder bisher gewährt wurden, zeigt die vorstehende Tabelle 27.

Für den mittelständischen Kreditnehmer, der seine Kreditfähigkeit durch Sicherheitsleistungen der öffentlichen Hand verbessern will, ist wie bei allen zweckgebundenen Maßnahmen Grundvoraussetzung, daß er in den Bereich der für förderungswürdig erachteten Unternehmen fällt. Ein Rechtsanspruch auf die Übernahme von Sicherheitsleistungen durch die öffentliche Hand besteht nicht. Zu dem grundsätzlichen Zweck der Sicherheitsleistungen, Unternehmen an einer ausreichenden Kreditfinanzierung durch das Bankgewerbe teilhaben zu lassen, auch wenn bankmäßige Sicherheiten in genügendem Umfang nicht zur Verfügung stehen, treten die je nach der Aktion mehr oder weniger differenzierenden und damit die Antragsberechtigung mehr oder weniger einengenden Zielsetzungen der öffentlichen Hand. Es besteht daher die Notwendigkeit, die Sicherheitsmaßnahmen zu spezifizieren, um einen Überblick über die mittelstandsrelevanten Maßnahmen zu gewinnen.

Der Bund stellt für die verschiedensten Ziele Bürgschaften zur Verfügung. § 1 des Gesetzes über die Übernahme von Sicherheitsleistungen und Gewährleistungen zur Förderung der deutschen Wirtschaft vom 21. Juli 1951 einschließlich der Änderungsgesetze[215] ermächtigt die Bundesregierung zur Durchführung von Programmen, sofern eine Finanzierung einzelner Vorhaben in anderer Weise nicht möglich ist und ein allgemeines volkswirtschaftliches Interesse an der Durchführung solcher Maßnahmen besteht[216]. Zum gegenwärtigen Zeitpunkt fördert der Bund, wenn von Ausfuhrbürgschaften, Ausfuhrgarantien und Garantien für Kapitalanlagen im Ausland abgesehen wird, die inländischen Wirtschaftsunternehmen mit folgenden Programmen[217]:

Er gewährt Bundesbürgschaften allgemein zur Förderung der deutschen Wirtschaft. Es muß sich um Maßnahmen von überregionaler Bedeutung handeln, und eine Finanzierung dieser Vorhaben darf auf andere Weise nicht möglich sein. Grundvoraussetzung für die Gewährung dieser Bürgschaften bildet ein allgemeines

[215] Vgl. BGBl II, S. 1545 (BGBl I, S. 365, BGBl I, S. 517)

[216] Das Gesetz einschließlich der Änderungsgesetze bildete bisher die Grundlage für die Sicherheitsleistungen des Bundes im Rahmen folgender Hilfsmaßnahmen:

a) Arbeitsbeschaffungsprogramm der Bundesregierung 1950
b) Filmbürgschaften beginnend 1950
c) Maßnahmen zugunsten des Bergbaues, der eisenschaffenden und eisenverarbeitenden Industrie sowie der chemischen Industrie
d) Maßnahmen zur Förderung der Verkehrs- und Elektrizitätswirtschaft
e) Maßnahmen zugunsten des gewerblichen Mittelstandes (Handwerk, Handel, Fremdenverkehr) durch Zwischenschaltung sog. „Kreditgarantiegemeinschaften"
f) Maßnahmen zugunsten von karitativen Einrichtungen mit wirtschaftlichem Charakter
g) Maßnahmen für die sonstige Wirtschaft (zit. nach Wysocky, K.: a. a. O., S. 65)

[217] Vgl. *Dittes, H.:* a. a. O., S. 8 f.

volkswirtschaftliches Interesse an der Durchführung solcher Maßnahmen. Die Höhe des für diese Zwecke eingesetzten Bürgschaftsvolumens beträgt 1,45 Milliarden DM. Für den Erhalt solcher Bürgschaftsmittel kommen nur mittelständische Unternehmen von überregionaler Bedeutung in Betracht.

Neben diesen allgemeinen Bürgschaften sichert der Bund zusammen mit den Ländern die Ausfallbürgschaften der Kreditgarantiegemeinschaften für mittel- und langfristige Kredite von Bankinstituten an Handwerksbetriebe und mittelständische Unternehmen des Handels, des Beherbergungsgewerbes und teilweise der Industrie durch Bürgschaften ab[218].

Erwähnung verdienen ferner die Bürgschaftsaktionen für Betriebsmittelkredite an Unternehmen von Vertriebenen, Flüchtlingen und Kriegssachgeschädigten, die von der Lastenausgleichsbank je nach Risikobeteiligung der Hausbanken allein oder in Verbindung mit den einzelnen Ländern durchgeführt werden, und die Bürgschaften des Bundes zur Förderung des Wohnungsbaus und des Baues gewerblicher Räume. Im Zusammenhang mit dem Bau von Wohnungen im Sinne des Wohnungsbaugesetzes können hier Bürgschaften für den Bau gewerblicher Räume zur Verfügung gestellt werden.

Besonders die Bürgschaften der einzelnen Länder und ihrer Sonderinstitutionen sollen den Unternehmen helfen, die Sicherheitslücken zu schließen. Ein kurzer Überblick über die gegenwärtig laufenden Aktionen wird dies bestätigen.

Bürgschaften des Landes Baden-Württemberg können für Kredite übernommen werden, die von Kreditinstituten und Versicherungsunternehmen im Rahmen von Bürgschafts- oder Kreditprogrammen des Bundes, des Ausgleichsfonds, der Lastenausgleichsbank, der Kreditanstalt für Wiederaufbau oder einer anderen Zentralstelle an Unternehmen des Landes gewährt werden. Ferner für Vorhaben, für die ein vordringliches volkswirtschaftliches oder arbeitsmarktpolitisches Bedürfnis besteht[219]. Antragsberechtigt sind gewerbliche Unternehmen, vor allem die mittelständische Wirtschaft in den zurückgebliebenen Gebieten des Landes und gewerbliche Unternehmen von Vertriebenen, Flüchtlingen, Kriegssach- und Demontagegeschädigten[220].

Bayern gewährt Staatsbürgschaften allgemein für Kredite aus Bundesprogrammen und aus sonstigen Förderungsmitteln, aber nur, wenn der Kredit mangels

[218] Der Bund hat bisher Bürgschaften in Höhe von 44,3 Millionen DM zugunsten des Handwerks, in Höhe von 29,9 Millionen DM zugunsten des Handels, in Höhe von 3,0 Millionen DM zugunsten des Fremdenverkehrs und in Höhe von 4,5 Millionen DM zugunsten der mittelständischen Industrie zur Verfügung gestellt (Finanzbericht 1962, S. 353)

[219] Vgl. Richtlinien für die finanzielle Gewerbeförderung des Landes Baden-Württemberg v. 14. 9. 1955, a. a. O., S. 2

[220] Seit der Währungsreform hat das Land Baden-Württemberg Gewährleistungen für die Finanzierung von mittel- und langfristigen Investitionen in der Höhe von 750 Millionen DM übernommen. Die Ausfälle liegen knapp unter einem Prozent der eingegangenen Verpflichtungen (zit. bei *Meyer, F.:* Risikoreiche langfristige Investitionsfinanzierung von Wachstumsfirmen, Diss. Zürich und St. Gallen 1962, S. 119)

bankmäßiger Sicherheiten sonst nicht gewährt wird und wenn an der Durchführung des mit dem Kredit zu fördernden Vorhabens ein volkswirtschaftliches und sozialpolitisches Interesse besteht. Bevorzugt werden besonders Staatsbürgschaften für Großkredite und für Maßnahmen der Energieversorgung. Bis zum 31. Dezember 1960 hat Bayern 25 124 Bürgschaften übernommen, mit denen Kredite von rund 2,1 Milliarden DM verbürgt wurden. In 1966 Fällen mußte das Land mit insgesamt 92 Millionen DM in die Bürgschaft eintreten. Bis Ende 1960 sind allerdings 13,5 Millionen DM auf dem Regreßweg wieder eingegangen[221]. Nach F. Meyer ist diese hohe Verlustquote auf die Ansiedlung zahlreicher Flüchtlingsbetriebe in Bayern zurückzuführen.

„Die Freie und Hansestadt Bremen gewährt Bürgschaften an mittelständische Unternehmen in dem Umfang, wie sie zur Erlangung von ERP- oder anderen Bundeskrediten erforderlich sind, bzw. wenn bei nachrangigen Hypothekendarlehen ein besonderes volkswirtschaftliches Interesse vorliegt oder wenn der Wiederaufbau von Geschäftshäusern im kommunalen Interesse liegt[222]." Neben diesen allgemeinen Bürgschaften liegen noch spezielle Programme für die Fischwirtschaft und für den Bau und Erwerb von See- und Binnenschiffen vor.

Außer für Gemeinschaftseinrichtungen der Wirtschaft übernimmt die Freie und Hansestadt Hamburg Sicherheitsleistungen nur für bestimmte, genau abgegrenzte Verwendungszwecke. So etwa für[223]:

Kredite an Unternehmen, die sich auf Staatsgrundstücken im Hafengebiet befinden und nicht in der Lage sind, Grundpfandrechte zur Sicherung von Krediten anzubieten;

Förderungsmaßnahmen des Bundes für einzelne Wirtschaftsbereiche oder Einzelvorhaben von regionaler Bedeutung, sofern die Sicherheitsleistung Hamburgs zur Durchführung des Vorhabens erforderlich ist und Hamburger Unternehmen sonst im Wettbewerb gegenüber Betrieben außerhalb Hamburgs benachteiligt wären;

Kredite an Unternehmen, die aus stadtplanerischen Gründen oder zur Beseitigung von Verkehrsengpässen ihren Betrieb verlegen müssen, sofern die zur Verfügung stehenden Mittel einschließlich der Entschädigungen durch zu verbürgende Fremdmittel ergänzt werden müssen;

Kredite an Unternehmen zur Errichtung von Betrieben auf Flächen, die als Geschäfts- und Industriegebiete ausgewiesen, aber noch nicht bebaut sind.

Mit Hilfe der Bürgschaften des Landes Hessen soll Vertriebenen, Flüchtlingen, Verfolgten und Spätheimkehrern die Aufnahme von Krediten in Fällen, in denen eine Finanzierung auf andere Weise nicht durchgeführt werden kann, ermöglicht

[221] Vgl. *Meyer, F.:* Risikoreiche langfristige Investitionsfinanzierung von Wachstumsfirmen, a. a. O., S. 120

[222] Vgl. *Dittes, H.:* a. a. O., S. 18

[223] Vgl. Richtlinien v. 22. 7. 1958 für die Übernahme von Sicherheitsleistungen durch die Freie und Hansestadt Hamburg auf Grund des Gesetzes zur Übernahme von Sicherheitsleistungen zur Förderung der Hamburger Wirtschaft einschließlich der Seeschiffahrt v. 9. 7. 1958 (Hamburgisches Gesetz- und Verordnungsblatt, S. 233)

werden. Außerdem können Finanzierungsobjekte aus übergeordneten volkswirtschaftlichen oder staatspolitischen Erwägungen gefördert werden[224].

Die Länder Niedersachsen und Nordrhein-Westfalen gewähren Bürgschaften allgemein. In Niedersachsen dienen sie vor allem zur Verbesserung der Wirtschaftsstruktur der Zonenrandgebiete, zur Ermöglichung der Eingliederung förderungswürdiger Personen in den Wirtschaftsprozeß und für sonstige volkswirtschaftlich dringende Vorhaben. Das Land Nordrhein-Westfalen gewährt Bürgschaften in den Fällen, in denen förderungswürdige Personen ihre Vorhaben sonst nicht durchführen könnten.

In Rheinland-Pfalz besteht für die gewerbliche Wirtschaft bei wirtschaftlicher Förderungswürdigkeit die Möglichkeit, Bürgschaften für Investitionskredite aus Haushaltsmitteln und durch die Finanzierungs-Aktiengesellschaft Speyer[225] zu bekommen. Letztere besitzt ein Bürgschaftsvolumen von 30 Millionen DM. Betriebe, die durch Kriegs- und Kriegsfolgenschäden Verluste erlitten oder in Notstands- und Grenzgebieten ihren Sitz haben, sowie Betriebe, die Rationalisierungsmaßnahmen durchführen, und solche, die für den Export von Bedeutung sind, werden bevorzugt[226].

Saarländische Wirtschaftsbetriebe können Landesbürgschaften erhalten, wenn mit den zu verbürgenden Krediten volkswirtschaftlich wichtige Verwendungszwecke finanziert werden sollen oder wenn es sich um Kredite handelt, die von Vertriebenen, Flüchtlingen oder Kriegssachgeschädigten aufgenommen werden. In jedem Fall ist Grundvoraussetzung, daß die zu finanzierenden Maßnahmen in anderer Weise nicht oder nicht in dem gesamtwirtschaftlich erwünschten Umfange durchgeführt werden können[227].

Ebenso wie in Rheinland-Pfalz bestehen in Schleswig-Holstein zwei Möglichkeiten der staatlichen Kreditabsicherung. Einmal gewährt das Land auf Grund des Gesetzes zur Übernahme von Bürgschaften, Gewährleistungen und Kreditaufträgen vom 8. Februar 1955 allgemein Bürgschaften für Investitions- und Betriebsmittelkredite an Betriebe der gewerblichen Wirtschaft, zum anderen besteht die Möglichkeit, Bürgschaften der Wirtschaftsaufbaukasse Schleswig-Holstein AG für Investitionen in der Industrie, im Handwerk, Gewerbe einschließlich Beherbergungsgewerbe und im Verkehrssektor zu erhalten. Bis Ende 1960 sind für rund 922,6 Millionen DM Bürgschaften gewährt worden. Die erlittenen Verluste betragen etwa 0,7%.

[224] Vgl. *Dittes, H.:* a. a. O., S. 20

[225] Die Finanzierungs-Aktiengesellschaft ist ein Kreditinstitut, dessen Aktienkapital in den Händen des Landes liegt.

[226] Merkblatt (Ausgabe 1. 7. 1958) über die allgemeinen Bürgschaftsbedingungen der Finanzierungs-Aktiengesellschaft — Finag —

[227] Vgl. Haushaltsgesetz 1961 v. 21. 4. 1961 (Amtsblatt des Saarlandes 1961, S. 237)

c) Art und Höhe der Sicherheitsleistungen

Von den verschiedenen Möglichkeiten einer Sicherheitsleistung wendet die öffentliche Hand fast ausschließlich die Bürgschaft an. „Durch den Bürgschaftsvertrag verpflichtet sich der Bürge gegenüber dem Gläubiger eines Dritten, für die Erfüllung der Verbindlichkeit des Dritten einzustehen[228].“ Der Bürge übernimmt also nicht die Schuld des Hauptschuldners, er verpflichtet sich nur dem Gläubiger, ihn wegen seiner Forderung gegen den Hauptschuldner zu befriedigen. Die Schuld des Bürgen ist grundsätzlich gegenüber der des Hauptschuldners sekundär. Das Gesetz gibt dem Bürgen daher die Einrede der Vorausklage; er kann die Befriedigung des Gläubigers verweigern, solange dieser nicht eine Zwangsvollstreckung gegen den Hauptschuldner ohne Erfolg versucht hat[229]. Die Einrede der Vorausklage ist jedoch ausgeschlossen bei der sogenannten selbstschuldnerischen Bürgschaft. Hier kann der Bürge schon in Anspruch genommen werden, ohne daß der Versuch einer Zwangsvollstreckung durch den Gläubiger stattgefunden hat. Die Bürgschaft ist immer eine selbstschuldnerische, wenn der Bürge Vollkaufmann ist und die Bürgschaft für ihn ein Handelsgeschäft darstellt, d. h. zum Betriebe seines Handelsgewerbes gehört (HGB § 349 in Verbindung mit §§ 343, 351)[230]. Beide Arten von Bürgschaften können Ausfallbürgschaften sein. Die selbstschuldnerische Ausfallbürgschaft wird von der öffentlichen Hand bei ihren Sicherheitsleistungen bevorzugt, und zwar in der Form der sogenannten modifizierten Ausfallbürgschaft. Hierfür sprechen verschiedene Gründe. Bei der selbstschuldnerischen Ausfallbürgschaft brauchen die Kreditinstitute nicht erst in unter Umständen langwierigen Zwangsvollstreckungs-, Konkurs- oder Vergleichsverfahren die Zahlungsunfähigkeit ihres Kreditschuldners festzustellen, bevor sie die öffentliche Hand in Anspruch nehmen können, zum anderen liegt es nicht im Interesse der öffentlichen Hand, durch solche Verfahren eine Liquidation der von ihr geförderten Unternehmen herbeizuführen. Hinzu kommt, daß bei einer Einschaltung von Kreditinstituten eine einfache Bürgschaft nicht möglich ist, weil diese Vollkaufleute im Sinne des Handelsgesetzbuches sind. Die selbstschuldnerische Ausfallbürgschaft wird in der Regel durch Festlegung des Zeitpunktes modifiziert, in dem die Leistungspflicht der öffentlichen Hand eintritt. So heißt es in den Richtlinien für die Übernahme von Sicherheitsleistungen durch die Hansestadt Hamburg[231]: „Die Freie und Hansestadt Hamburg kann, sofern schriftlich nichts anderes vereinbart wird, aus einer Bürgschaftsverpflichtung erst in Anspruch genommen werden, wenn die Zahlungs-

[228] § 765 BGB

[229] Vgl. *Larenz, K.:* Lehrbuch des Schuldrechts II. Band, Besonderer Teil, München und Berlin 1956, S. 258

[230] Vgl. *Larenz, K.:* a. a. O., S. 258

[231] Vgl. Richtlinien der Freien und Hansestadt Hamburg v. 22. 7. 1958 für die Übernahme von Sicherheitsleistungen zur Förderung der Hamburger Wirtschaft einschließlich der Seeschiffahrt v. 9. 7. 1958 (Hamburgisches Gesetz- und Verordnungsblatt, S. 233)

unfähigkeit des Kreditnehmers durch Zahlungseinstellung, Eröffnung des Vergleichs- oder Konkursverfahrens, durch Leistung des Offenbarungseides oder auf sonstige Weise erwiesen ist und nennenswerte Eingänge aus der Verwertung der bestellten Sicherheiten und des sonstigen Vermögens des Kreditnehmers nicht oder nicht mehr zu erwarten sind." Ähnliche Normierungen für den Eintrittsfall der öffentlichen Hand finden sich bei den übrigen Bürgschaftsaktionen[232]. In besonders begründeten Fällen werden auch Ausfallbürgschaften übernommen, bei denen der Ausfall zu einem genauen Zeitpunkt, z. B. ein Jahr nach Schuldnerverzug, als festgestellt gilt[233]. Außer durch diese Art der Normierung des Ausfallzeitpunktes können die Bedingungen für die Inanspruchnahme aus der Bürgschaft auch dann eintreten, wenn durch das Gutachten eines mit Zustimmung des Bürgen bestellten Sachverständigen nachgewiesen wird, daß ein Ausfall in bestimmter Höhe zu erwarten ist. Die Höhe der modifizierten Ausfallbürgschaften der öffentlichen Hand wird in der Regel auf einen angemessenen Teil des Ausfalls beschränkt. In den seltensten Fällen wird das ganze Risiko einer Kreditvergabe durch die öffentliche Hand gedeckt. Soweit als möglich ist der verbürgte Kredit unter Berücksichtigung der wirtschaftlichen Lage des Antragstellers abzusichern. Zusätzlich wird in den meisten Fällen erwartet, daß das kreditgewährende Institut einen Teil des Risikos übernimmt. Durch die nur teilweise Deckung des Risikos durch die öffentliche Hand sollen die Kreditpartner zu einer wirtschaftlichen Verwendung der Kreditmittel angehalten werden.

d) Die Beeinflussung der Kreditverträge

Jedem Bürgen ist das Recht gegeben, seine Haftung soweit als möglich einzuschränken, um sich vor größeren Ausfällen zu schützen. Auch die öffentliche Hand versucht, durch besondere Auflagen und Bedingungen bei der Ausgestaltung der Kreditverträge das Risiko einer Inanspruchnahme zu begrenzen, indem sie den Kreditpartnern bis ins einzelne gehende Pflichten auferlegt. Hierbei kann es sich, je nach Auslegung, um echte Bedingungen handeln oder nur um Verpflichtungen, deren schuldhafte Verletzung allenfalls schadenersatzpflichtig macht.

Der Kreditgeber ist in der Regel verpflichtet, bei der Einräumung und Verwaltung des staatlich gesicherten Kredits die gleiche banküblìche Sorgfalt wie bei den unter eigenem Risiko gewährten Krediten anzuwenden. Er hat darauf zu achten, daß der staatlich verbürgte Kredit dem vom Bürgschaftsträger gewünschten Verwendungszweck zugeführt wird, daß die zusätzlichen Kreditsicherheiten mit bankühlicher Sorgfalt bestellt werden, und hat keine Änderungen der Sicherheiten ohne Einwilligung der öffentlichen Hand vorzunehmen. Er muß die bürgenden öffent-

[232] Vgl. Richtlinien der Lastenausgleichsbank für die Übernahme von Bürgschaften für Betriebsmittelkredite an Vertriebene, Sowjetzonenflüchtlinge und Kriegssachgeschädigte v. 5. 9. 1952 in der Fassung v. 1. 2. 1961

[233] Vgl. Richtlinien für die finanzielle Gewerbeförderung des Landes Baden-Württemberg v. 6. 7. 1955, a. a. O.

lichen Stellen über das Eintreten aller Tatbestände sofort benachrichtigen, die eine Rückzahlung des Kredits gefährden. Er muß sich dazu bereit erklären, die den staatlich gesicherten Kredit betreffenden Unterlagen jederzeit für Prüfungen durch die Rechnungshöfe zur Verfügung zu stellen[234].

Auch der Kreditsuchende unterwirft sich durch seinen Bürgschaftsantrag einer Reihe von Verpflichtungen. So hat er:

die vereinbarten Sicherheiten zu stellen;
den Kredit nur zu den im Kreditvertrag bezeichneten Zwecken abzurufen und zu verwenden;
jederzeit Auskünfte über die Verwendung des Kredits und seine Betriebsverhältnisse zu erteilen;
vor und während der Laufzeit des Kredits jederzeit (auf seine Kosten) der öffentlichen Hand zu ermöglichen, Betriebsprüfungen durch kaufmännische oder technische Sachverständige durchführen zu lassen;
seine beweglichen und unbeweglichen Vermögenswerte in angemessener Höhe gegen Brandschäden, Einbruch und Diebstahl versichert zu halten;
es während der Laufzeit des Kredits zu unterlassen, weitere Kreditabmachungen zu treffen, Sicherheiten aus seinen Vermögenswerten anderweitig zuzugestehen, Bürgschaften zu gewähren, noch den Realbesitz ganz oder teilweise zu veräußern oder irgendwie zu belasten.

Schließlich muß er das Kreditinstitut über alle für das Kreditverhältnis bedeutsamen Ereignisse unverzüglich benachrichtigen[235]. Ein meist gleichlautender Passus findet sich in den Richtlinien fast aller öffentlicher Bürgschaftsaktionen. Neben diesen Auflagen, die dem Schutz der die Sicherheit zur Verfügung stellenden öffentlichen Stellen dienen sollen, kann die öffentliche Hand durch Auflagen versuchen, Einfluß auf die engeren Kreditkonditionen zu nehmen. So werden (in der Regel) in den Bürgschaftsrichtlinien Auflagen hinsichtlich der Höhe des zu verbürgenden Kredits oder Kreditteils, der Laufzeit des Kredits und der Höhe des Zinssatzes gemacht. Die genaue Höhe des Zinssatzes für den Letztkreditnehmer wird in den seltensten Fällen festgelegt. In der Regel werden die Hausbanken in Form einer Empfehlung dazu angehalten, einen angemessenen Zins zu berechnen, der sich z. B. an der Höhe des Landeszentralbankdiskontsatzes ausrichten soll[236]. An sich sind die Möglichkeiten einer Beeinflussung der Kreditkonditionen bei Bürgschaften der öffentlichen Hand genauso gegeben wie bei der Vergabe von öffentlichen Krediten. Da sie jedoch keine Hausbank dazu zwingen kann, zu den von ihr festgelegten Konditionen öffentlich verbürgte Kredite zu gewähren, sieht sie ihre Aufgabe darin, darauf zu achten, daß die von ihr verbürgten Kredite nicht

[234] Vgl. z. B. Richtlinien für die Übernahme von Sicherheitsleistungen zur Förderung der Hamburger Wirtschaft v. 9. 7. 1958, a. a. O.

[235] Vgl. Merkblatt über die allgemeinen Bürgschaftsbedingungen der Finanzierungs-Aktiengesellschaft des Landes Rheinland-Pfalz, Ausgabe 1. 7. 1958

[236] Vgl. Richtlinien für die finanzielle Gewerbeförderung des Landes Baden-Württemberg, a. a. O.

schlechter konditioniert werden als normale Bankkredite. Damit ist die Aufgabe der öffentlichen Sicherheitsleistungen vornehmlich auf den Ersatz fehlender Sicherheiten beschränkt.

2. *Die Beteiligung der öffentlichen Hand an den Kreditgarantiegemeinschaften*

Nach einigen lokalen Lösungsversuchen[237] wurden Mitte der fünfziger Jahre nach dem Vorbild der Schweizer Bürgschaftsgenossenschaften in der Bundesrepublik auf Länderebene Kreditgarantiegemeinschaften des Handwerks und Handels gegründet, denen später in einigen Ländern solche des Gartenbaus, des Hotel- und Gaststättengewerbes und der mittleren Industrie folgten[238]. Aufgabe dieser Garantiegemeinschaften ist es, Ausfallbürgschaften gegenüber Kreditinstituten zu übernehmen, wenn bei mittelständischen Kreditnehmern bankmäßige Sicherheiten nicht oder nicht ausreichend zur Verfügung stehen. Die Funktion der Kreditgarantiegemeinschaften beschränkt sich also auf die Schaffung ausreichender Sicherungsmöglichkeiten für Kredite mittelständischer Kreditnehmer. Sie sollen eine Sicherungslücke ausfüllen oder nichtbankmäßige Sicherheiten ergänzen.

Die Kreditgarantiegemeinschaften nehmen weder Einlagen an, noch gewähren sie Kredite, ermangeln somit eines wesentlichen Kriteriums der Bankeigenschaft[239]. Sie sind also nicht als Konkurrenz zum Bankensektor zu verstehen, sondern übernehmen nur eine Ergänzungsfunktion.

Die Initiative zur Gründung der Kreditgarantiegemeinschaften ging von den Verbänden der mittelständischen gewerblichen Wirtschaft aus. Man wollte, ähnlich wie früher bei den Kreditgenossenschaften die Kreditversorgung, nun die Bürgschaftshilfe im Rahmen einer Selbsthilfeorganisation institutionalisieren. Man erkannte aber bald, daß es „ganz ohne Unterstützung der öffentlichen Hand vorerst nicht gehen werde[240]". Es war nicht möglich, durch die Kammern und Innungen des Handwerks der Einzel- und Großhandelsverbände in dem Maße Garantiekapital aufzubringen, um eine wirksame Bürgschaftshilfe zu gewährleisten. Die Banken waren nur bereit, Kredite zu vergeben, wenn die Sicherheit der Ausfallbürgschaft auch hundertprozentig feststand. Die Aufgaben der Kreditgarantiegemeinschaften konnten also nur dann erfolgreich gestaltet werden, wenn die öffentliche Hand sich bereit erklärte, die Sicherheit der Ausfallbürgschaften zu garantieren. Bund und Länder übernahmen eine globale Rückbürgschaft bis zu

[237] Vgl. *Fischer, H. G.:* a. a. O., S. 99–106

[238] Mit Ausnahme von Schleswig-Holstein, wo die schon früher gegründete Landesgarantiekasse GmbH diese Aufgabe übernommen hat, bestehen heute in allen Bundesländern und in West-Berlin Kreditgarantiegemeinschaften des Handels und des Handwerks. In Berlin wurde keine eigene Kreditgarantiegemeinschaft des Handwerks gegründet, die Aufgaben wurden dem Garantieverband des Berliner Handwerks übertragen.

[239] *Obst, G. und Hintner, O.:* Geld, Bank und Börsen, Stuttgart 1955, S. 184

[240] *Scharr, A.:* Kreditgarantiegemeinschaften im Handwerk, Bulletin des Presse- und Informationsamtes der Bundesregierung, Nr. 21 v. 14. 4. 1954, S. 617

80% der von den Kreditgarantiegemeinschaften übernommenen Ausfallbürgschaften[241]. Die Ausfallbürgschaft der Kreditgarantiegemeinschaft beträgt höchstens 80% des Kreditbetrages. Die Rückbürgschaftsquote des Bundes beträgt 48% der Ausfallbürgschaft, die der Länder 32%. Bis zum 31. Dezember 1960 wurden insgesamt Rückbürgschaften im Gesamtbetrage von 142,1 Millionen DM übernommen.

Rückbürgschaften des Bundes und der Länder in Mill. DM[242]

	Bund	Länder
KGG. des Handwerks	44,5	32,4
KGG. des Handels	29,9	22,5
KGG. des Hotel- und Gaststättengewerbes	3,1	2,2
KGG. der mittelständischen Industrie	4,5	3,0

Auf Grund dieser Rückbürgschaften der öffentlichen Hand war es den Kreditgarantiegemeinschaften möglich, Ausfallbürgschaften in Höhe des 10- bis 20fachen Betrages ihrer eigenen haftenden Mittel herauszulegen, weil die Banken die Sicherheit der Bürgschaften gewährleistet sahen[243].

Zusätzlich zu dieser Rückbürgschaft der öffentlichen Hand sind eine Reihe staatlicher Finanzierungshilfen getreten, die neben dem Stammkapital, das zur Deckung des Anteils am Kreditrisiko dient, der von den Kreditgarantiegemeinschaften selbst übernommen wird, einen besonderen Haftungsfonds darstellen. Hier sind besonders ERP-Darlehen zu erwähnen, die den Kreditgarantiegemeinschaften zum Teil direkt aus dem Sondervermögen, zum Teil über die Kreditanstalt für Wiederaufbau zugeteilt wurden. Es wurden bisher folgende Beträge zur Verfügung gestellt:

für das Handwerk	3 775 000 DM
für den Handel	2 302 000 DM
für das Hotel- und Gaststättengewerbe	200 000 DM

Diese Beträge sind den Kreditgarantiegemeinschaften zu ungewöhnlich niedrigen Zinssätzen gewährt worden. Sie sind nur bedingt rückzahlbar und können von

241 Die rechtliche Grundlage zur Garantieübernahme durch den Bund bildet das zweite Gesetz über die Übernahme von Sicherheitsleistungen und Gewährleistungen zur Förderung der Deutschen Wirtschaft v. 9. 6. 1953 (BGBl I, S. 380)

242 Zusammengestellt nach: Die Bundesregierung fördert den gewerblichen Mittelstand, hrsg. vom Presse- und Informationsamt der Bundesregierung 1961, S. 16

243 In Hessen hat der Minister für Arbeit, Wirtschaft und Verkehr durch Erlaß v. 16. 11. 1954 angeordnet, daß sogenannte selbstschuldnerische Ausfallbürgschaften von Kreditgarantiegemeinschaften des Hessischen Handwerks als satzungsgemäße Sicherheit (bei Sparkassen) hereingenommen werden können, und zwar mit Rücksicht darauf, daß die von den Kreditgarantiegemeinschaften verbürgten Darlehen größtenteils durch eine Rückbürgschaft des Bundes und des Landes gedeckt sind (zit. bei *Falter, M.:* Die Praxis des Kreditgeschäfts bei Sparkassen und anderen Kreditinstituten, Köln 1955, S. 529)

den Kreditgarantiegemeinschaften im gleichen Verhältnis wie ihre eigenen Mittel zur Abdeckung von Verlusten benutzt werden (Pro-rata-Klausel). Sind ihre eigenen Mittel aus Stammkapital, Sicherheits- und sonstigen Rücklagen und Teilen des Haftungsfonds erschöpft, so können die bedingt rückzahlbaren Darlehen unbeschränkt zur Verlustabdeckung benutzt werden. Die Aufteilung dieser Mittel auf die einzelnen Kreditgarantiegemeinschaften erfolgte zuerst nach dem sogenannten Bevölkerungsschlüssel, später nach dem Maße der Inanspruchnahme des Bürgschaftsvolumens bei den einzelnen Kreditgarantiegemeinschaften.

Außer diesen Darlehen sind den Kreditgarantiegemeinschaften zur Überbrückung von Anlaufschwierigkeiten aus dem ERP-Sondervermögen Zuschüsse zu den personellen und sachlichen Geschäftskosten gewährt worden, und zwar für das Handwerk 100 000 DM und für den Handel rund 65 000 DM. Für die noch nicht bedienten Kreditgarantiegemeinschaften wurden weitere 50 000 DM zur Verfügung gestellt[244]. Weiter hat der Bund dem „Verein für Nachwuchsförderung im Handwerk" Mittel zur Verfügung gestellt, die diesen in die Lage versetzten, das Kapital der Kreditgarantiegemeinschaft des deutschen Handwerks um 900 000 DM zu erhöhen. Diese wiederum hat den Betrag aufgeschlüsselt und in Form von Schuldversprechen an die Kreditgarantiegemeinschaften des Handwerks zur Verstärkung der Haftungsmittel weitergegeben[245]. Erwähnenswert ist noch, daß die Kreditgarantiegemeinschaften als gemeinnützig anerkannt wurden und deshalb von der Entrichtung der Körperschaftssteuer befreit sind.

Stellt man diesen Maßnahmen der öffentlichen Hand die Selbsthilfeleistungen der mittelständischen gewerblichen Wirtschaft gegenüber, so zeigt es sich, daß die Kreditgarantiegemeinschaften nur durch die Unterstützung von Bund und Ländern existenzfähig sind. Die von den Verbänden und Innungen zur Verfügung gestellten Mittel beschränken sich fast ausschließlich auf Gesellschaftsanteile am Stammkapital. Die Anteile an den übrigen haftenden Mitteln sind kaum erwähnenswert. Das Stammkapital wurde nicht ausschließlich von den Kammern, Innungen und Verbänden gezeichnet, sondern die Kreditinstitute und Versicherungen haben einen großen Teil der Geschäftsanteile übernommen.

Die erstrebte Qualifikation einer Selbsthilfeorganisation besitzen die Kreditgarantiegemeinschaften also noch nicht. So können sie nur Ausfallbürgschaften übernehmen und die Rückbürgschaft der öffentlichen Hand in Anspruch nehmen, wenn sie bestimmte Anordnungen über die Höhe, den Verwendungsszweck, Laufzeit der verbürgten Kredite, Höhe des Bürgschaftsrahmens usw. befolgen. „Die Vertreter der öffentlichen Hand sind von den Gesellschaften laufend über den Gang der Geschäfte zu unterrichten. Sie können Einsicht in die Bücher und Schriftverkehr der Gesellschaft nehmen und selbst oder durch einen Sachverständigen Prüfungen vornehmen. Das im Bürgschaftsvertrag vereinbarte Prüfungsrecht des

[244] Zahlenangaben aus: Die Bundesregierung fördert den gewerblichen Mittelstand, a. a. O., S. 17

[245] Vgl. *Fischer, H. G.:* Kreditgarantiegemeinschaften, a. a. O., S. 187

Rechnungshofes nach § 45 c der Reichshaushaltsordnung bleibt davon unberührt. Ferner sind sie zu allen Gesellschafterversammlungen, allen Verwaltungsratsitzungen und allen Ausschußsitzungen einzuladen und sind von allen Beschlüssen vor ihrer Durchführung in Kenntnis zu setzen[246]." Gegen die Stimme des Vertreters der öffentlichen Hand darf eine Bürgschaft nicht bewilligt werden. Diese weitgehenden Befugnisse der öffentlichen Hand lassen es gerechtfertigt erscheinen, sich im Rahmen dieser Arbeit näher mit dem Verfahren der Bürgschaftsübernahme und mit den Leistungen der Kreditgarantiegemeinschaften zu beschäftigen.

a) Das Verfahren der Bürgschaftsübernahme durch die Kreditgarantiegemeinschaften

Der mittelständische Kreditnehmer, der einen Kredit aufnehmen will und dem die bankmäßigen Sicherheiten fehlen, stellt bei seiner Hausbank einen Antrag auf Übernahme einer Ausfallbürgschaft durch die Kreditgarantiegemeinschaft. Diese leitet den Antrag mit den banküblichen Unterlagen an die Gemeinschaft. Die Kreditgarantiegemeinschaft wendet sich an die jeweilige Berufsorganisation des Antragstellers und bittet um eine gutachterliche Stellungnahme über die berufliche Qualifikation und charakterliche Eigenschaften des Bürgschaftssuchenden. Gemäß den Unterlagen und der Stellungnahme der Berufsorganisation, die vom Geschäftsführer der Kreditgarantiegemeinschaft zu einem Gesamtbericht vereinigt werden, entscheidet endgültig der Bewilligungsausschuß der Gesellschaft über den Bürgschaftsantrag[247]. Der Bewilligungsausschuß setzt sich zusammen aus Vertretern der beteiligten Mittelstandsorganisationen, der beteiligten Kreditinstitute und den Vertretern der öffentlichen Hand[248]. Der Bewilligungsausschuß beschließt mit einfacher Mehrheit. Bei Stimmengleichheit gilt der Antrag als abgelehnt. Ohne Einwilligung des Vertreters der Finanzbehörde darf eine Bürgschaft nicht bewilligt werden. Die gewährte Ausfallbürgschaft erstreckt sich außer auf den Kreditbetrag auch auf die Zinsen und Kosten, jedoch nur im Rahmen der übernommenen Bürgschaftshöhe. Der Bürgschaftsbetrag (übernommene Bürgschaftshöhe) darf nach den

[246] Vgl. z. B. § 33 des Gesellschaftsvertrages der Bürgschaftsgemeinschaft für das Hamburger Handwerk GmbH (Abschnitt 2–5)

[247] Organe einer jeden Gesellschaft sind: a) Gesellschafterversammlung, b) Geschäftsführer, c) Verwaltungsrat, d) Bewilligungsausschuß

[248] So setzt sich der Bewilligungsausschuß der Bürgschaftsgemeinschaft für das Hamburger Handwerk GmbH aus folgenden Mitgliedern zusammen:
a) den an der Gesellschaft beteiligten Handwerksorganisationen: 4 Mitglieder und 12 Stellvertreter
b) den beteiligten Kreditinstituten: 2 Mitglieder und 6 Stellvertreter
c) der Freien und Hansestadt Hamburg, Behörde für Wirtschaft und Verkehr: 1 Mitglied und 2 Stellvertreter
d) der Freien und Hansestadt Hamburg, Finanzbehörde: 1 Mitglied und 2 Stellvertreter
(Vgl. § 26 des Gesellschaftsvertrages der Bürgschaftsgemeinschaft für das Hamburger Handwerk GmbH in der Fassung v. 15. 3. 1962)

Geschäftsbedingungen der Kreditgarantiegemeinschaften 80% des Gesamtkredits nicht überschreiten[249]. Die Bürgschaften selbst sind an bestimmte Höchstgrenzen gebunden. Die Höchstgrenzen sind für die einzelnen Kreditgarantiegemeinschaften gesondert festgelegt; sie liegt für die meisten Kreditgarantiegemeinschaften des Handwerks bei 40 000 DM, bei den Gemeinschaften des Handels schwankt sie zwischen 40 000 DM (Einzelhandel) und 80 000 DM (Großhandel)[250].

a_1 Die Pflichten der Hausbank

Die Beziehungen zwischen dem kreditgewährenden Institut und der Kreditgarantiegemeinschaft werden durch die Geschäftsbedingungen der Gemeinschaft und durch die in der Bürgschaftsurkunde fixierten Bestimmungen geregelt.

Nach den Bürgschaftsrichtlinien ist die Hausbank verpflichtet, „bei der Einräumung, bei der Überwachung der von der Gesellschaft festgelegten Verwendung und der Verwaltung des verbürgten Kredits die gleiche bankübliche Sorgfalt wie bei den unter eigenem Risiko gewährten Krediten anzuwenden[251]".

Das kreditgewährende Institut verpflichtet sich ferner: „Die verbürgten Kredite und die für diese gestellten Sicherheiten gesondert zu verwalten;

die verbürgten Kreditforderungen nicht ohne die Zustimmung der Gesellschaft zu verpfänden oder abzutreten;

die Gesellschaft auf Verlangen aus der Bürgschaft zu entlassen, wenn die Hausbank durch zusätzliche Sicherheiten nach ihrer Auffassung eine bankmäßig genügende Sicherung für den Kredit erhalten kann;

die Kreditsicherheiten mit banküblicher Sorgfalt bestellen zu lassen, zu verwalten und zu verwerten;

keine Änderungen der Sicherheiten ohne Einwilligung der Gesellschaft vorzunehmen, sich in keinem Fall Sondersicherheiten für ihr Eigenrisiko bestellen zu lassen, die Kreditsicherheit nicht zu verringern und im Falle einer Verwertung den Erlös der Sicherheiten nachrangig der Gesellschaft zugute kommen zu lassen[251a]."

Ferner haben die Kreditinstitute die Pflicht, die vom Kreditnehmer zu zahlenden Bearbeitungsgebühren an die Kreditgarantiegemeinschaften zu überweisen und nach Eingang der jährlichen Zinsen ½% p. a. des jeweiligen Kreditbetrages abzuführen. Diese Provision soll die gewährten Kredite nicht verteuern. Nach der Über-

[249] Ausnahmen bilden Sonderaktionen; so wurden in Hamburg Kredite für „flutgeschädigte Betriebe" bis zu 100% verbürgt

[250] Gemäß Richtlinien für die Übernahme von Ausfallbürgschaften durch die Bürgschaftsgemeinschaft für Industrie, Handel und Verkehr GmbH, Hamburg, in der Fassung v. 28. 2. 1962 sind die Bürgschaftshöchstgrenzen wie folgt festgelegt:
Industrie 80 000 DM, Groß- und Außenhandel 80 000 DM, Einzelhandel 40 000 DM, Hotel- und Gaststättengewerbe 40 000 DM

[251] Nach Maßgabe des § 776 BGB wird die Kreditgarantiegemeinschaft von ihrer Verpflichtung entbunden, wenn die Bank diese Sorgfaltspflichten nicht beachtet und den in den Richtlinien festgelegten Bedingungen nicht nachkommt.

[251a] Richtlinien der Bürgschaftsgemeinschaft Hamburg v. 28. 2. 1962

nahme der Ausfallbürgschaft durch die Kreditgarantiegemeinschaften dürfen die Kreditgeber die Bedingungen des Kredits nicht selbständig ändern; ausgenommen sind nur Stundungen von Tilgungsraten und das oben erwähnte Beibringen von zusätzlichen Sicherheiten.

Von Bedeutung sind ferner die dem Kreditgeber auferlegten Auskunfts- und Mitteilungspflichten. So muß der Kreditgarantiegemeinschaft unverzüglich Mitteilung gemacht werden, wenn

„der Kreditnehmer mit der Zahlung der vereinbarten Zinsen und Tilgungsbeträge auf den verbürgten Kredit länger als zwei Monate in Verzug geraten ist;

die Bank feststellt, daß sonstige wesentliche Kreditbedingungen vom Kreditnehmer verletzt sind;

sich die Angaben des Kreditnehmers über seine Vermögensverhältnisse nachträglich als unrichtig oder unvollständig erweisen;

die Eröffnung des Vergleichs- oder Konkursverfahrens über das Vermögen des Kreditnehmers beantragt wird;

ihr sonstige Umstände bekannt werden, durch die nach ihrer Ansicht die Rückzahlung des verbürgten Kredits gefährdet wird[251b]".

Neben diesen Mitteilungspflichten sind die Kreditgeber verpflichtet, jederzeit eine Überprüfung ihrer wirtschaftlichen Verhältnisse durch den Bund, den Bundesrechnungshof und die Beauftragten der Länder zuzulassen — allerdings nur hinsichtlich der die Ausfallbürgschaft betreffenden Unterlagen — und diesen Stellen jederzeit Auskünfte zu erteilen.

a_2 Die Pflichten des Kreditnehmers

Durch die Ausfallbürgschaft wird der Kreditnehmer nicht von der Bereitstellung zusätzlicher Sicherheiten entbunden. Er ist verpflichtet, den Kredit bestmöglich zu sichern und die zur Verfügung gestellten Sicherheiten seinerseits gegen die üblichen Risiken versichert zu halten[252]. Die Kreditgarantiegemeinschaften versuchen besonders mit Hilfe der modernen Sicherheiten wie Anwartschaftsrechte und Sicherungsübereignungen, ihr Risiko zu beschränken, aber gleichzeitig die bekannten Unzulänglichkeiten dieser Rechtsinstitute so gut wie möglich zu begrenzen. So hat der Kreditnehmer bei noch nicht voll bezahlten Gegenständen die Anwartschaftsrechte auf Eigentumserwerb an die Hausbank abzutreten und bei voll bezahlten Gegenständen entweder die Sicherungsübereignung an die Hausbank vor Einbringen in die gemieteten Räume vorzunehmen oder eine Erklärung des Vermieters beizubringen, daß letzterer insoweit auf sein Vermieterpfandrecht verzichtet, der Hausbank gegenüber auf Verlangen den Nachweis über Mietzahlungen[253] zu führen, sofern er in einem Mietvertragsverhältnis steht und ihm gehörende Gegenstände,

[251b] Richtlinien der Bürgschaftsgemeinschaft Hamburg v. 28. 2. 1962

[252] So muß er der Hausbank die pünktliche Bezahlung der Versicherungsprämien jederzeit nachweisen können

[253] Vgl. § 559 BGB (Vermieterpfandrecht)

die für die Sicherung des Kredits herangezogen werden, mit dem Vermieterpfandrecht belastet sind.

Der Kreditnehmer ist verpflichtet, über alle besonderen Vorkommnisse der Hausbank zu berichten und die Zustimmung der Hausbank zum Verkauf und zur Änderung der Rechtsform des Unternehmens, zum Ausscheiden von Gesellschaftern und zur Verlegung des Sitzes oder der Betriebsstätte des Unternehmens einzuholen.

Neben diesen Mitteilungspflichten muß er jederzeit der Garantiegemeinschaft, dem Kreditgeber und der öffentlichen Hand Einsicht in Bücher und Geschäftspapiere gewähren und Prüfungen seines Betriebes zulassen. Die Kosten dieser Prüfungen hat er zu tragen, auch diejenigen, die seinen Kredit betreffend durch eine Prüfung beim Kreditgeber oder der Bürgschaftsgemeinschaft entstehen.

b) Die Voraussetzungen für die Übernahme von Ausfallbürgschaften

Nach den Richtlinien der Kreditgarantiegemeinschaften sind antragsberechtigt alle mittelständischen Unternehmen. Was unter einem mittelständischen Unternehmen zu verstehen ist, wird weder von den Gemeinschaften selbst noch von der öffentlichen Hand in ihren Rückbürgschaftserklärungen klar umrissen. Bei den Gemeinschaften des Handwerks sind formell antragsberechtigt alle Handwerksbetriebe, die in die Handwerksrolle eingetragen sind. Die Kreditgarantiegemeinschaften des Handels sprechen nur von mittelständischen Handelsunternehmen. Den Absichten der Initiatoren gemäß werden zwar nur selbständige Unternehmer in Frage kommen, wo aber die Grenze zwischen mittelständischen Unternehmen und Großbetrieb liegt, wird nicht gesagt. Ausfallbürgschaften werden in der Regel nur für Investitions- und Rationalisierungskredite ausgelegt. Die Kredite sollen der Errichtung, dem Wiederaufbau und der Modernisierung mittelständischer Unternehmen dienen. Daneben können auch Bürgschaften für Kredite, die der Geschäftsübernahme dienen, gewährt werden.

Die Unternehmen müssen die Gewähr bieten, daß sie existenz- und wettbewerbsfähig arbeiten oder mit Hilfe des verbürgten Kredits in der Lage sind, ihre Rentabilität und Wirtschaftlichkeit unter Beweis zu stellen. Ihr Rechnungswesen muß in der Lage sein, jederzeit Auskünfte über die Ertrags-, Umsatz- und Liquiditätsverhältnisse zu erteilen. Es werden also nur solche Betriebe in Frage kommen, die über eine ordentliche Buchführung verfügen.

c) Die Inanspruchnahme der Kreditgarantiegemeinschaften aus dem Bürgschaftsvertrag

Eine Ausfallbürgschaft kann erst dann in Anspruch genommen werden, wenn der Gläubiger einen Ausfall zu beklagen hat. Dabei müssen folgende Voraussetzungen vorliegen:

a) Die Zahlungsunfähigkeit des Darlehensnehmers muß erwiesen sein, und zwar durch Zahlungseinstellung oder Eröffnung des Konkurs- oder Vergleichsverfahrens oder durch Leistung des Offenbarungseides oder auf sonstige Weise und

b) nennenswerte Eingänge aus der Verwertung der nach Maßgabe des mit dem Darlehensnehmer abgeschlossenen Darlehensvertrages bestellten Sicherheiten oder aus der Verwertung des sonstigen Vermögens des Darlehensnehmers dürfen nicht mehr zu erwarten sein.

Bei einer solchen rechtlichen Ausgestaltung der Ausfallbürgschaft ist es für den Gläubiger schwierig, überhaupt an den Ausfallbürgen heranzutreten, da er vorerst in einem umständlichen und eventuell kostspieligen Verfahren den Beweis antreten muß, daß vom Kreditnehmer nichts mehr zu erwarten ist.

Da die Kreditinstitute eine solche Ausgestaltung der Ausfallbürgschaft nicht als Ersatz für reale Sicherheiten angesehen hätten, waren die Kreditgarantiegemeinschaften gezwungen, diese Bestimmungen zu modifizieren. So gilt der Ausfall in der Höhe des nicht getilgten Darlehens als festgestellt, wenn ein fälliger Zins- oder Tilgungsbetrag spätestens zwölf Monate nach besonderer schriftlicher Zahlungsaufforderung nicht eingegangen ist. Die Ausfallbürgschaft der Kreditgarantiegemeinschaft grenzt also fast an eine selbstschuldnerische Bürgschaft.

d) Die Leistungen der Kreditgarantiegemeinschaften

Die Kreditgarantiegemeinschaften des Handels, des Handwerks, des Verkehrsgewerbes, des Hotel- und Gaststättenwesens und des Gartenbaus haben bis Ende 1961 11 000 Bürgschaftsdarlehen mit einer Kreditsumme von einer viertel Milliarde DM ermöglicht[254]. Der überwiegende Teil dieser Bewilligungen, beinahe 90%, stammt von den Kreditgarantiegemeinschaften des Handwerks und des Handels. Die anderen Kreditgarantiegemeinschaften sind also noch von geringer Bedeutung. Die Zahl der bewilligten Bürgschaftskredite stieg im Handwerk auf rund 6700 und im Groß- und Einzelhandel über 3000. Der durchschnittliche prozentuale Garantieanteil, also das durchschnittliche Gesamtobligo betrug bei den Kreditgarantiegemeinschaften des Handwerks etwa 75,1%, bei denen des Handels rund 74,7% der bewilligten Kreditsummen (Einzelhandel 75,7%; Großhandel 72,4%). In beiden Bereichen liegen also die von den Kreditgarantiegemeinschaften verbürgten Kreditteile hart an der Grenze des richtlinienmäßig zulässigen Verbürgungsgrades von 80%; ein weiterer Beweis für die geringe Sicherungskapazität des gewerblichen Mittelstandes. Trotz dieser hohen Verbürgungsmöglichkeiten werden von den Kreditgarantiegemeinschaften nicht alle Anträge positiv beschieden, so wurden bei den zehn Kreditgarantiegemeinschaften des Handwerks bis Ende 1960 63,5% der eingegangenen Ersuche abgelehnt. Auf Grund dieser Bewilligungsgrundsätze ist auch die Ausfallquote bis jetzt kaum nennenswert gewesen. Als Beispiel mag die Hamburger Bürgschaftsgemeinschaft dienen, wo bis heute insgesamt nur sieben Ausfälle mit einem Obligo von rund 30 000 DM zu beklagen sind, bei einer Bürgschaftshöhe von etwas über 18 Millionen DM (Handwerk, Handel,

[254] *Reinermann, W.:* Der Bürgschaftskredit in Handel und Handwerk, in: Sparkasse, Heft 18 v. 15. 9. 1962, S. 276

Tabelle 28

Bürgschaftskredite im Handwerk[1] bis Ende 1961

Bundesland	Zahl der bewilligten Anträge	bewilligte Kreditsumme	verbürgte Kreditteile	prozentualer Garantie-anteil
Schleswig-Holstein	574	14 422 675	11 302 000	78,4
Hamburg	676	9 948 800	7 727 870	77,7
Niedersachsen	574	8 867 400	6 683 560	75,4
Bremen	105	2 305 700	1 742 260	75,6
Nordrhein-Westfalen	1 542	30 474 863	22 121 799	72,6
Hessen	872	17 274 098	13 184 064	76,3
Rheinland-Pfalz	273	4 735 500	3 659 650	77,3
Baden-Württemberg	1 259	28 413 300	21 227 700	74,7
Bayern	716	13 674 758	10 492 266	76,7
Saarland	106	2 606 648	1 484 783	57,0
Bundesgebiet	6 697	132 723 742	99 625 952	75,1

[1] Entnommen: *Reinermann, W.:* Der Bürgschaftskredit in Handel und Handwerk, Sparkasse, Heft 20, 1962, S. 310

Tabelle 29

Bürgschaftskredite im Groß- und Einzelhandel[2] bis Ende 1961

Bundesland	Zahl d. bewilligten Anträge	bewilligte Kreditsummen in 1000 DM			verbürgte Kreditsummen in 1000 DM		
		Groß-handel	Einzel-handel	ins-gesamt	Groß-handel	Einzel-handel	ins-gesamt
Baden-Württemberg	682	8 575	12 749	21 324	6 130	9 733	15 863
Bayern	399	1 797	10 789	12 586	1 351	8 404	9 755
Bremen	54	188	945	1 133	150	735	885
Hamburg	418	3 046	5 889	8 935	2 307	4 615	6 922
Hessen	126	623	2 195	2 818	491	1 667	2 158
Niedersachsen	270	2 059	5 177	7 236	1 408	3 962	5 370
Nordrhein-Westfalen	598	—	2 772	12 772	—	9 307	9 307
Rheinland-Pfalz	107	750	2 144	2 894	600	1 695	2 295
Saarland	47	—	1 206	1 206	—	906	906
Schleswig-Holstein	353	7 837	7 406	15 243	5 670	5 789	11 459
Bundesgebiet	3 054	24 875	61 272	86 147	18 107	46 813	64 020

[2] Entnommen und zusammengestellt: *Reinermann, W.:* Der Bürgschaftskredit Handel und Handwerk, Sparkasse, Heft 18, 1962, S. 277

Hotel und Gaststätten)[255]. Bei den von den Gemeinschaften verbürgten Kreditsummen handelt es sich in der Hauptsache um längerfristige Mittel für Investitionszwecke, die der Modernisierung, Rationalisierung, Erweiterung und nicht zu-

[255] Auskunft der Hamburger Bürgschaftsgemeinschaft

letzt Neugründungen dienen. Ein Drittel des Neugeschäfts fällt seit ein bis zwei Jahren auf Existenzgründungsdarlehen[256]. Entsprechend dem Verwendungszweck der verbürgten Darlehen sind die Laufzeiten angepaßt. Bei den Bürgschaftsgemeinschaften des Handwerks liegt sie im Durchschnitt bei 8, 6 Jahren, hat sich aber im Jahre 1961 auf 9, 2 Jahre erhöht. Bei dem stetig steigenden Fremdkapitalbedarf reicht die in den Richtlinien festgesetzte Laufzeit von höchstens 10 Jahren heute schon nicht mehr aus. Es hat sich als notwendig erwiesen, auch Kredite mit längerer Laufzeit zu verbürgen. So ist die Laufzeit bei gewerblichen Bauvorhaben auf 15 Jahre ausgedehnt worden. Um nicht mit den Richtlinien in Kollision zu kommen, wird dann meistens Vorwegtilgung des verbürgten Kreditteils vereinbart. Bei den Kreditgarantiegemeinschaften des Handels spielt die Verbürgung von Betriebsmittelkrediten eine bedeutendere Rolle. Hier fielen 34,5% der Ausfallbürgschaften auf Betriebsmittelkredite, was sich in kürzeren durchschnittlichen Laufzeiten ausdrückt. Der durchschnittliche Zeitraum liegt im Bundesgebiet (ohne Berlin) bei 7, 15 Jahren, wobei die Laufzeiten von Land zu Land stark variieren[257].

Von besonderer Bedeutung ist die bei allen Kreditgarantiegemeinschaften zu beobachtende Tendenz zu höheren Garantiebeträgen auf Grund höherer Kreditanforderungen. Bei den Kreditgarantiegemeinschaften lag die durchschnittliche Kreditsumme bis Ende 1961 bei 20 042 DM, die verbürgten Kreditteile betrugen im Durchschnitt 14 774 DM. Bei den im Jahre 1961 gewährten Ausfallbürgschaften fielen aber schon über 60% der Bürgschaftsbeträge auf die Größenklassen zwischen 20 000 DM und 100 000 DM.

Tabelle 30

Größenklassen der im Handwerk gewährten Bürgschaften (Jahr 1961)

Größenklassen in DM	Zahl der Bürgschaften	Höhe der Bürgschaftsbeträge
Bis 10 000	484 (31,6%)	3 077 420 (11,7%)
10 001– 20 000	534 (34,9%)	7 276 020 (27,6%)
20 001– 50 000	460 (30,0%)	12 473 540 (47,3%)
50 001–100 000	53 (3,5%)	3 543 500 (13,4%)

Quelle: Reinermann, W.: Der Bürgschaftskredit in Handel und Handwerk, Sparkasse, Heft 20, 1962

Noch augenscheinlicher wird diese Tendenz steigender Kreditsummen und damit steigender Bürgschaftsbeträge im Handelsbereich, wobei in den einzelnen Branchen unterschiedlich starke Veränderungen festzustellen sind.

Neben einer direkten Einflußnahme der Kreditgarantiegemeinschaft auf die vom Kreditnehmer zu stellenden Sicherheiten und damit auf die Höhe und die Laufzeit des Kredits wirken die Ausfallbürgschaften indirekt auch auf die Höhe der Kredit-

[256] Vgl. *Reinermann, W.:* a. a. O., S. 276
[257] Vgl. Hamburg 5 Jahre, Rheinland-Pfalz 10 Jahre, Berlin nur 3,9 Jahre

Tabelle 31

Kreditnehmer nach Branchen und durchschnittlichen Kreditsummen[1]

Branchen	Handel		durchschn. Kreditsumme seit Beginn der Aktion	durchschn. Kreditsumme 1961
	Kreditsumme	Kreditnehmer		
Lebens- und Genußmittel	26,6 Mill.	1 165	22 800,—	28 300,—
Textil, Bekleidung, Schuhe	21,9 Mill.	697	31 400,—	34 500,—
Eisenwaren, Haushalt, Möbel	11,5 Mill.	338	34 300,—	99 700,—
Branchensammelgruppe	27,5 Mill.	909	30 250,—	30 950,—

[1] Zusammengestellt nach Angaben von *Reinermann, W.:* a. a. O., Sparkasse, Heft 18, 1962

kosten. Die Ausfallbürgschaft, verstärkt durch die Rückbürgschaft der öffentlichen Hand, beschränkt das Kreditrisiko der kreditgewährenden Bank auf den nicht verbürgten Kreditteil.

Der Anteil der Risikoprämie in der Kreditprovision kann dadurch herabgesetzt werden, da ein Risiko für den Kreditgeber praktisch nicht mehr existiert oder jedenfalls sehr stark gemindert ist. Die durchschnittliche Zinshöhe der insgesamt seit Beginn der Geschäftstätigkeit verbürgten Kredite liegt beim Handel bei 7,23%, beim Handwerk bei 7,0%. Bei den im Jahre 1961 bewilligten Krediten ist sie auf 6,9% gefallen.

Tabelle 32

Durchschnittliche Zinshöhe der Bürgschaftskredite

Bundesland	Kredite insgesamt seit Beginn der Geschäftstätigkeit		im Jahre 1961 bewilligte Kredite
	Handel (in %)	Handwerk (in %)	
Baden-Württemberg	7,0	7,0	6,5
Bayern	7,1	7,0	6,5
Bremen	7,5	7,5	7,5
Hamburg	7,5	7,0	7,0
Hessen	7,8	7,6	6,9
Niedersachsen	7,1	—	7,5
Nordrhein-Westfalen	8,2	—	6,9
Rheinland-Pfalz	7,2	7,5	7,0
Saarland	5,5	6,1	6,5
Schleswig-Holstein	7,4	6,6	6,1
Bundesgebiet	7,23	7,0	6,9

Quelle: Reinermann, W.: Der Bürgschaftskredit in Handel und Handwerk, Sparkasse, Heft 20, 1962, S. 312

Bei diesen durchschnittlichen Zinsbelastungen ist aber zu berücksichtigen, daß die an die Kreditgarantiegemeinschaften jeweils am Jahresende abzuführenden Avalprovisionen, die vom noch verbürgten Kreditteil berechnet werden, den risikomindernden Effekt, der sich im Zinssatz auswirkt, teilweise wieder aufheben.

III. Die Beurteilung der öffentlichen Maßnahmen

1. Beurteilungsmaßstäbe

Die wirtschaftspolitischen Mittel sind Instrumente zur Verwirklichung wirtschaftspolitischer Ziele, d. h. sie sollen so gestaltet sein, daß durch ihre Anwendung die gewollte Zielsetzung erreicht wird, sie sollen also zielkonform sein[258]. Ein Urteil darüber läßt sich nur fällen, „wenn man ausreichend zuverlässige Aussagen machen kann über die voraussichtlichen Haupt- und Nebenwirkungen sowie Nah- und Fernwirkungen bestimmter wirtschaftspolitischer Maßnahmen[259]“. Da aber jede Mittelverwendung in einer konkreten, nach bestimmten Regeln ablaufenden Wirtschaftsordnung erfolgt, ergibt sich die zusätzliche Frage, ob und inwieweit sie mit dem jeweils herrschenden Wirtschaftssystem konform ist. So schreibt Pütz[260]: „Die wirtschaftspolitische Konzeption muß ein System von wirtschaftspolitischen Maßnahmen enthalten, die zielkonform sind und den Grundsätzen der Wirtschaftsordnung nicht widersprechen.“ Bei einer Beurteilung angewandter staatswirtschaftlicher Mittel muß also neben der Frage der Zielkonformität diejenige nach der Systemkonformität folgen. Letztere soll darüber befinden, welche der zielkonformen Mittel mit der herrschenden Wirtschaftsordnung in Einklang stehen und daher angewandt werden können. Bezogen auf ein marktwirtschaftliches System versteht Röpke[261] unter systemkonformen Maßnahmen „solche Interventionen, die die Preismechanik und die dadurch bewirkte Selbststeuerung des Marktes nicht aufheben, sondern sich ihr als neue Daten einordnen und von ihr assimiliert werden, unter nichtkonformen solche, die die Preismechanik lahmlegen und daher durch planwirtschaftliche (kollektivistische) Ordnung ersetzt werden müssen“. Dieses strenge Entweder-Oder hat sich für die Beurteilung wirtschaftspolitischer Maßnahmen als unbrauchbar erwiesen. Es wäre nur als letztes Prinzip für die Ableitung

[258] *Seraphim, H. J.:* Theorie der allgemeinen Volkswirtschaftspolitik, Göttingen 1955, S. 316

[259] *Pütz, Th.:* Die wirtschaftspolitische Konzeption, in: Zur Grundlegung wirtschaftspolitischer Konzeptionen, hrsg. von *Seraphim, H. J.:* Schriften des Vereins für Sozialpolitik, N. F. Bd. 18, Berlin 1960, S. 9

[260] *Pütz, Th.:* Die wirtschaftspolitische Konzeption, in: Wirtschaftsfragen der freien Welt; hrsg. von *Beckerath, E., Meyer, F. W.* und *Müller-Armack, A.*, Frankfurt (Main) 1957, S. 45

[261] *Röpke, W.:* Gie Gesellschaftskrisis der Gegenwart, Erlenbach/Zürich 1942; zit. nach der 5. Aufl., 1948, S. 259. Röpke benutzt an Stelle des Begriffs Systemkonformität den engeren der Marktkonformität

von Kriterien zur Beurteilung wirtschaftspolitischer Maßnahmen überzeugend wenn der Wettbewerbsmarkt im alten, liberalen Sinne als automatische Maschinerie zur Erreichung aller von der Gesellschaft erstrebten Ziele gelten könne[262]. Es setzt einmal die Prämisse voraus, daß der Marktmechanismus reibungslos funktioniert, was nur bei vollständiger Konkurrenz, also einem Idealfall, der in der wirtschaftlichen Wirklichkeit nicht gegeben ist, möglich ist, zum anderen versucht es das wirtschaftspolitische Instrumentarium ohne Rücksicht auf die individuelle Situation von vornherein in nichtanwendbare und anwendbare Instrumente einzuteilen, führt also zu einer starken Einengung seiner Anwendungsmöglichkeiten, obwohl bei bestimmter ökonomischer Situation gerade die als inkonform gebrandmarkten Mittel in höchstem Grade konform wirken können. Eine starre, dogmatische Grenzlinie zwischen legitimen und illegitimen Eingriffen ist also nicht gegeben. So spricht Müller-Armack[263] von einer Zwischenschicht noch mit der Marktwirtschaft verträglicher Maßnahmen, die sehr bewußt zu einer sozial gelenkten Marktwirtschaft ausgestaltet werden können.

In der Realität haben wir es mit dualistischen Wirtschaftsordnungen, sogenannten Mischsystemen zu tun. Systeme der reinen Verkehrswirtschaft und der vollkommenen Zentralverwaltungswirtschaft bilden die theoretischen Grenzwerte der Skala dieser Mischsysteme[264]. Für die Funktionsfähigkeit eines dualistischen Mischsystems kommt es in erster Linie darauf an, daß eine Form der Koordination überwiegt. In unserer Wirtschaftsordnung überwiegt die marktmäßige Koordination. Das Kriterium der Systemkonformität hat Aufschluß darüber zu geben, wie sich wirtschaftspolitische Maßnahmen zu dem Hauptkoordinationsinstrument der jeweiligen Wirtschaftsordnung verhalten. In diesem Sinne definiert Tuchfeldt[265] die Systemkonformität als Aussage darüber, wie sich eine Maßnahme zur Funktionsfähigkeit eines gegebenen Mischsystems verhält. Da im folgenden von der für die Bundesrepublik relevanten Ordnung der sozialen Marktwirtschaft ausgegangen werden soll, kann das Grundprinzip zur Beurteilung wirtschaftspolitischer Maßnahmen nur das der Kompatibilität oder Konformität mit dieser Ordnung sein. Die Kompatibilität mit dieser Ordnung ist grundsätzlich gewährleistet, wenn der Marktmechanismus aufrechterhalten wird. Jedoch kann ein Eingriff in den Marktmechanismus für notwendig erachtet werden. Für die Empfehlung eines solchen Eingriffs ist aber Grundvoraussetzung, daß dieser die Tendenz zu seiner Selbstaufhebung in sich trägt[266]. Der interventionistische Eingriff muß also so gestaltet

[262] *Dohrendorf, E. M.:* Das Problem der Marktkonformität wirtschaftspolitischer Mittel, in: „Jahrbuch für Sozialwissenschaft“, 44. Jg. (1952), S. 22

[263] *Müller-Armack, A.:* Deutung unserer gesellschaftlichen Lage, zu Röpkes Trilogie, in: Ordo, Bd. III (1950), S. 266

[264] Vgl. *Ritschl, H.:* Gemeinwirtschaft und kapitalistische Marktwirtschaft, Tübingen 1931, zit. bei *Tuchfeldt, E.:* Zur Frage der Systemkonformität wirtschaftspolitischer Maßnahmen, in: Zur Grundlegung wirtschaftspolitischer Konzeptionen, hrsg. von *Seraphim, H. J.:* Schriften des Vereins für Sozialpolitik, N. F. Bd. 18, Berlin 1960, S. 223

[265] *Tuchfeldt, E.:* a. a. O., S. 233

[266] Vgl. *Stackelberg, H.:* Möglichkeiten und Grenzen der Wirtschaftslenkung, in: Ordo,

sein, daß er einmal zeitlich befristet ist und zum anderen nach seinem Wegfall unter gleichzeitiger Erreichung seines Ziels das marktwirtschaftliche Koordinationsinstrument wieder funktioniert.

2. *Die Beurteilung der Transferzahlungen (Kredite und Zinszuschüsse)*

a) Die Zielkonformität der Transferzahlungen

Öffentliche Leistungen sind nur dann zweckmäßig, wenn sie so ausgestaltet sind, daß die Summe ihrer Wirkungen den Motiven und Zielsetzungen der öffentlichen Hand entspricht. Die Wirkungen der jeweiligen Maßnahmen sind von einer Vielzahl von Komponenten abhängig, so z. B. von der Art der jeweiligen angewandten Mittel, ihrem Umfang und Durchführungsverfahren, der jeweiligen wirtschaftlichen Situation, den Verhaltensweisen der Wirtschaftssubjekte und nicht zuletzt von einer genauen Zielsetzung.

Die beiden letzten Komponenten sind von besonderer Bedeutung bei den staatlichen Transferzahlungen. „Mit der Zahlung von Transferausgaben entfaltet der Staat keine direkte Nachfrage nach Gütern und Diensten, er befindet sich vielmehr in der Sphäre der ‚Geschenkwirtschaft' (Laum), in der er dem Beschenkten die Verwendung der Mittel überlassen muß[267]." Da es sich hier um „Sonderunterstützungen" handelt, „die über die allgemeine Unterstützung hinausgehen, die die Privatwirtschaft durch die Existenz des Staates überhaupt und durch seine Gesamttätigkeit erfährt[268]", lassen sich bei den Transferausgaben gewisse Signalwirkungen feststellen. Die Transferausgaben der öffentlichen Hand in Form von öffentlichen Krediten und Zinszuschüssen wirken bei den Unternehmen als Signal, ihre Verhaltensweisen so zu ändern, daß sie in den Genuß dieser öffentlichen Leistungen gelangen. Im Gegensatz zu den Ausweichreaktionen bei der Besteuerung führen diese Signale zu „Auffangreaktionen[269]". Damit es vereitelt wird, daß es solchen Unternehmern durch Auffangreaktionen gelingt, die Leistungen der öffentlichen Hand in Anspruch zu nehmen, deren Förderung nicht beabsichtigt war, müssen an erster Stelle die mit den Maßnahmen verfolgten Ziele genau fixiert sein.

Betrachtet man die mittelstandsrelevanten Transferzahlungen unter dem Aspekt ihrer Zielgenauigkeit, so scheint der öffentlichen Hand die Vermeidung solcher unerwünschten Auffangreaktionen nur in unterschiedlichem Maße zu gelingen. Relativ unproblematisch sind in dieser Hinsicht die Transferzahlungen an solche Unter-

Jahrbuch für die Ordnung von Wirtschaft und Gesellschaft, Bd. 2, 1949, S. 205; ferner: Müller, J. H.: Raumpolitik im Rahmen einer Marktwirtschaft, in: Ordo, Bd. 12, 1961, S. 172

267 *Hansmeyer, K.-H.:* Finanzielle Staatshilfen, a. a. O., S. 23

268 *Zachau-Mengers, G.:* Subventionen als Mittel moderner Wirtschaftspolitik, Berlin 1930, S. 4

269 *Hansmeyer, K.-H.:* Ebenda, S. 248

nehmer, die genau festgelegte Voraussetzungen erfüllen müssen, die nur sehr schwer manipulierbar sind. So ist die Möglichkeit eines Unternehmers, der die Flüchtlingseigenschaft nicht besitzt oder an dessen Unternehmen ein Flüchtling nicht in der von der öffentlichen Hand geforderten Form beteiligt ist, ohne die Erfüllung eines strafbaren Tatbestandes an die für solche Personengruppen bestimmten Transferausgaben zu gelangen, nicht gegeben. Ähnlich gering sind die Gefahren einer unerwünschten Beteiligung bei denjenigen Transferausgaben zu beurteilen, bei denen der begünstigte Kreis zwar nicht gesetzlich fixiert ist, deren Verwendungszwecke aber so eng gefaßt sind, daß der in Frage kommende Personenkreis von vornherein feststeht und zusätzlich in den Richtlinien auf das genaueste ausgelegt werden kann. Hierunter sind besonders Schwerpunktmaßnahmen zu subsumieren wie die Gründung selbständiger Existenzen durch Nachwuchskräfte und die Errichtung von Betrieben in neuen Wohnsiedlungen.

Eine ähnliche Zielgenauigkeit ist der öffentlichen Hand bei den Programmen zur regionalen Strukturförderung, für Umstellungsvorhaben mittelständischer Unternehmen und für allgemeine Modernisierungs- und Rationalisierungsmaßnahmen nicht gelungen. Zwar wird versucht, in den Richtlinien der einzelnen Aktionen bis ins einzelne gehende Auslegungen vorzunehmen, aber die Skala dessen, was unter den einzelnen Zielsetzungen verstanden werden kann, ist in vielen Fällen nur recht und schlecht genau bestimmt, so daß sie dem Ermessen der mit solchen Maßnahmen beauftragten Behörden einen weiten Spielraum lassen[270]. Ähnlich den steuerlichen Schlupflöchern können diese Zielungenauigkeiten zu unerwünschten Auffangreaktionen führen, und die Mittel können in andere als die gewünschten Verwendungsbereiche vergeben werden, da es sehr fraglich ist, ob die die Transferzahlungen gewährenden Stellen in jedem Fall die Erkenntnis dessen besitzen, was mit den Maßnahmen erreicht werden soll. Je weiter der Ermessensspielraum für die Transferausgaben gewährenden Stellen ist, um so größer ist die Gefahr willkürlicher Entscheidungen; zumal wenn eine wirksame Kontrolle jedes einzelnen Falles trotz des in den einzelnen Richtlinien etablierten Kontrollrechts nicht stattfindet.

Neben diesen unerwünschten Wirkungen der öffentlichen Transferzahlungen, die sich aus der mangelnden Zielgenauigkeit vieler öffentlicher Aktionen ergeben und als deren Folge es zu keinen sachgerechten Entscheidungen kommt, ist besonders auf die unerwünschten Wirkungen hinzuweisen, die sich aus der Normierung des Vergabeverfahrens und der Einschaltung des Bankensektors in die Verteilung der öffentlichen Transferausgaben, im besonderen der öffentlichen Kredite, ergeben können. Wenn die öffentliche Hand finanzielle Mittel zur Förderung des gewerblichen Mittelstandes zur Verfügung stellt, so kann es sich nicht um eine wahllose Subventionierung handeln. Es ist unrationell, wenn der Finanzbedarf wirtschaftlich

[270] Vgl. *Wesemann, H. O.:* Verschleierte Staatsgunst, in: Soll der Staat Geschenke verteilen?, Tagungsprotokoll Nr. 18 der „Aktionsgemeinschaft Soziale Marktwirtschaft", Ludwigsburg 1962, S. 63

gesunder Betriebe nicht von diesen unmittelbar, sondern über die öffentliche Hand befriedigt wird; das gilt um so mehr, wenn diese Mittel wie zur Zeit größtenteils mittels Steuern zwangsweise aufgebracht werden. Will die öffentliche Hand ihre Aufgaben erfüllen, so muß sie sich mit ihren Transferausgaben bewußt in einer höheren Risikosphäre bewegen. Es sollen nur solche Unternehmen Kredite erhalten, die sich die erforderlichen Mittel nicht anderweitig beschaffen können, also nach den banküblichen Grundsätzen nicht kreditfähig sind. An Stelle des Kriteriums der Kreditfähigkeit tritt das Kriterium der Kreditbedürftigkeit und Förderungswürdigkeit des Kreditzwecks. Das gleiche gilt analog für die Zinszuschüsse. Sie sollen nur an solche Unternehmen gewährt werden, die die bankmäßigen Zinsen nicht erwirtschaften können.

Werden nun die Bedingungen des Vergabeverfahrens normiert und wie bei der überwiegenden Mehrzahl der für den Mittelstand relevanten Transferzahlungen der Bankensektor in die Verteilung der Mittel eingeschaltet, so bleibt bei der Entscheidung, ob Kredit- oder Zuschußbedürftigkeit vorliegt, für die Stelle, die über die zinsbegünstigten Kredite und Zinszuschüsse verfügt, einmal eine relativ große Ermessensfreiheit übrig, die verstärkt durch die spezifischen Verhaltensweisen der Banken, zu einer einseitigen Vergabepolitik führen kann. Die Delegation der Selektion unter den Kreditsuchenden an die Geschäftsbanken fordert von diesen eine Änderung ihrer ursprünglichen Verhaltensweisen. An Stelle des normalen Bankgeschäfts, das nach einzelwirtschaftlicher Risikobeschränkung und Rentabilität trachtet, soll die Kreditselektion nach dem Maßstab der Kreditbedürftigkeit nunmehr verwaltungsmäßig und bürokratisch vorgenommen werden. Ob die Geschäftsbanken ihre grundsätzlich erwerbswirtschaftlich orientierte Verhaltensweise zugunsten der Funktion eines verlängerten öffentlichen Verwaltungsarmes aufgeben, erscheint zum mindesten fraglich, besonders wenn sie die teilweise oder volle Haftung für die ausgelegten Kredite übernehmen müssen. Es besteht zum mindesten die Tendenz, die öffentlichen Leistungen an solche Unternehmen zu gewähren, die ihr Vertrauen besitzen und die äußeren Bedingungen der öffentlichen Mittelvergabe erfüllen, „während andererseits solche Unternehmen, die gerade wegen ihrer mangelnden Leistungsfähigkeit als Destinatare der öffentlichen Leistungen in Betracht kämen, bei der Vergabe der Leistungen nicht berücksichtigt werden[271]“. Bewahrheitet sich diese Annahme, so ist ein zielkonformer Einsatz der öffentlichen Mittel nicht gewährleistet. Die Transferausgaben werden an solche Unternehmen gewährt, die einer öffentlichen Hilfestellung nicht bedürfen und dadurch in den Genuß einer Art Differentialrente gelangen, während gerade die Unternehmen, die darauf angewiesen sind, leer ausgehen. Werden bei solcher Art der Vergabe auch „Kapitalfehlleitungen im streng verkehrswirtschaftlichen Sinne vermieden[272]“, so entspricht sie doch nicht den Zielsetzungen der öffentlichen Hand.

[271] *Wysocky, K.:* a. a. O., S. 270
[272] Ebenda, S. 269

Sieht man die öffentlichen Transferzahlungen unter der alleinigen Zielsetzung einer Verbesserung der Kreditkonditionen für den mittelständischen Kreditnehmer, also in erster Linie darin, das Finanzierungsproblem des gewerblichen Mittelstandes einer Lösung näher zu bringen, so kann mit Recht darauf hingewiesen werden, daß „die praktische Wirtschaftspolitik mehr oder minder kurzfristig orientiert ist[273]" und die Auswirkungen, die sich aus ihren Maßnahmen ergeben, wenig beachtet. Die begünstigten Unternehmen erhalten zwar Kredite zu günstigen Bedingungen – es handelt sich vornehmlich um eine Besserstellung in der Frage der Zinskosten, Sicherheiten sind mit einigen Ausnahmen in demselben Umfang wie für normale Bankkredite erforderlich –, ob diese Zuführung von Fremdkapital aber auf die Dauer zu einer besseren Konditionengestaltung für den gewerblichen Mittelstand führt, erscheint zum mindesten fraglich. Bei einer solchen quantitativen Mehrbegünstigung wird zunächst einmal die Kapitalstruktur der Unternehmen ungünstig beeinflußt. Ob die durch das zusätzliche Fremdkapital verschlechterten Eigenkapital-Fremdkapital-Relationen in der Zukunft verbessert werden können und das einzelne Unternehmen wieder zur finanziellen Stabilität zurückfindet, hängt in der Hauptsache von der zusätzlichen Fruchtbarkeit des neu eingesetzten Fremdkapitals ab, da das Eigenkapital bei mittelständischen Unternehmen sich im wesentlichen nur aus dem Gewinn anreichern läßt. Hierbei ist jedoch der Nettoeffekt der Besteuerung zu beachten, der je nach der betriebsindividuellen Situation den Gewinn des mittelständischen Unternehmers nicht zu seiner natürlichen Kapitalquelle werden läßt. Die Gefahr eines kurzfristigen Scheinerfolges der staatlichen Transferzahlungen ist also nicht zu verneinen, da mit ihrer Hilfe kurzfristig zur Stärkung der betrieblichen Stabilität wenig beigetragen wird und die Gewinnbesteuerung eine Eigenkapitalbildung verhindert oder zumindest erschwert.

b) Das Verhältnis der Transferzahlungen zur Gesamtwirtschaftsordnung

„Eindeutig scheint die Inkonformität einer wirtschaftspolitischen Maßnahme dann zu sein, wenn sie den zentralen Tatbestand allen marktwirtschaftlichen Geschehens, den Preis selbst, in seinem Wesen verändert, als Ergebnis des Zusammenwirkens aller jener Faktoren, die zu seiner Bildung führen und in denen sich die, wenn auch beschränkten, selbstverantwortlichen Entscheidungen der Anbieter und der Nachfragenden manifestieren. Das ist dann der Fall, wenn der Preis, statt sich im Marktgeschehen zu bilden, autoritativ gesetzt wird und damit seine Funktion verliert, Anzeiger eben jener Marktvorgänge zu sein[274]."

Betrachten wir die öffentlichen Transferausgaben an den gewerblichen Mittelstand unter dem Aspekt ihrer Einflußnahme auf diesen Kern des Marktvorgangs, der in einem vollen Wirksamwerden der Preisfunktion besteht, so sind zunächst

[273] *Küng, E.:* Der Interventionismus, Volkswirtschaftliche Theorie der staatlichen Wirtschaftspolitik, Bern 1941, S. 297

[274] *Seraphim, H. J.:* Theorie der allgemeinen Volkswirtschaftspolitik, a. a. O., S. 320

Unterschiede zwischen den Entlastungszahlungen in Form von Zinszuschüssen und den zinsbegünstigten Krediten festzustellen. Beide Arten von Transferausgaben subventionieren den Preis für Kredit in mehr oder minder großem Maße. Bei den Transferzahlungen in Form von Zinszuschüssen erhält der mittelständische Unternehmer einen normalen Kapitalmarktkredit zu geringerem Zinssatz. Die Subvention besteht aus einem an den Kreditgeber gewährten Betrag, der die Differenz zwischen marktmäßigem und dem vom Kreditnehmer zu tragenden Zins ausgleichen soll. Bei den öffentlichen Krediten wird dem mittelständischen Unternehmer Kapital direkt zu unter dem Marktzins liegenden Sätzen zur Verfügung gestellt. Im ersteren Fall behält der Zins also seine Verteilungsfunktion, während sie bei den Krediten aus öffentlichen Mitteln durch autoritative Festsetzung der Zinssätze ausgeschaltet ist.

Bezogen auf den Marktvorgang sind die Zinszuschüsse also als konforme Maßnahmen anzuerkennen, während die Zinsverbilligung bei der Gewährung von öffentlichen Krediten als inkonforme Maßnahme zu gelten hat. Denn „marktinkonform ist eine Zinsfixierung, die bestimmten Kreditnehmern billiges Kapital sichern soll, marktkonform eine Zinssubventionierung, die den allgemeinen Kapitalmarktzins frei läßt[275]". Mit dieser Feststellung kann aber noch keineswegs ein Werturteil in dem Sinne gefällt werden, daß man aus der unterschiedlichen Einflußnahme der beiden Subventionsmethoden auf den Preismechanismus auch auf eine unterschiedliche Wirkung beider Subventionstechniken schließt, etwa in dem Sinne, daß Zinszuschüsse der ersten Art, weil sie nur eine Beeinflussung der Marktdaten bewirken, positiv beurteilt werden. Geht man davon aus, daß der Zinsfuß „diejenigen der neuen Produktionsumwege, die zulässig sind, von denen unterscheidet, sie es nicht sind[276]", so wird, trotz der formalen Aufrechterhaltung des Preismechanismus, auch bei marktkonformen Zinssubventionen die Selektionsfunktion des Zinses ausgeschaltet und dadurch verhindert, daß nur die leistungsfähigsten Unternehmer an der Kreditgewährung partizipieren und der Kredit an den volkswirtschaftlich vordringlichsten Einsatzort dirigiert wird. Es verstärkt sich die Tendenz, daß die Investitionsströme sich nicht mehr nach der größten Grenzertragsfähigkeit bzw. nach der größten Rentabilität richten, die mit dem Kapital zu erzielen ist. Zinssubventionen ermöglichen es also letzten Endes, daß Produktionsfaktoren in Verwendungsbereichen gehalten oder neu eingesetzt werden, wo sie auf Grund der Marktgesetze nicht hingehören. Die Anpassungsfähigkeit des marktwirtschaftlichen Systems wird gehemmt. Eine optimale Bedarfsdeckung der Wirtschaftssubjekte ist nicht mehr gewährleistet. Durch staatliche Zinssubventionen „nimmt man den einzelnen Individuen wichtige Entscheidungen über den Aufbau der Produktion und überträgt dem Staat Lenkungsbefugnisse, die in einer Verkehrswirtschaft allein innerhalb der Einzelpläne getroffen werden sollten[277]".

[275] *Müller-Armack, A.:* Soziale Marktwirtschaft, in: Handwörterbuch der Sozialwissenschaften, 9. Bd., Stuttgart, Tübingen, Göttingen, 1956, S. 391

[276] *Haberler, G.:* Prosperität und Depression, Tübingen 1955, S. 66

[277] *Vetter, E. G.:* Investitionslenkung, Heidelberg 1956, S. 31

Diese Wirkungen, die durch Zinssubventionen ausgelöst werden, lassen erkennen, daß sie allgemein gesehen gegen eine Wettbewerbsordnung verstoßen, „wenn man davon ausgeht, daß das Hauptziel wirtschaftlichen Handelns in einer freien Wirtschaft in der optimalen Steigerung des Sozialprodukts liegt[278]".

Wenn die öffentliche Hand sich trotz dieser grundsätzlich nicht systemkonformen Wirkungen zu Zinssubventionen entschließt, um Ziele zu erreichen, die ohne ein solches Eingreifen nicht zu verwirklichen sind, so müssen diese Eingriffe einmal zeitlich befristet sein und nach ihrem Außerkrafttreten die zinsbegünstigten Unternehmen wieder in den marktwirtschaftlichen Prozeß eingegliedert sein. Sie dürfen also nicht eine dauernde oder vorübergehende Erhaltung bestimmter Unternehmungen und Unternehmensgruppen herbeiführen, sondern müssen „auf eine Umstellung von Unternehmungen und eine Veränderung ihrer Kostenstruktur hinwirken[279]". Es muß sich also um Anpassungssubventionen handeln. Ein Urteil darüber, ob es sich im gegebenen Fall um eine Anpassungs- oder Erhaltungssubvention handelt, kann in der Regel nur ex post, d. h. nach dem staatlichen Eingriff, gefällt werden. Wenn die öffentliche Hand auch gewillt ist, nur Anpassungssubventionen zu gewähren, so hieße es doch, „dem Staat ein allzu großes Maß an wirtschaftspolitischer Einsicht zuzumessen, wenn alle beabsichtigten Förderungssubventionen nun auch diese Wirkungen zeitigten[280]". Die Entscheidungen sind aus dem Bereich der exakten Rechnung herausgehoben. Das Fehlen eines exakten Maßstabes für das, was „richtig" ist, läßt die Gefahr unbesonnener Maßnahmen besonders groß werden. Bei jeder Anpassungssubvention ist latent die Gefahr gegeben, daß sie zu einer Erhaltungssubvention ausartet. Bei den Zinssubventionen ist diese Gefahr um so größer, je größer der Unterschied zu den allgemeinen Kapitalmarktsätzen, der Zins als Wirtschaftlichkeitsfaktor also vollkommen ausgeschaltet ist. Als in dieser Hinsicht eklatantes Beispiel mögen die öffentlichen Transferzahlungen an Flüchtlingsunternehmen gelten. Hier gilt z. T. noch heute das, was Brestel[281] in den fünfziger Jahren festgestellt hat: „Meist in den Zentren des Flüchtlingsstroms gelegen, in ungünstigen Verkehrslagen aufgebaut, können diese Betriebe heute weder leben noch sterben. Sie vegetieren dahin und müssen alle paar Monate eine neue Spritze in Form von Staatskrediten erhalten. Die Zahl dieser Betriebe ist leider recht hoch. Sie sind die Sorgenkinder der öffentlichen Hand und dem freien Wettbewerb eigentlich nicht gewachsen." Hier haben sich die staatlichen Transferausgaben zu Dauermaßnahmen entwickelt, Produktionsfaktoren werden in Bereichen festgehalten, aus denen sie bei Wegfall der staatlichen Unterstützung ausscheiden müßten. Wenn auch hier sozialpolitische Argumente der öffentlichen Hand eine Rolle spielen, so sollten diese Personenkreise doch nicht durch eine solche ver-

278 *Schmölders, G.:* Probleme der Kapitalbildung bei den Personenunternehmen, a. a. O.

279 *Wessels, Th.:* Art. Subventionen, in: Handwörterbuch der Betriebswirtschaftslehre, Stuttgart 1960, Sp. 5324

280 *Hansmeyer, K.-H.:* Finanzielle Staatshilfen, a. a. O., S. 27

281 *Brestel, A.:* „Einen Schlußstrich ziehen", in: Frankfurter Allgemeine Zeitung v. 28. 4. 1954

steckte Redistributionspolitik gefördert werden, die Produktionsstrukturen aufrechterhält, die dem Wettbewerb nicht gewachsen sind.

Wenn auch ex ante eine Beurteilung darüber im allgemeinen nicht möglich ist, ob solche Förderungsmaßnahmen sich zu Erhaltungssubventionen ausweiten, so gibt es doch öffentliche Transferzahlungen, von denen man schon zum Zeitpunkt ihrer Gewährung annehmen kann, daß sie zu weiteren Subventionen Anlaß geben werden. So gibt es z. B., obwohl es sich „herumgesprochen hat, daß sich das Filmtheatergewerbe in der Bundesrepublik zur Zeit in einer ungewöhnlich schweren Krise befindet[282]", Kredite an vertriebene und geflüchtete Filmtheaterbesitzer zur Wiedereröffnung von Filmtheatern. Solche extremen Fälle zeigen deutlich, wie groß die Gefahren staatlicher Investitionslenkung sind, daß ihnen immer die Tendenz innewohnt, zu Erhaltungsmaßnahmen auszuarten.

Um diesen Gefahren zu entgehen, sollten solche öffentlichen Transferausgaben aufs äußerste eingeschränkt werden. So wünschenswert es im Interesse mancher kleinen und mittleren Betriebe erscheinen mag, den Zins durch Zinssubventionen beträchtlich unter den Kapitalmarktzins zu senken, so zweischneidig würde sich auf die Dauer eine solche Maßnahme in der Marktwirtschaft auswirken.

Dieser Überlegung steht die Tatsache gegenüber, daß die für die Theorie so entscheidende investitionslenkende und marktregulierende Funktion des Zinses in der Praxis durchaus umstritten ist. Bevor also staatliche Zinshilfen aus wirtschaftstheoretischer Betrachtung heraus abgelehnt werden, müßten die Unternehmen im Hinblick auf ihre Zinsempfindlichkeit empirisch untersucht werden. Dabei wäre nicht ausgeschlossen, daß in Bereichen der mittleren Wirtschaft eine höhere Zinsempfindlichkeit ermittelt würde als bei Großunternehmen. Mit diesem Ergebnis würde die der Wirtschaftspolitik zugrunde liegende Zinstheorie in Zweifel gezogen, und es würde sich die Frage stellen, ob es sinnvoll ist, sich auf Grund einer wirklichkeitsfremden Theorie jeglicher sektoraler Zinshilfen zu enthalten.

3. Die Beurteilung der administrativen Maßnahmen

Durch die administrativen Maßnahmen der öffentlichen Hand soll es solchen mittelständischen Unternehmern ermöglicht werden, Kapitalmarktmittel zu Finanzierungszwecken heranzuziehen, die auf Grund nicht ausreichender oder fehlender bankmäßiger Sicherheiten nicht an langfristige Darlehen herankommen, obwohl wegen der Rentabilität ihrer Unternehmen einer Fremdkapitalfinanzierung vom betriebs- und volkswirtschaftlichen Standpunkt nichts im Wege steht. Die öffentlichen Bürgschaften haben also nur den Zweck, mangelnde bankmäßige Sicherheiten zu ersetzen, nicht aber sollen sie dazu führen, daß solche Unternehmen Kredite erlangen, deren Ertragslage schlecht ist und auch nicht durch eine staatsverbürgte Kreditaufnahme verbessert werden kann. Staatsbürgschaften haben also nicht den

[282] *Wesemann, H. O.:* Verschleierte Staatsgunst, a. a. O., S. 68

Zweck „einer Sozialisierung von Verlusten". Erfüllen die Staatsbürgschaften die obengenannten Bedingungen, so wird man auch unter Anwendung strenger marktwirtschaftlicher Grundsätze nicht umhinkönnen, sie als systemkonform anzusehen; ja, man kann sie sogar als systemfördernd ansehen, da die strenge Sicherungspolitik der Banken als systemfremd zu bezeichnen ist. Wenn es sich auch um „staatliche ... Sonderunterstützungen zur Ermöglichung oder Erleichterung der Kapitalbeschaffung privater, individuell bestimmter Unternehmungen und Unternehmergruppen[283]" handelt, so ist es doch fraglich, ob man sie zu den Subventionen rechnen kann. Sieht man davon ab, daß bei staatlichen Kreditbürgschaften für den Kreditnehmer die Zahlung einer Risikoprämie entfallen kann, die aber in der Regel durch die zusätzlichen Bürgschaftskosten aufgewogen wird, so können sie allenfalls als Eventualsubventionen bezeichnet werden, wenn man bedenkt, „daß Bürgschaften unter Umständen auch zu einer Budgetbelastung führen können. Allerdings wäre gerade in diesem Fall das Ziel nicht erreicht worden, welches durch die Übernahme einer Bürgschaft angestrebt war[284]".

Betrachtet man die Bürgschaften der öffentlichen Hand unter dem Aspekt ihrer Zielkonformität, so ist ein für ihre Beurteilung wesentlicher Punkt der in fast allen Bürgschaftsrichtlinien zum Ausdruck kommende Wunsch der öffentlichen Hand nach zusätzlicher Sicherstellung der verbürgten Kredite durch den mittelständischen Kreditnehmer. Über den bankmäßig abzusichernden Kreditteil hinaus, den die Banken unter eigenem Obligo gewähren, soll der Kreditnehmer für den öffentlich verbürgten Teil des Kredits zusätzliche Sicherheiten stellen.

So heißt es z. B. in den Bundesrückbürgschaftserklärungen für die Kreditgarantiegemeinschaften, daß diese zwar nur solchen Unternehmern behilflich sein sollen, denen „bankmäßig ausreichende Sicherheiten nicht in dem erforderlichen Ausmaß zur Verfügung stehen", daß aber gleichzeitig „neben der Ausfallbürgschaft von den Darlehensnehmern weitere Sicherheiten anzufordern sind, die für das Gesamtdarlehen haften sollen". Daß es sich hierbei nicht nur um Sollvorschriften handelt, haben Untersuchungen über die von den Kreditgarantiegemeinschaften bei ihrer Bürgschaftsgewährung zusätzlich verlangten Sicherheiten ergeben. Danach waren bei den Kreditgarantiegemeinschaften im Durchschnitt nur 5% des Geschäftsvolumens auf Bürgschaften ohne jede zusätzliche Sicherung und 95% des Volumens auf Bürgschaften mit bestmöglicher, wenn auch nicht nach bankmäßigen Maßstäben ausreichender Sicherung entfallen. Von den zusätzlichen Sicherheiten fielen allein 30% auf Grundpfandrechte[285]. „Man glaubt den Grund für diese doktrinäre Haltung darin gefunden zu haben, daß sich die Vertreter der öffentlichen Hand durch Haushaltsordnungen des Bundes und insbesondere der Länder in ihrer Entschei-

[283] *Zachau-Mengers, G.:* Subventionen als Mittel moderner Wirtschaftspolitik, a. a. O., S. 4.

[284] *Kronenberg, F.:* Die Beeinflussung der Vermögensverteilung in der Bundesrepublik Deutschland durch finanzpolitische Maßnahmen, insbesondere durch Subventionen zur Vermögensbildung, in: Jahrbuch des Instituts für Christliche Sozialwissenschaften, Münster 1961, Bd. 2, S. 54

[285] *Fischer, H. G.:* Kreditgarantiegemeinschaften, a. a. O., S. 199

dungsfreiheit eingeengt fühlen[286]." Welche Gründe man aber auch immer für eine solche zusätzliche Absicherungspolitik geltend macht, so widerspricht es doch offensichtlich dem Sinn der Kreditgarantiegemeinschaften, wenn für den Kreditteil, für den eine Bürgschaft gewährt wird, außerdem noch zusätzliche Sicherheiten verlangt werden. Wie jeder Bürge hat auch die öffentliche Hand das Recht, die Risiken einer Bürgschaftsvergabe durch Sicherheitsmaßnahmen weitgehendst einzuschränken, um einer Inanspruchnahme durch den Gläubiger nach Möglichkeit zu entgehen. Die Funktion der öffentlichen Bürgschaften besagt aber, daß sie sich in ihrer Sicherungspolitik von derjenigen der Banken unterscheiden muß. Durch die öffentlichen Bürgschaften sollen ja gerade die Risiken einer Kreditvergabe aufgefangen werden, die die Banken nach ihren Maßstäben, die sie an die Sicherheit einer Anlage stellen, nicht gewillt sind auf sich zu nehmen. Da die Banken, wie man es auch immer beurteilen mag, bei ihrer langfristigen Kreditvergabe auf sogenannte sekundäre Sicherheiten das Hauptaugenmerk richten, die vom gewerblichen Mittelstand nur in geringem Umfang gestellt werden können, ergibt sich für die öffentliche Hand bei ihren Bürgschaftsaktionen die Aufgabe, auf diese speziellen Formen der Kreditabsicherung zu verzichten und die Sicherheit des Engagements nach anderen Kriterien zu beurteilen.

Offensichtlich besteht fortwährend die Gefahr, daß die Vertreter der öffentlichen Hand in den Bürgschaftsausschüssen ihr Urteil über die Kreditfähigkeit des Bürgschaftssuchenden „in der bequemen und althergebrachten statischen Denkweise der Banken fällen[287]" und nur in geringem Umfang eine dynamische Kreditvergabe auf Grund gegenwärtiger und mit Hilfe des verbürgten Kredits erzielbarer Rentabilität vornehmen. Hier muß daher eine vollständische Umstellung des Denkens herbeigeführt werden, sollen diese Bürgschaftshilfen nicht zur völligen Bedeutungslosigkeit herabgemindert werden. Es muß sich in den Bürgschaftsausschüssen die einzig richtige Erkenntnis durchsetzen, daß die persönliche Zuverlässigkeit des Kreditnehmers und die Rentabilität seines Unternehmens die einzige Gewähr für die Sicherheit eines Kreditengagements darstellen.

Andere Probleme bei den Bürgschaften der öffentlichen Hand, besonders der direkten Bürgschaften, ergeben sich aus dem Verhältnis der bürgenden öffentlichen Stelle zu dem kreditgewährenden Institut. Hier sind einmal die Nachteile zu erwähnen, die sich aus der Rechtsnatur mancher öffentlicher Bürgschaften für den Kreditgeber ergeben. So kann die öffentliche Hand bei einigen Bürgschaftsaktionen erst dann in Anspruch genommen werden, wenn die abgetretenen Sicherheiten bzw. das ganze Vermögen des Schuldners verwertet worden sind. Es muß also feststehen, daß mit keinen weiteren Eingängen mehr gerechnet werden kann. Naturgemäß ist das Interesse der Banken an solcher Art der Verbürgung ihrer Kredite gering. Hier sollte der Zeitpunkt des Ausfalls so modifiziert werden, daß der Kreditgeber nicht gezwungen ist, in unter Umständen langwierigen Prozessen

[286] *Fischer, H. G.:* a. a. O., S. 20
[287] Ebenda, S. 193

den Nachweis zu erbringen, daß keine Vermögenswerte zur Deckung bereitstehen.

Schwierigkeiten entstehen den kreditgewährenden Stellen und dem Kreditnehmer auch aus den zusätzlichen Bedingungen und Auflagen, die ihnen die öffentliche Hand bei ihren Bürgschaftsgewährungen auferlegt. Es hat sich gezeigt, daß gerade hiermit die öffentliche Hand durch Bürgschaftsverklausulierungen aller Art großen Mißbrauch getrieben hat. Einmal schließt die unsichere Rechtsnatur solcher Verklausulierungen ungerechtfertigte Einreden durch den öffentlichen Bürgen nicht aus, zum anderen ist es für die Banken nicht ersichtlich, ob es sich dabei um echte Bedingungen handelt, die bei Zuwiderhandeln zur Unwirksamkeit der Bürgschaft führen, oder nur um Verpflichtungen, deren Verletzung vielleicht nur schadensersatzpflichtig macht. Die sich aus solchen Bedingungen und Auflagen aller Art ergebende allzu starke Einengung der Bewegungsfreiheit der Kreditinstitute und Kreditnehmer hat das Interesse, trotz des Sicherheitsbedürfnisses der Banken, an den direkten Bürgschaftsaktionen der öffentlichen Hand stark sinken lassen. So gibt es heute viele Kreditinstitute, die staatsverbürgten Krediten grundsätzlich ablehnend gegenüberstehen. Die bis in kleinste Detail festgelegte Verwendung des verbürgten Kredits und die verfahrensbedingten Nachteile, die sich aus den Kontrollen sowohl der Kreditinstitute wie der bürgschaftsgewährenden öffentlichen Stellen ergeben, haben auch bei den mittelständischen Unternehmern eine ähnliche Antipathie gegenüber staatsverbürgten Krediten erzeugt.

Das Verfahren der Gewährung von Ausfallbürgschaften durch Kreditgarantiegemeinschaften ist grundsätzlich zu befürworten, wenn das Denken in dinglichen Sicherheiten einer dynamischen Sicherungspolitik Platz macht und auch hier Auflagen und Bedingungen vermieden werden, die die kreditgewährenden Institute düpieren und zu einer Entmündigung des Kreditnehmers führen.

Auf diesem Sektor des Kreditwesens kommt es durch die Vermischung zentraler Regelungen und privatwirtschaftlicher Grundsätze zu Reibungen, die sich nur dann mindern lassen, wenn die öffentliche Hand und die Kreditinstitute Abstriche von ihrem herkömmlichen Verhalten vornehmen bei gegenseitigem Verständnis für die Eigenarten der anderen Seite.

IV. Die Koordinierung der öffentlichen Kredit- und Bürgschaftsprogramme und die Vorschläge zur Errichtung neuer Institute

1. Die Notwendigkeit eines einheitlichen Kredit- und Bürgschaftsprogramms

Wie in den vorstehenden Abschnitten dargelegt, werden vom Bund und von den Ländern zahlreiche nebeneinanderlaufende Kredit- und Bürgschaftsprogramme durchgeführt. Zur Zeit laufen auf Bundes- und Länderebene 119 Programme, die – auch einzeln betrachtet – nur zum Teil in sich einheitlich sind, vielmehr hinsichtlich der Zweckbindungen, Bedingungen und Antragswege reichliche Unterschiede aufweisen, so daß Unübersichtlichkeit und Vielfalt noch zunehmen.

Besonders die Banken und die beteiligten Wirtschaftsbereiche dringen daher auf eine Änderung dieses Zustandes.

Der breite Fächer dieser öffentlichen Förderungs- und Erhaltungsmaßnahmen ist einmal das Ergebnis des bundesstaatlichen Föderalismus, ferner der heterogenen Zielsetzung der Programme und letztlich einer gewissen Konzeptionslosigkeit, bedingt durch die geringe „Planbarkeit" wirtschaftlicher Interessen.

Inzwischen scheint sich aber der Kreis der Programmbegünstigten abgerundet zu haben; die Unterschiedlichkeit der Zielsetzungen tritt nicht mehr so entscheidend hervor, so daß von dieser Seite keine bedeutenden Bedenken mehr gegenüber einer Vereinheitlichung bestehen.

Notwendig daher ist zunächst, daß jedes Land seine eigenen Programme zusammenfaßt, wie es Nordrhein-Westfalen bereits 1962 mit Erfolg getan hat. In begründeten Fällen, wie z. B. in den Küstenländern, sind die Programme für die Fischerei und den Schiffbau u. ä. getrennt zu führen. Nach diesem Schritt sollte man die Programme der einzelnen Länder, soweit sie gleiche Zielsetzungen verfolgen, auf eine Vereinheitlichung prüfen. Hierdurch soll vermieden werden, daß Unternehmer in zwei oder mehr Bundesländern für den gleichen Förderungszweck z. B. unterschiedliche Zinsen zahlen. Diese Tatsache würde zu regionalen Wettbewerbsverzerrungen führen. Das Postulat der Wettbewerbsgleichheit erfordert ebenfalls eine möglichst den Bedürfnissen entsprechende Mitteldotierung in den Länderhaushalten, damit sich nicht im Lande A das Füllhorn ergießt, während im Lande B im „Windhundverfahren" eine große Unternehmerzahl leer ausgeht.

Als dritte und wichtigste Phase hat sich die Koordinierung der Länder- und Bundesprogramme (einschließlich ERP-Programme) anzuschließen. Hier hat die Koordinierung jedoch nicht in einer Vereinheitlichung von Zweckbindungen und Konditionen zu bestehen, sondern in einer Aufteilung der zu fördernden Zwecke. Denn es ist mit dem Wesen der öffentlichen Finanzwirtschaft und dem eines marktwirtschaftlichen Systems nicht vereinbar, daß sich innerhalb desselben Wirtschaftsraumes Bund und Länder mit ihren Programmen Konkurrenz machen. Dabei dürfte es sehr schwerfallen, Bundesaufgaben von Landesaufgaben zu trennen, da nicht zuletzt auch die Kredithilfen ein Mittel der Politik sind. Ziel dieser Bemühungen ist es, das Interventionsinstrument „Kredithilfe" operationaler zu gestalten, die Programmtransparenz für die Destinatare zu erhöhen und die Mitarbeit der Banken einfacher und billiger zu gestalten, um deren wertvolle Mitarbeit nicht zu verlieren.

2. Errichtung einer Bundeskredit- und -garantiekasse als zentrales Institut?

In Verkennung der Vorteile koordinierter dezentraler Förderungsprogramme ist der Vorschlag gemacht worden, eine Bundeskredit- und -garantiekasse zu errichten. Ihre Aufgabe wäre es, öffentliche Mittel und Kapitalmarktmittel zu bündeln und zu verteilen und globale Bürgschaften zu übernehmen und dadurch gleichzeitig nach einheitlichen Richtlinien vorzugehen. Es erscheint zweckmäßig, die Bundeskreditkasse und die Bundesgarantiekasse getrennt zu betrachten.

Bei der Schaffung einer Bundeskreditkasse könnte nicht auf eine finanzielle Beteiligung der Länder verzichtet werden, die aber dann nicht zu erreichen wäre, wenn die Bundeskreditkasse zu einem Instrument des kalten Finanzausgleichs würde. Das wäre der Fall, wenn die von den Ländern bereitgestellten Mittel nicht ausschließlich in ihren Hoheitsgebieten wieder zum Einsatz gelangten.

Neben den Gefahren einer zunehmenden Bürokratisierung, die sich schon bei den bestehenden dezentralen Programmen bemerkbar macht und die der Kreditnehmerstruktur diametral entgegengesetzt ist, bleibt es durchaus zweifelhaft, ob ein Zentralinstitut neue Kapitalquellen erschließt. Bedenklich wäre es, wenn dieses öffentliche Institut auf dem Kapitalmarkt in Konkurrenz zu den bestehenden an der Mittelstandsfinanzierung beteiligten Zentralinstituten, vor allem der Sparkassen und Volksbanken, treten würde.

Trotz eines Verzichtes auf eine Bundeskreditkasse bliebe eine Bundesgarantiekasse diskutierenswert, deren Aufgabe darin bestände, das Besicherungsproblem lösen zu helfen, das ja bedeutend dringlicher ist als das der Mittelbereitstellung. Die Analyse der langfristigen Bankenliquidität zeigte die reichliche Mittelreserve, die allerdings wohl nur in Verbindung mit banküblicher Sicherungspolitik mobilisiert werden kann. Und hier eben setzt die Aufgabe einer Bundesgarantie ein. Die Wirksamkeit einer solchen Garantie ist nun keineswegs abhängig von der Errichtung einer neuen öffentlichen Institution, die zentral sämtliche Bürgschaftsaktionen lenkt und überwacht, denn hiermit wäre wie bei einer Bundeskreditkasse ein unerwünschter zentraler Bürokratismus verbunden. Vielmehr sollte bei dem wünschenswerten Ausbau des Bürgschaftswesens auf die bestehenden Einrichtungen zurückgegriffen werden, die in Form der dezentralen Kreditgarantiegemeinschaften bereits gute Erfolge erzielt haben.

3. Das Projekt einer Investitions-Sparkasse

Als weiterer Versuch, mittels Gründung neuer Institutionen das Problem der Kreditfinanzierung bei Klein- und Mittelbetrieben zu lösen, sind die Investitionssparkassen zu nennen. Anknüpfend an die Idee der Bausparkasse, sollten die Unternehmer erst einen Teil der benötigten Investitionssumme ansparen, der im Investitionszeitpunkt durch die Investitionssparkasse aufgestockt würde. Dieses Instrument ist jedoch aus folgenden Gründen untauglich. Während der Unternehmer fleißig seine Beiträge zur Investitionssparkasse trägt, sind diese Mittel dem Betriebe entzogen und bringen lediglich eine schmale Verzinsung. Plant der Unternehmer seine Investitionen über lange Zeiträume und realisiert er seine Entschlüsse nicht kurzfristig, so mag er seine Mittel zu einer Investitionssparkasse bringen, obwohl er in diesem Fall in gleicher Weise bei den schon bestehenden Kreditinstituten bedient würde. Müssen dagegen kurzfristig Investitionen durchgeführt werden, kann der Unternehmer nicht erst eine Ansparzeit abwarten. Hier mit Zwischenkrediten auszuhelfen, wäre zwar denkbar, würde die Finanzierung aber verteuern und umständlicher machen.

Wollte man diese Finanzierungsform attraktiv gestalten, könnte auf steuerliche Begünstigungen, sei es in Form von Investitionssparprämien oder der Absetzung der Sparbeträge als Betriebsausgabe, nicht verzichtet werden. Sparprämien aber wären volkswirtschaftlich abzulehnen, da langfristige Anlagemittel ausreichend vorhanden sind und auf ihre Mobilisierung warten. Die Behandlung der Sparbeiträge als Betriebsausgaben käme einer vorweggenommenen Abschreibung gleich, die allerdings ihren Vergünstigungscharakter verlieren würde, bliebe die spätere Normalabschreibung steuerlich unbeachtet. Praktisch könnte der Unternehmer also von 200% abschreiben.

Die Fehlkonstruktion der Investitionssparkasse wird besonders deutlich, wenn die Sicherungsfrage hinzutritt. Hier ließe sich nur wieder mit öffentlichen Bürgschaften operieren, die sich aber nicht mit einer neuen Institution verzetteln sollten.

Schließlich sei auf die Erfahrungen der Kreditgarantiegemeinschaften hingewiesen, die lange Zeit brauchten, um überhaupt nur in das Bewußtsein kleiner und mittlerer Unternehmer zu dringen, ganz zu schweigen von einer aktiven Inanspruchnahme. Es ist also durchaus zweifelhaft, ob die gegenüber neuen Finanzierungsformen skeptischen mittelständischen Unternehmer sich in einem für das Funktionieren dieser Investitionssparkasse notwendigen Umfang beteiligen würden.

4. Die Schuldscheinfinanzierung

Wie eingangs bereits erwähnt, ist das bereitzustellende Kapital nach Art und Höhe auf das zu finanzierende Vorhaben abzustimmen. Der Einzelkredit darf also keine starre Größe sein, sondern muß sich in seiner Höhe dem Investitionsumfang anpassen. Die Ermittlung der langfristigen Einzelkredite ergab, daß die Sparkassen 41 000 DM kaum überschritten, die Volksbanken knapp unter 75 000 DM blieben; bei den Sonderinstituten bewegte sich die Lastenausgleichsbank etwa in Sparkassenkreditgrößen, während die Industriekreditbank Kredite um 285 000 DM auslieh; in diesem Größenbereich bestätigte sich ebenfalls die Kreditanstalt für Wiederaufbau. Die langfristige Kreditgewährung vollzieht sich also nicht auf einem einheitlichen, sondern sehr heterogenen Markt, vor allem bedingt durch die Größenstruktur der Kreditnehmer. Dazu treten institutionelle Einflüsse und Kapitalanlagevorschriften, die den Kreditmarkt von der Kreditgeberseite her zerhacken.

Diese Situation führte dazu, daß die außerhalb der Bankkredit- und der Emissionsgrößen nach Fremdkapital suchenden Unternehmer, vor allem die mittlere Industrie, sich nach der Kapitalquelle umzusehen begann, aus der die öffentliche Hand und die Großindustrie bereits mit Erfolg schöpften, nämlich nach den Kapitalsammelstellen, vor allem den Versicherungen. Durch die Änderung der

Spargewohnheiten, nämlich den „Übergang vom individuellen Sparen zur kollektiven Ersparnisbildung[288]", akkumulieren sich hier ständig gewaltige Sparbeträge. Soll der in den Versicherungsprämien zum Ausdruck kommende Konsumverzicht zur volkswirtschaftlichen Kapitalbildung beitragen, müssen die in den Prämien enthaltenen langfristig zurückzustellenden Anteile (bei Lebensversicherungen die sogenannte Sparprämie und Teile der Risikoprämie) auch zur Investition gelangen. Dazu sind die Versicherungen auch bereit, da das Schuldscheingeschäft für den Geldgeber im Vergleich zu Rentenwerten eine etwas höhere Verzinsung bietet und das Darlehn keinen Kursschwankungen ausgesetzt ist, wenngleich durch die fehlende Börsenfähigkeit die Liquidität der Anlage beschränkter ist.

Den Angelpunkt für das Schuldscheingeschäft der Versicherungen bilden, wie bereits ausgeführt, die äußerst strengen Kapitalanlagevorschriften. Ist der Geldnehmer nicht deckungsstockfähig, scheidet er aus dem Schuldscheingeschäft aus. Deckungsstockfähig heißt, daß das Unternehmen ein „Standing" hat, es muß bekannt sein und bei vorsichtiger Schätzung den Eindruck erwecken, alle wirtschaftlichen Hochs und Tiefs durchstehen zu können. Diese Unabhängigkeit von der jeweiligen Wirtschaftslage, die sich vornehmlich nach der Beständigkeit der Nachfrage und der Marktstellung richtet, findet sich bei Versorgungsbetrieben, bestimmten Unternehmen der Grundstoffindustrie und den Standardunternehmen der einzelnen Branchen.

Nun ist es ein Widerspruch, diese relative Konjunkturunempfindlichkeit nur bei derartigen Unternehmen suchen zu wollen, den mittleren Unternehmungen aber gleichzeitig langfristige Standfestigkeit nachzurühmen. Aus der in den letzten Jahren erhöhten Aktivität vor allem der Banken – Finanzmakler waren schon früher mit diesem ehemals als nicht klassisch anerkanntem Finanzierungsinstrument beschäftigt – auf eine zunehmende Schuldscheinfinanzierung auch mittlerer Unternehmungen zu schließen, erscheint recht gewagt; denn neben dem notwendigen „Standing" ist zur Sicherstellung von Schuldscheindarlehn an Industrieunternehmen im Regelfall die Eintragung von Grundpfandrechten, speziell Grundschulden an erster Stelle erforderlich, wobei eine Beleihungshöhe von 33$^1/_3$% bis höchstens 40% der auf Grund sorgfältiger Schätzungen ermittelten Anlagewerte als vertretbar gilt. Wie bei der herkömmlichen Bankfinanzierung wird auch hier die Besicherungsfrage zum Kardinalproblem, das sich erst bei Unternehmungen, die einen Kredit von 2 bis 3 Millionen DM zu tragen in der Lage sind, zu lösen beginnt. In geringeren Einheiten werden kaum Schuldscheindarlehen gewährt, während nach oben keine Grenzen gesetzt sind. Sollen die mittleren Unternehmungen aber an dem Kapitalbildungsprozeß teilhaben, müssen Wege gefunden werden, um ihre Deckungsstockfähigkeit zu erreichen.

Von den Vorschlägen hierzu sei der „Reuschel-Plan" erwähnt. Dieser sieht vor, daß ein Spezialinstitut im Passivgeschäft Schuldscheindarlehn aufnimmt und im

288 *Rittershausen, H.:* Methoden der industriellen Fremdfinanzierung, in: Moderne Investitionsfinanzierung, Festschrift zum 10jährigen Bestehen der Westdeutschen Finanzierungsgesellschaft Köln, 1958, S. 125

Aktivgeschäft Investitionskredite gewährt. Indem der Bund eine modifizierte Ausfallbürgschaft übernähme, erreichten die Schuldscheindarlehn dieses Instituts die Deckungsstockfähigkeit, und es brauchte nicht mehr für jedes Schuldscheindarlehn beim Bundesaufsichtsamt für das Versicherungs- und Bausparwesen die Deckungsstockfähigkeit beantragt zu werden. Unklar ist die Frage, ob ein neues Institut für diesen Zweck geschaffen werden sollte, oder ob ein bestehendes, z. B. die Industriekreditbank, diese Aufgabe übernehmen sollte.

Die Beantwortung dieser Frage erübrigt sich, wenn man weiterhin folgendes bedenkt. Die Kredite des Spezialinstitutes wären durch Grundsicherheiten oder die Einschaltung der Kreditgarantiegemeinschaften abzudecken, die laufende Verwaltung der Kredite müßte der Hausbank übergeben werden, so daß durch die Inanspruchnahme von diesen drei Institutionen der Schuldscheinkredit eines mittleren Unternehmens sich um etwa 1¼% teurer gestalten würde als der eines Großunternehmens, das das Kreditgeschäft unmittelbar mit Versicherungen abschließt.

Voreilig wäre es, durch den Einsatz staatlicher Zinsverbilligungsmittel, hier gleiche Startbedingungen erreichen zu wollen; es muß vielmehr versucht werden, die „Zwischenstationen" weitgehend auszuschalten. Eine erste Möglichkeit liegt darin, daß die Schuldscheindarlehn der Girozentralen und Sparkassen sowie der Deutschen Genossenschaftskasse ohne weiteres deckungsstockfähig sind. Hier wäre also das Spezialinstitut schon überflüssig. Leider ist aber vom Sparkassen- und Genossenschaftssektor in dieser Finanzierungsform noch wenig Aktivität zugunsten mittlerer Unternehmungen entfaltet worden. Es werden lieber die eigenen Gelder ausgeliehen, die zudem nicht teurer sind als die bei den Versicherungen refinanzierten, die aber mittlere Unternehmungen mit einem Kreditbedarf von etwa 500 000 DM bis 4 Millionen DM nicht erreichen. Um die Konkurrenz wirksam werden zu lassen, sollten daher auch die Schuldscheindarlehn der privaten Kreditbanken als deckungsstockfähig anerkannt werden, um zugleich der hier eingewurzelten Abneigung gegen langfristige Kredite aus eigenen Mitteln mit einer langfristigen Refinanzierung entgegenzuarbeiten. Um die Großkunden der privaten Kreditbanken nicht zu Nutznießern werden zu lassen, stände man allerdings vor der Frage, ob die Deckungsstockfähigkeit global oder nur für genau spezifizierte mittlere Kreditnehmerkreise zuerkannt werden sollte. Diese Überlegung liegt auch dem Plan zugrunde, daß die zur langfristigen Kredithergabe an den einzelnen Industriebetrieb bereite Versicherung eine öffentliche Bürgschaft zu 100% unmittelbar erhält. Auf diese Weise ließe sich die Gewährung der Deckungsfähigkeit gezielt einsetzen, eine völlige Ausschaltung der Zwischenstationen könnte aber auch nicht erreicht werden, da die Prüfung der „Deckungsstockwürdigkeit" und die Verwaltung des Kredits unter Einschluß etwaiger an die öffentliche Hand zu gebender Sicherheiten ein Zwischenglied notwendig macht, das üblicherweise aus der Hausbank bestehen würde. Die im Industriebereich sich noch im Aufbau befindenden Kreditgarantiegemeinschaften für diese Aufgabe heranzuziehen, wäre immerhin diskutierenswert, obwohl nicht übersehen werden darf, daß gerade der enge Kontakt zwischen Hausbank und Kreditnehmer sehr wertvoll ist. Dieser kann auch nicht durch zusätzliche kreditwirtschaftliche Funktionen der Versicherungswirtschaft ersetzt werden.

Bei einigem guten Willen aller Beteiligten lassen sich also durchaus Wege finden, die mittlere Industrie an die Versicherungsgelder heranzuführen. Den Zinsvorsprung der Großunternehmen aus dem Direktgeschäft wird man nicht ganz einholen, mit dem Mut zu unorthodoxen Lösungen aber mit Sicherheit nicht unerheblich verringern können.

Soll vermieden werden, daß die Versicherungsgelder sich in der Finanzierung von Großunternehmen erschöpfen, bevor die Mittelindustrie richtig zum Zuge kommen kann, ist es notwendig, den organisierten Kapitalmarkt funktionsfähiger zu gestalten. Dazu trägt in erster Linie die Abschaffung der Kapitalverkehrssteuern bei. Die Schuldscheinfinanzierung spart allein 2,5% Wertpapiersteuer[289], die bei einer Anleiheemission fällig würden.

Im Grunde handelt es sich bei allen Maßnahmen nur um punktuelle Eingriffe, die bei Symptomen ansetzen und letztlich nichts anderes sind als Folgen früherer Interventionen, die zu einer Differenzierung der Kreditnachfrager führten. Will man ihrer aller Gleichberechtigung einschließlich der öffentlichen Hand auf dem Kapitalmarkt wiederherstellen, muß man die einem Agrar- aber nicht einem Industriestaat angepaßten Anlagevorschriften wegfallen lassen. Die hierdurch ausgelöste Konkurrenz zwänge auch die nicht den Kapitalanlagevorschriften unterworfenen Institute, ihre von den Mündelsicherheitsbestimmungen abgeleiteten Sicherheitsprinzipien zu überprüfen. Von einem von der Kapitallenkung freien Kapitalmarkt gingen zusätzlich Zinssenkungstendenzen aus.

Ohne Zweifel handelt es sich hier um eine Frage grundsätzlicher Art, beinhaltet sie doch letztlich eine Reorganisation der gesamten z. Z. bestehenden Kreditorganisation. Macht man sich aber klar, daß weite Bereiche unserer Volkswirtschaft, die in besonderem Maße zu ihrem Wachstum beitragen, unter dem heute geltenden System der Kapitalanlagevorschriften als kreditunwürdig gelten, so wird die Bedeutung einer solchen Reform offenbar.

[289] Auf Grund des Gesetzes zur Änderung verkehrssteuerlicher Vorschriften v. 25. 5. 1959 sind zwar auch Schuldscheine, sofern sie im Inland ausgestellt sind und über Teile eines Gesamtdarlehns laufen, der Wertpapiersteuer unterworfen. Die Praxis hat nach Erlaß dieses Gesetzes jedoch Konstruktionen entwickelt, bei denen keine Steuerpflicht ausgelöst wird.

D. ZUSAMMENFASSUNG

Die Untersuchung sei in groben Zügen zusammengefaßt.

1. Die Kreditfinanzierung ist als echte einzelwirtschaftliche unternehmerische Aufgabe anzusehen. Sie darf nicht an öffentliche Zentralstellen übergehen.

2. Der Klein- und Mittelbetrieb läßt sich kreditwirtschaftlich nicht eindeutig abgrenzen. Kreditwürdige Betriebe stehen neben kreditunwürdigen Betrieben. Einsatzgebiet der öffentlichen Finanzierungshilfen sind die „halbkreditwürdigen" Betriebe, bei denen versucht wird, durch öffentliche Kredite, Zuschüsse und Bürgschaften kurz- oder langfristig eine Anpassung an übliche Kreditbedingungen zu erreichen.

3. Der Notwendigkeit verstärkter Investitionsanstrengungen in Form von Ersatz-, Erweiterungs-, Rationalisierungs- und Anpassungsinvestitionen sieht sich die gesamte Wirtschaft gegenüber, in verstärktem Maße aber die Bereiche, deren langfristige Finanzierung üblicherweise mit Eigenkapital erfolgte, die aber mit dieser Finanzierungsform der technischen und wirtschaftlichen Entwicklung nicht zu folgen vermögen und auch nicht ausreichenden Zugang zum Markt für langfristiges Fremdkapital haben.

4. In kleineren Unternehmenseinheiten ist Ursache für eine Unterfinanzierung mit langfristigem Kapital die mangelnde Kreditwilligkeit, d. h. die mentalitätsabhängige Scheu vor dem Schuldenmachen. Die Kreditwilligkeit ist zu unterscheiden von der Kreditbereitschaft, die bei vorhandener Kreditwilligkeit eine abhängige Variable ökonomischer Daten wie z. B. Zins und Gewinnerwartungen ist.

5. Auf dem Gebiet der kurzfristigen Kreditfinanzierung nimmt der Lieferantenkredit auf Grund seiner unkomplizierten Gewährung weiterhin einen beachtlichen Platz ein, obwohl er gegenüber Bankkrediten bedeutend teurer ist. Eine Verkürzung der durchschnittlichen Zahlungsziele ist allerdings bei der Kreditfunktion des Großhandels zu beobachten.

6. Das Factoring, d. h. der Ankauf der Außenstände durch eine Bank, verspricht erst in fernerer Zukunft eine interessante Finanzierungsform des Umsatzgeschäftes für mittlere Unternehmungen zu werden.

7. Das kräftige Wachsen des langfristigen Kredits im deutschen Banksystem spiegelt den Wachstumsprozeß der Wirtschaft wider. Der Anteil der Klein- und

Mittelbetriebe läßt sich nicht ermitteln, sondern nur in Schwerpunkten darstellen. (Einzelheiten siehe S. 33 f.)

8. Im Sparkassen- und Volksbankensektor ist ebenso wie bei den Sonderinstituten ein Ansteigen der durchschnittlichen Einzelkredite festzustellen, die jedoch für mittlere Unternehmensgrößen der Industrie nicht immer ausreichend sind. Die langfristige Finanzierung dieser Bereiche mit Schuldscheindarlehn der Versicherungen scheitert am Problem der Deckungsstockfähigkeit. Dieses ist nur mit öffentlichen Bürgschaften ohne neue Institute oder einer Reform der Kapitalanlagevorschriften zu lösen.

9. Die langfristige Bankenliquidität gestattet es durchaus, das langfristige Kreditgeschäft auszuweiten. Eine Zurückhaltung der Banken bei der Investitionsfinanzierung kann eine erhöhte Aktivität des Staates auf diesem Sektor hervorrufen.

10. Bei den Kreditkonditionen nehmen die immobilen Sicherheiten leider weiterhin eine überragende Stellung ein. Reichen die Sicherungen eines Kreditantragstellers nicht aus, dies ist bei Klein- und Mittelbetrieben häufig der Fall, so wird der Kredit nicht gewährt. Der Einfluß der betrieblichen Organisation und der rechtlichen Verhältnisse auf die Kreditsicherheit ist bei Klein- und Mittelbetrieben nicht immer positiv.

11. Die Unterschiede in den Kreditkosten zwischen Groß- und Kleinkrediten sind einmal Ausdruck einer echten Kostendegression zugunsten des Großkredits und zum anderen Ausdruck der ökonomischen Machtpositionen der Großunternehmen gegenüber den Banken.

12. Einer Transparenz der Kreditkosten mit Nettozinssatz und Annuitätenverfahren ist die kaufmännische Aufklärung der Kreditnehmer vorzuziehen.

13. Das Besicherungsproblem hat im Bereich der Sparkassen, Hypothekenbanken und Versicherungen seine Ursache in der Einseitigkeit der gesetzlichen Kapitalanlagevorschriften, die in einer verkannten Sicherheit (Mündelsicherheit) und einer bewußten Lenkung der Mittel an die öffentliche Hand besteht. Andere Kreditzweige sind diesem Sicherheitsdenken gefolgt.

14. Die Maßnahmen der öffentlichen Hand (Bund und Länder) zugunsten der „halbkreditwürdigen" Unternehmer setzten allein auf der Kreditnehmerseite ein; durch Änderung der Kapitalanlagevorschriften könnte auch die Kreditgeberseite beeinflußt werden. Hier ließen sich die Großunternehmen als Nutznießer allerdings nicht ausschließen.

15. Im Rahmen der öffentlichen Instrumente ist gegenüber Krediten und Zinszuschüssen den Bürgschaften der Vorzug zu geben, da sie in „markt- und systemkonformer" Weise die bankübliche Sicherungspolitik kompensieren. In Einzelfällen wird auf Kredite und Zinszuschüsse nicht verzichtet werden können. Immer muß sich die öffentliche Hand Zurückhaltung auferlegen, um nicht

durch bis ins einzelne gehende Vorschriften Banken und Kreditnehmer zu bevormunden.

16. Notwendig ist eine auf Landes- und Bundesebene erfolgende Koordinierung (nicht einheitliche Zusammenfassung) aller Finanzierungshilfenprogramme, um regionale Wettbewerbsverzerrungen zu vermeiden, die Programmtransparenz für die Destinatare zu erleichtern und die Mitarbeit der Banken einfacher zu gestalten. Die notwendige Mitarbeit der Banken ist vornehmlich durch eine attraktive Zinsbeteiligung zu erreichen.

17. Die Errichtung einer Bundeskredit- und Garantiekasse ist abzulehnen, ebenso eine Investitionssparkasse. Zu fördern sind vielmehr die dezentralen regionalen Kreditgarantiegemeinschaften. Mit ihnen sind die langfristigen Liquiditätsmittel im deutschen Bankensystem zu mobilisieren.

18. Schließlich sei auf den engen Zusammenhang zwischen Kreditfinanzierung und Eigenkapitalfinanzierung hingewiesen. Jeder Kredit setzt das Eigenkapital als vornehmlichen Risikoträger voraus, so daß in der steuerlichen Beschneidung der Eigenkapitalbildung ein weiteres Hemmnis der Kreditfinanzierung zu sehen ist.

TABELLENVERZEICHNIS

LITERATURVERZEICHNIS

1. Autorenverzeichnis

Adenauer, P. Mittelständische Investitionsfinanzierung in der Sozialen Marktwirtschaft, Münster 1961

Bargen, M. v. Vermögenslage in der deutschen Lebensversicherung, Frankfurt (Main) 1960

Batzer, E. Der Großhandel in der westdeutschen Wirtschaft, Berlin—München 1962, und der Ergänzungsband der genannten Schrift, München 1963

Baumann, H. Strukturwandel des Volksbankenkredits, in: Wandlungen im Kreditgeschäft, Beilage zu Der Volkswirt, Nr. 43, 1962

Beckermann, Th. Die Eingliederung von Handwerks- und Einzelhandelsbetrieben in neue Wohngebiete, Rheinisch-Westfälisches Institut für Wirtschaftsforschung, Essen, N. F. 9. 1955

Bermann, H. Factoring, das wechsellose Wechselgeschäft, Der Volkswirt 1963

Breckner, Fr. ERP-Finanzierung, in: Handwörterbuch der Betriebswirtschaft, 3. Aufl., Bd. 1, 1957

Cassier, C. Anpassungsinvestitionen und ihre Finanzierung, Blätter für Genossenschaftswesen 1960

Dittes, H. Die Kredithilfen des Bundes und der Länder an die gewerbliche Wirtschaft, Sonderausgabe der Zeitschrift für das gesamte Kreditwesen, 1962

Dohrendorf, E. M. Das Problem der Marktkonformität wirtschaftspolitischer Mittel, in: Jahrbuch für Sozialwissenschaft, 44. Jg. 1952

Ehrlicher, W. Zur Kreditpolitik der Genossenschaften, Blätter für Genossenschaftswesen 1960

Fischer, H. G. Kreditgarantiegemeinschaften, Diss. München 1959

Gangler, E. Kapitalbedarf und Vermögensausstattung betrieblicher Arbeitsplätze, München 1958

Grochla, E. Finanzierung, in: Handwörterbuch der Sozialwissenschaften, 3. Bd., 1961

Günther, H. Der langfristige bankmäßige Investitionskredit, Zeitschrift für das gesamte Kreditwesen, 1963

Gutenberg, E. Einführung in die Betriebswirtschaftslehre, Wiesbaden 1958

Haberler, G. Prosperität und Depression, Tübingen 1955

Haberler, G. Gibt es noch einen Konjunkturzyklus? In: Konflikte der Wirtschaftspolitik, Beilage zu Der Volkswirt, Nr. 51/52 1960

Hagenmüller, K. F. Der langfristige Kredit für den gewerblichen Klein- und Mittelbetrieb, Kurzveröffentlichungen des Instituts für Handwerkswirtschaft, Nr. 23, München 1962

Hagenmüller, K. F. Der Trend zum langfristigen Kredit; Langfristiger Bankkredit und Liquiditätsrichtsatz; Langfristiger Bankkredit und Liquiditätsrichtsatz II, Zeitschrift für das gesamte Kreditwesen 1962

Hagenmüller, K. F. Bankbetrieb und Bankpolitik, Wiesbaden 1959

Hahn, O. Der Skonto in der Wirtschaftspraxis, Frankfurt (Main) 1962

Hansmeyer, K. H. Finanzielle Staatshilfen für die Landwirtschaft, Tübingen 1963

Heubaum, W. Die Kapitalanlagevorschriften und ihre Auswirkungen auf den Kapitalmarkt, Diss. Köln 1959

Hilbert, H. Die Kapitalanlagen der deutschen Privatversicherungsgesellschaften und ihre Bedeutung für den Geld- und Kapitalmarkt, Jena 1908

Jonas, H. Grenzen der Kreditfinanzierung, Wiesbaden 1960

Kalveram, W. Bankbetriebslehre, Wiesbaden, o. J.

Kirner, W. Struktur und Strukturveränderungen des Anlagevermögens in der Bundesrepublik von 1950—1960, in: Wandlungen der Wirtschaftsstruktur in der Bundesrepublik Deutschland, Schriften des Vereins für Socialpolitik, Berlin 1962

Knopik, G. Factoring, Frankfurt (Main) 1960

Kronenberg, F. Die Beeinflussung der Vermögensverteilung in der Bundesrepublik Deutschland durch finanzpolitische Maßnahmen, insbesondere durch Subventionen zur Vermögensbildung, in: Jahrbuch des Instituts für Christliche Sozialwissenschaften, Münster 1961

Kruse, A. Der Mittelstandkredit, Jena 1941

Kruse, A. Lieferantenkredit und gewerblicher Mittelstand, in: Zeitschrift für handelswissenschaftliche Forschung 1938

Küng, E. Der Interventionismus, Bern 1941

Larenz, K. Lehrbuch des Schuldrechts II, Besonderer Teil, München und Berlin 1956

Lohmann, M. Der industrielle Mittelbetrieb unter dem Einfluß der gegenwärtigen wirtschaftlichen Strukturwandlungen, Reihe „Recht und Staat", Tübingen, Heft 257/258

Marbach, F. Zur Frage der wirtschaftlichen Staatsintervention, Bern o. J.

Mellerowicz, K. Kosten- und Kostenrechnung II, Berlin 1958

Menzel, H. Die Mitwirkung der Hausbanken bei der Vergebung und Verwaltung öffentlicher Kredite, Berlin 1960

Meyer, F. Risikoreiche langfristige Investitionsfinanzierung von Wachstumsfirmen, Zürich und St. Gallen 1962

Müller-Armack, A. Deutung unserer wirtschaftlichen Lage, Ordo, Bd. 3, 1950

Müller-Armack, A. Soziale Marktwirtschaft, in: Handwörterbuch der Sozialwissenschaften, 9. Bd., 1956

Müller, J. H. Raumpolitik im Rahmen einer Marktwirtschaft, Ordo, Bd. 12, 1961

Nellesen, W. und *Nold, K.* Unterlagen der amtlichen deutschen Statistik für eine quantitative Abgrenzung der Mittelschichten, Abhandlungen zur Mittelstandsforschung Nr. 7, Köln-Opladen 1963

Obst, G. und *Hintner, O.* Geld-, Bank- und Börsenwesen, Stuttgart 1955

Pohmer, D. Beeinflussung der Konzentration durch Steuerrecht und Finanzpolitik, Die Konzentration in der Wirtschaft, Schriften des Vereins für Socialpolitik N. F. Bd. 20/II, Berlin 1960

Prölß, E. Versicherungsaufsichtsgesetz, 2. Aufl., München-Berlin 1957

Pütz, Th. Die wirtschaftspolitische Konzeption, in: Zur Grundlegung wirtschaftspolitischer Konzeptionen, Schriften des Vereins für Socialpolitik N. F. Bd. 18, Berlin 1960

Pütz, Th. Die wirtschaftspolitische Konzeption, in: Wirtschaftsfragen der freien Welt, Frankfurt (Main) 1957

Reinermann, W. Der Bürgschaftskredit in Handel und Handwerk, in: Sparkasse 1962

Rittershausen, H. Strukturwandlungen im Bankwesen, in: Wandlungen in der Wirtschaftsstruktur in der Bundesrepublik Deutschland, Schriften des Vereins für Socialpolitik, N. F. Bd. 26, Berlin 1962

Rittershausen, H. Methoden industrieller Fremdfinanzierung, in: Moderne Investitionsfinanzierung, Essen 1959

Rittershausen, H. Die Reform der Mündelsicherheitsbestimmungen und der industrielle Anlagekredit, zugleich ein Beitrag zum Erwerbslosenproblem, Jena 1929

Röpke, W. Die Gesellschaftskrisis der Gegenwart, Erlenbach—Zürich 1942

Rößle, K. Allgemeine Betriebswirtschaftslehre, Stuttgart 1956

Ruchti, H. Die Abschreibung, Stuttgart 1953

Sauermann, H. Einführung in die Volkswirtschaftslehre, Wiesbaden 1960

Scharr, A. Kreditgarantiegemeinschaften im Handwerk, Bulletin des Presse- und Informationsamtes der Bundesregierung, Nr. 21, 14. 4. 1954

Schmölders, G. Geldpolitik, Tübingen 1962

Schmölders, G. Allgemeine Steuerlehre, Berlin 1958

Schmölders, G. Problem der Kapitalbildung bei den Personenunternehmen, Institut für Mittelstandsforschung Köln o. J.

Seraphim, H. J. Theorie der allgemeinen Volkswirtschaftspolitik, Göttingen 1955

Stackelberg, H. Möglichkeiten und Grenzen der Wirtschaftslenkung, Ordo, Bd. 2, 1949

Steding, F. Die Zinsverbilligungsmaßnahmen des Bundesministeriums für Ernährung, Landwirtschaft und Forsten, Begründung und Kommentar, Frankfurt (Main) 1955

Stützel, W. Banken, Kapital und Kredit in der zweiten Hälfte des 20. Jahrhunderts, Referat auf der Tagung des Vereins für Socialpolitik in Luzern 1962, als Manuskript vervielfältigt

Thiess, E. Kurz- und mittelfristige Finanzierung, Wiesbaden 1958

Tuchfeldt, E. Zur Frage der Systemkonformität wirtschaftspolitischer Maßnahmen, in: Zur Grundlegung wirtschaftspolitischer Konzeptionen, Schriften des Vereins für Socialpolitik, N. F. Bd. 18, Berlin 1960

Vetter, E. G. Investitionslenkung, Heidelberg 1956

Vialon, F. K. Haushaltsrecht, 2. Aufl., Berlin und Frankfurt (Main) 1959

Wefers, D. Die Methoden der Gewährung von Investitionskrediten durch die öffentliche Hand, Diss. Köln 1960

Wesemann, H. O. Verschleierte Staatsgunst, in: Soll der Staat Geschenke verteilen? Tagungsprotokoll Nr. 18 der Aktiongemeinschaft Soziale Marktwirtschaft, Ludwigsburg 1962

Wessels, Th. Subventionen, in: Handwörterbuch der Betriebswirtschaftslehre, Stuttgart 1960

Wysocki, K. v. Das Postulat der Finanzkonkurrenz als Spielregel, Stuttgart 1962

Wysocki, K. v. Öffentliche Finanzierungshilfen, Forschungsberichte des Landes Nordrhein-Westfalen Nr. 946, Köln-Opladen 1961

Zachau-Mengers, G. Subventionen als Mittel moderner Wirtschaftspolitik, Berlin 1930

Zimmerer, C. und *Schönle, H.* Kreditwesengesetz, Wiesbaden 1962

2. Sonstige Quellen

Finanzbericht der Bundesregierung 1962

Die Bundesregierung fördert den gewerblichen Mittelstand, Presse- und Informationsamt der Bundesregierung 1961

Bundesverband der Deutschen Industrie, Mitteilungen Nr. 12/1961

Deutsches Institut für Wirtschaftsforschung (Institut für Konjunkturforschung), Sonderheft N. F. Nr. 42

Die Konkurrenzsituation mittelständischer Unternehmungen, Abhandlungen zur Mittelstandsforschung Nr. 3, Köln-Opladen 1962

Ifo-Institut für Wirtschaftsforschung, München, Der zusätzliche Kreditbedarf der mittelständischen Betriebe des westdeutschen Einzelhandels und Großhandels im Jahre 1956, unveröffentlicht

Handwerkszählung 1956, Statistik der Bundesrepublik Deutschland, Bd. 203, Heft 5, Stuttgart 1958

Umsatzsteuerstatistik 1960, Statistisches Bundesamt, Wiesbaden 1962

Die Welt vom 10. 3. 1963

Handelsblatt vom 22. 1. 1963

Industriekurier vom 9. 8. 1960

Frankfurter Allgemeine Zeitung vom 28. 4. 1954

Monatsblätter für freiheitliche Wirtschaftspolitik November 1958

Blätter für Genossenschaftswesen 1959

Sparkasse, 1956, 1958, 1961, 1963

Mittelrheinische Kreditbank, Mainz, Geschäftsbericht 1962

Deutsche Bundesbank, Geschäftsbericht 1962
Monatsbericht März 1961, Februar 1963

Lastenausgleichsbank, Geschäftsbericht 1961
Volkswirtschaftliche Berichte, Heft 3, Kapital- und Kreditprobleme der kriegssachgeschädigten mittelständischen gewerblichen Wirtschaft Ende 1954 und Kreditbedarf 1956

Kreditanstalt für Wiederaufbau, Jahresberichte 1960/61/62

Industriekreditbank, Geschäftsberichte 1959/60, 1960/61, 1961/62

Deutscher Sparkassen- und Giroverband, Jahresberichte 1956/58/60/61

Deutscher Genossenschaftsverband, Jahrbuch 1961

3. Gesetze, Richtlinien, Erlasse und dergleichen

Bekanntmachung des Wirtschaftsministeriums und des Finanzministeriums vom 14. September 1955, Nr. 5000. 4/36 und Nr. XIII B 100-172/55.

Bekanntmachung des Wirtschaftsministeriums von Baden-Württemberg über die Durchführung eines Landesförderungsprogramms für Handwerk, Handel und Kleingewerbe (Mittelstandsprogramm) vom 10. April 1961, Nr. 5000. 12/56.

Bekanntmachung des Wirtschaftsministeriums von Baden-Württemberg über Richtlinien für die Gewährung von Staatsdarlehen zur wirtschaftlichen Eingliederung (Eingliederungsdarlehen) an Flüchtlinge aus der sowjetischen Besatzungszone vom 14. April 1961, Nr. 5004. 12/3.

Bekanntmachung der Neufassung des Gesetzes über die Kreditanstalt für Wiederaufbau vom 18. Oktober 1961 (veröffentlicht im Bundesgesetzblatt 1961, S. 1877).

Bekanntmachung des Niedersächsischen Ministers für Wirtschaft und Verkehr vom 20. Februar 1962 — II/3a — 4903 — GültL.MfWuV 82/38 betrifft: Zinszuschüsse für Kredite an Betriebe des gewerblichen Mittelstandes (Rechnungsjahr 1962).

Erlaß des Ministeriums für Wirtschaft und Verkehr vom 14. August 1959 über Richtlinien für die Vergabe von Darlehen an die gewerbliche Wirtschaft aus dem Sondervermögen Grenzland des Landes Rheinland-Pfalz.

Gemeinsame Richtlinien des Ministers für Finanzen und Forsten und des Ministers für Wirtschaft, Verkehr und Landwirtschaft für die Gewährung von Zuschüssen an förderungswürdige und förderungsbedürftige mittelständische Betriebe zu den Zinsen nicht staatlicher Darlehen vom 21. Mai 1958 / Amtsblatt des Saarlandes 1958

Gesellschaftsvertrag der Bürgschaftsgemeinschaft für das Hamburger Handwerk GmbH in der Fassung vom 15. März 1962

Gesetz über die Beaufsichtigung der privaten Versicherungsunternehmen und Bausparkassen (in der Fassung des Gesetzes zur Änderung des Gesetzes über die privaten Versicherungsunternehmen vom 30. März 1931 — RGBl. I 102) vom 6. Juni 1931 (RGBl. I 315).

Gesetz über die Übernahme von Sicherheitsleistungen und Gewährleistungen zur Förderung der deutschen Wirtschaft vom 6. Dezember 1954 (BGBl. I, S. 365) geändert am 17. Mai 1957 (BGBl. I, S. 517).

Gesetz zur Übernahme von Sicherheitsleistungen zur Förderung der Hamburger Wirtschaft einschließlich der Seeschiffahrt vom 9. Juli 1958 (Hamburgisches Gesetz- und Verordnungsblatt 1956, S. 233).

Haushaltsgesetz 1961 vom 21. April 1961 (Amtsblatt des Saarlandes 1961, S. 237).

Landesgesetz über die Aufnahme von Krediten und die Übernahme von Bürgschaften durch das Land Rheinland-Pfalz vom 30. Dezember 1948 (Gesetz- und Verordnungsblatt 1949, S. 3) in der Fassung der Änderungsgesetze vom 18. Dezember 1952 (GVBl. 1952, S. 168), vom 24. Oktober 1956 (GVBl. 1956, S. 122) und vom 20. Dezember 1958 (GVBl. 1959, S. 3).

Merkblatt über die allgemeinen Bürgschaftsbedingungen der Finanzierungs-Aktiengesellschaft (Ausgabe 1. Juli 1958).

Merkblätter über regionale Wirtschaftsförderung aus Bundesmitteln für das Land Rheinland-Pfalz.

Richtlinien des regionalen Förderungsprogramms des Bundes für das Land Rheinland-Pfalz (o. J.).

Richtlinien der Bundesregierung, betr. Zuwendungen des Bundes an außerhalb der Bundesverwaltung stehende Stellen und für den Nachweis der Mittel nach § 64a, Abs. 1 RHO vom 1. April 1953 (Min.Bl.Fin. 1953).

Richtlinien für Zuwendungen des Landes Nordrhein-Westfalen an außerhalb der Landesverwaltung stehende Stellen und für den Nachweis der Verwendung der Mittel nach § 64 a Abs. 1 RHO (Min.Bl. für das Land Nordrhein-Westfalen vom 28. Januar 1956).

Richtlinien über die Anlage von Mitteln der Bundesanstalt für Arbeitsvermittlung und Arbeitslosenversicherung, erlassen vom Vorstand der Bundesanstalt gemäß § 164 Abs. 2 AVAVG in der Fassung vom 12. Oktober 1929 (RGBl. I, S. 162). Genehmigung der Bundesregierung vom 21. März 1957. Veröffentlicht im Bundesarbeitsblatt, Jahrgang 1957, Heft 9.

Richtlinien der Lastenausgleichsbank für die Gewährung von Investitionskrediten an Vertriebene und anerkannt politische Flüchtlinge in Westberlin aus Mitteln des ERP-Sondervermögens vom 15. August 1957.

Richtlinien vom 22. Juli 1958 für die Übernahme von Sicherheitsleistungen durch die Freie und Hansestadt Hamburg auf Grund des Gesetzes zur Übernahme von Sicherheitsleistungen zur Förderung der Hamburger Wirtschaft einschließlich der Seeschiffahrt vom 9. Juli 1958 (Hamburgisches Gesetz- und Verordnungsblatt, S. 233).

Richtlinien zur Betriebsmittelkreditaktion der Lastenausgleichsbank für Vertriebene, Sowjetzonenflüchtlinge und Kriegssachgeschädigte vom 1. Juli 1959.

Richtlinien des Senators für Wirtschaft und Außenhandel Berlin für Zinszuschüsse zur Förderung von Handwerk, Einzelhandel, Kleinindustrie und freien Berufen vom 9. September 1959.

Richtlinien der LAB zur Durchführung wirtschaftsfördernder Maßnahmen nach § 5 des Gesetzes zur allgemeinen Regelung durch den Krieg und den Zusammenbruch des deutschen Reiches entstandener Schäden (Allgem. Kriegsfolgengesetz) vom 5. November 1957.

Richtlinien für die Vergabe von Darlehen an die gewerbliche Wirtschaft aus dem Sondervermögen (Grenzlandfonds) des Landes Rheinland-Pfalz vom 14. September 1959 — Wi AI/1 — 4638/330/59.

Richtlinien der LAB für die Gewährung von Existenzaufbaudarlehen an nichtdeutsche Flüchtlinge in der Fassung vom 2. Januar 1960.

Richtlinien über die Gewährung von Darlehen an Reparations-, Restitutions- und Rückerstattungsgeschädigte des Bundesfinanzministeriums vom 4. Juni 1960 — veröffentlicht im Bundesanzeiger Nr. 185/1960 vom 24. September 1960.

Richtlinien für die Verwendung der Bundesmittel für das regionale Förderungsprogramm im Haushaltsjahr 1961 / IA 2/2967/60 — veröffentlicht im Bundesanzeiger Nr. 241/1960 vom 23. November 1960 —.

Richtlinien der Lastenausgleichsbank für die Übernahme von Bürgschaften für Betriebsmittelkredite an Vertriebene, Sowjetzonenflüchtlinge und Kriegssachgeschädigte vom 5. September 1952 in der Fassung vom 1. Februar 1961.

Richtlinien des Hessischen Ministers für Wirtschaft und Verkehr für die Durchführung der Zinsverbilligung zur Förderung des gewerblichen Mittelstandes vom 23. Februar 1961 (Staatsanzeiger für das Land Hessen 1961).

Richtlinien für die Gewährung von ERP-Krediten an Unternehmen der mittleren verarbeitenden Industrie für Umstellungsmaßnahmen im Zuge der Anpassung an den internationalen Wettbewerb vom 31. Juli 1961.

Richtlinien der LAB für die Gewährung von Liquiditätsmitteln ohne Bürgschaft vom 10. Juli 1961.

Richtlinien für die Gewährung von Krediten aus Mitteln des ERP-Sondervermögens zur Errichtung mittelständischer Betriebe in neuen Wohnsiedlungen und neugeordneten Stadtkernen vom 5. August 1961.

Richtlinien der Freien und Hansestadt Hamburg, Behörde für Wirtschaft und Verkehr für die Gewährung von Zinszuschüssen für Kredite an die mittelständische Wirtschaft vom 12. Januar 1962.

Richtlinien der Lastenausgleichsbank für die Gewährung von Investitionskrediten aus Mitteln des ERP-Sondervermögens (Investitionsprogramm 1962 vom 15. Januar 1962).

Richtlinien zum regionalen Förderungsprogramm und Entwicklungsprogramm für zentrale Orte in ländlichen, schwach strukturierten Gebieten (Bundesanzeiger Nr. 241 vom 14. Dezember 1960, Nr. 46 vom 7. März 1961 und Nr. 18 vom 26. Januar 1962).

Richtlinien des Landes Nordrhein-Westfalen für die Gewährung von Krediten an Wirtschaftsunternehmen, sowie an mittelständische Betriebe und Angehörige freier Berufe (Landeskreditprogramm) vom 1. Februar 1962.

Richtlinien für die Übernahme von Ausfallbürgschaften durch die Bürgschaftsgemeinschaft für Industrie, Handel und Verkehr GmbH Hamburg in der Fassung vom 28. Februar 1962.

Richtlinien zur Durchführung des Mittelstandskreditprogramms des Landes Schleswig-Holstein 1962.

Rundschreiben des Bundesaufsichtsamtes für das Versicherungs- und Bausparwesen an alle der Bundesaufsicht unterstehenden Versicherungsunternehmen — ohne Rückversicherungsunternehmen — vom 1. Februar 1955 — R 3/55 — (VerBAV 55/36).

Rundschreiben des Bundesaufsichtsamtes für das Versicherungs- und Bausparwesen an alle seiner Aufsicht unterstehenden Versicherungsunternehmen vom 2. März 1955 — R 4/55 — (VerBAV 55/64).

Rundschreiben des Bundesaufsichtsamtes für das Versicherungs- und Bausparwesen an alle unter Bundesaufsicht stehenden Lebens-, Kranken-, Unfall- und Rückversicherungsunternehmen mit Ausnahme der kleineren Vereine gemäß § 53 VAG vom 20. Dezember 1958 — R 15/58 — (VerBAV 59/1).

Rundschreiben der „Rheinischen Girozentrale und Provinzialbank Düsseldorf" an die Hauptstellen der rheinischen Sparkassen vom 26. März 1962, unveröffentlicht.

Sparkassengesetz für Nordrhein-Westfalen vom 1. April 1958.

Reichsversicherungsordnung vom 19. Juli 1911 (Reichsgesetzblatt 1911).

Verordnung des Reichsarbeitsministers vom 14. April 1938 (Reichsgesetzblatt 1938 I, S. 398).

ABHANDLUNGEN ZUR MITTELSTANDSFORSCHUNG

Herausgegeben vom Institut für Mittelstandsforschung

1 Soziologische Probleme mittelständischer Berufe

1. Teil: Der Lebensmittel-Einzelhändler – Der Drogist – Der Textil-Ingenieur – Die steuerberatenden Berufe. Mit einer Einführung von Prof. Dr. RÉNE KÖNIG und Beiträgen von FRIEDHELM HAGEMANN, HANS GERT SCHÜTTE, HEINRICH STIEGLITZ, ROLF ZIEGLER
1962. 195 Seiten, 1 Falttafel, zahlr. Tabellen. Verlags-Nr. 043801
Soziologische Abteilung — Kartoniert DM 15,80

2 Die Funktion der Klein- und Mittelbetriebe in der wettbewerblichen Marktwirtschaft

von Dr. RENATE AENGENENDT-PAPESCH, Bonn
1862. VII, 114 Seiten. Verlags-Nr. 033401
Volkswirtschaftliche Abteilung — Kartoniert DM 9,—

3 Die Konkurrenzsituation mittelständischer Unternehmungen

1962. VIII, 409 Seiten, 52 Tabellen. Verlags-Nr. 024001
Betriebswirtschaftliche Abteilung — Kartoniert DM 31,—

4 Wesen und Begriff der mittelständischen Unternehmung

von Dr. KLAUS-JÜRGEN GANTZEL, Junkersdorf
1962. XII, 341 Seiten. Verlags-Nr. 024002
Betriebswirtschaftliche Abteilung — Kartoniert DM 28,—

5 Die freiwilligen Handelsketten in der Bundesrepublik Deutschland

Ihre wirtschaftspolitische und mittelstandspolitische Bedeutung von Dr. RENATE AENGENENDT, Bonn
1962. VI, 57 Seiten. Verlags-Nr. 033402
Volkswirtschaftliche Abteilung — Kartoniert DM 6,—

6 Steuerbelastung und Belastungsgefühl im Handwerk

Eine empirische Untersuchung (Leitstudie) in 47 Handwerksbetrieben in Köln von Dr. PETER REICHARDT, Köln
1962. VI, 122 Seiten. Verlags-Nr. 033501
Finanzwirtschaftliche Abteilung — Kartoniert DM 17,50

7 Unterlagen der deutschen amtlichen Statistik für eine quantitative Abgrenzung der Mittelschichten

von WALTER NELLESSEN und KLAUS NOLD, Bad Ems
1963. VIII, 137 Seiten, 122 Tabellen im Anhang. Verlags-Nr. 033607
Konjunkturabteilung — Kartoniert DM 27,50

8 Die Einzelhandelstätigkeit des Handwerks

von Dipl.-Kfm. HEINZ KLEINEN, Köln
1963. VIII, 171 Seiten, 47 Tabellen. Verlags-Nr. 024008
Betriebswirtschaftliche Abteilung — Kartoniert DM 28,—

WESTDEUTSCHER VERLAG · KÖLN UND OPLADEN

GPSR Compliance

The European Union's (EU) General Product Safety Regulation (GPSR) is a set of rules that requires consumer products to be safe and our obligations to ensure this.

If you have any concerns about our products, you can contact us on ProductSafety@springernature.com

In case Publisher is established outside the EU, the EU authorized representative is:

Springer Nature Customer Service Center GmbH
Europaplatz 3
69115 Heidelberg, Germany

Batch number: 10809472

Printed by Printforce, the Netherlands